慎海雄 主编

当代岭南文化名家

DANGDAI LINGNAN WENHUA MINGJIA

关国栋

关国栋 编著

SPM 南方出版传媒 广东人民出版社
·广州·

图书在版编目（CIP）数据

当代岭南文化名家·关国栋／关国栋编著. —广州：广东人民出版社，2020. 10（2023.1重印）
（当代岭南文化名家）
ISBN 978-7-218-14118-3

Ⅰ. ①当…　Ⅱ. ①关…　Ⅲ. ①文艺—作品综合集—广东—当代　Ⅳ. ①I218.65

中国版本图书馆CIP数据核字（2020）第001193号

DANGDAI LINGNAN WENHUA MINGJIA · GUANGUODONG
当代岭南文化名家·关国栋
关国栋　编著

出 版 人：肖风华

特约编辑：沈晓鸣
责任编辑：梁　茵
责任校对：古海阳
排　　版：友间文化
装帧设计：书窗设计 赵焜森／钟清／张雪烽
责任技编：吴彦斌　周星奎
出版发行：广东人民出版社
地　　址：广州市大沙头四马路10号（邮政编码：510199）
电　　话：（020）85716809（总编室）
传　　真：（020）83289585
网　　址：http: //www. gdpph. com
印　　刷：三河市同力彩印有限公司
开　　本：787mm × 1092mm　1/16
印　　张：18.75　　**字　　数：**286千
版　　次：2020年10月第1版
印　　次：2023年1月第2次印刷
定　　价：88.00元

如发现印装质量问题，影响阅读，请与出版社（020-85716808）联系调换。
售书热线：（020）87716172

《当代岭南文化名家》丛书编辑委员会

前　言

五岭之南的广东，人杰地灵，物丰民慧。自秦汉始，便是沟通中外的重要门户，海上丝绸之路即发祥于此。近代以来，中国遭遇外来侵略，一批有识之士求索救国图强，广东成为民主革命的策源地。进入20世纪70年代，广东敢为天下先，以杀出一条血路的气魄，成为改革开放的前沿地。钟灵毓秀，得天独厚，哺育出灿若星辰的杰出人物，也孕育出独树一帜的岭南文化。谦逊、务实、勤勉的广东人，用他们的智慧和力量，悄然推动着中国历史的进程，也赋予了岭南文化不拘一格、不定一尊、不守一隅的丰富内涵和特质，成为中华文化的瑰宝。

改革开放大潮涌起珠江，广东的经济社会发展取得了巨大成就，涌现出一大批德艺双馨的文化名家，在文学、音乐、美术、建筑等众多领域取得开拓性成就，岭南文化绽放出鲜明的时代亮色。今天，我们又面临一个新的、更大的历史机遇——实现中华民族伟大复兴的中国梦。习近平总书记在文艺工作座谈会上指出，实现中华民族伟大复兴需要中华文化繁荣兴盛。广东如何响应要求，创作无愧于时代的优秀作品？省委常委、宣传部部长慎海雄同志就此提出，要按照中央和省委省政府部署，大力推动文化创新，打造岭南文化高地，打造一批弘扬中国精神，具有中国风骨、岭南风格、世界风尚的精品力作，形成一支规模宏大、门类齐全、结构合理的“文化粤军”，并主持策划了《当代岭南文化名家》大型丛书。

记录当代，以启后人。本丛书以人物（文化名家）为线索，旨在为当代岭南文化名家提供一个集体亮相的舞台，展现名家风采，引导读者品鉴文艺名作，深切体悟当代岭南文化的独特魅力，提升广东民众的文化自信和地域认同，弘扬新时期的广东精神，为广东全面建成小康社会、书写中国梦的广东篇章提供源源不断的文化驱动力。

为此，我们从文学、绘画、雕塑、音乐、舞蹈、戏曲、影视、新闻出版、工艺美术、非遗传承等领域，遴选出一批贡献卓著、影响广泛的广东文化名家。他们之中，既有土生土长的“邑人”，也有长期在广东生活、工作的“寓贤”。我们为每位名家出版一种图书，内容包括名家传略、众说名家（或对话名家）和名家作品三大篇章，读者可由此了解文化名家的生平事功、思想轨迹、创作理念、审美取向和艺术造诣等。同时，我们将结合多媒体技术，在视频制作、名家专题片、影音资料库和新媒体推广等方面大胆创新，多形式、多渠道地向读者提供新鲜的阅读体验。

我们深信，当代岭南文化名家丰富的文化实践，一定会编织出一幅底蕴深厚、内容丰富、精彩纷呈的文化长卷，它必将成为一份具有重要历史和现实意义的文化积累，价值非凡，传之久远。

《当代岭南文化名家》丛书编委会

2016年6月

◎ 关国栋

关国栋，1932年6月出生于河北省山海关，祖籍广东省佛山市南海区。1949年3月参加工作。1954年9月考入北京大学中文系新闻专业。1958年9月毕业，分配到广州中山大学中文系新闻专业任助教。1959年9月调到羊城晚报，先后任记者、编辑。1968年8月调到南方日报，先后任编辑、总编室副主任、业务编委。1980年1月调回羊城晚报，先后任编辑、副刊部主任、党委常委、副总编辑、总编辑。1998年5月离休。新闻专业职称：高级编辑。中共十三大代表。获国务院颁发政府特殊津贴。曾任广东省八届人大常委会委员、教科文卫委员会副主任，广东省新闻工作者协会副主席，广东省新闻学会会长，广东省老新闻记者协会副会长，中国晚报工作者协会副会长、顾问、学术委员。已出版个人文集《杂拌集》《缺一不可》。2009年获“中国晚报杰出贡献奖”。2012年获“广东省首届新闻终身荣誉奖”。

◎ 与北京大学中文系新闻专业1954级三班同学合影于颐和园，二排右五站立者为关国栋（1955年）

◎ 与中山大学原新闻专业同学合影于中大北校门，后排右五站立者为关国栋（1963年）

◎ 五十年后再相聚——为纪念入学50周年，北京大学中文系新闻专业1954级三班部分同学合影于母校校门，右一为关国栋（2004年）

◎ 与羊城晚报副刊部“花地”同人合影，后排右一是时任羊城晚报编委兼副刊部主任杨家文，左一为关国栋（1962年）

◎ 时任羊城晚报副刊部“花地”编辑的关国栋（1961年）

◎ 与南方日报部分同志合影，前排左四为关国栋（1975年）

◎ 在羊城晚报首部大型高速胶印机投产印报之际，羊城晚报复刊后首任党委书记、总编辑吴有恒（中）与时任副总编辑杨家文（右二）、司徒坚（左二）、李佐兴（左一）、关国栋（右一）合影（1985年）

◎ 美国伊利诺伊州贸易访华团访问羊城晚报，关国栋（中间白衣者）接受随团电视记者采访（1986年）

◎ 在羊城晚报举办的“读者活动日”现场，关国栋（右）与读者交流（1988年）

◎ 在一次会议上，关国栋（左）为羊城晚报记者现场审稿（1991年）

◎ 关国栋（左）访问英国《兰开夏晚邮报》编辑部（1993年）

◎ 中国晚报工作者协会会长、新民晚报社长赵超构（右）访问羊城晚报，关国栋迎接（1990年）

◎ 时任中共广东省委副书记谢非（右），在羊城晚报编辑部了解出版情况，关国栋（中）陪同（1986年）

◎ 时任中共广东省委书记林若（中）视察羊城晚报，关国栋（右）、李佐兴（左）陪同（1986年）

◎ 关国栋参加中共十三大时在会场留影（1987年）

◎ 与杨奇（右二）、马镇坤（左二）、苏少泉（右一）、刘婉玲（左一）同获“广东省首届新闻终身荣誉奖”（2015年）

◎ 在岭南画派纪念馆开馆仪式上，国画大师关山月（左）与关国栋合影（1991年）

◎ 羊城晚报原总编辑许实（微音，左）与关国栋合影（2004年）

◎ 离休后，关国栋（左三）与老同事李佐兴（右二）、苏少泉（右三）、傅振雄（左二）、戴冰（右一）、胡树芬（左一）参加欧洲游时，在巴黎凡尔赛宫广场合影（2000年）

◎ 为纪念“七一”，羊城晚报社离休干部党支部党员（除身体欠佳者外）在党旗前重温入党誓词后合影，后排右五为关国栋（2015年）

◎　关国栋（左二）与广东省老领导林若（左六）、朱森林（左七）、黄浩（左五）等合影（2006年）

◎　羊城晚报原总编辑杨奇（中）、广东省人大原副主任张汉青（右）与关国栋（左）合影（2012年）

◎ 风雨同舟——关国栋与夫人邓杏果在海轮上（2009年）

◎ 关国栋与女儿关苹（2012年）

目　录

第一篇

关国栋传略

关国栋

学步·求实·探索——我的新闻轨迹

从新闻专业到新闻专业

“广东——关国栋！”随着系主任杨晦教授在北京大学中文系新闻专业应届毕业生大会上一声宣布，我的分配去向决定了。时间是1958年9月1日。

我祖籍广东省南海县（今佛山市南海区），出生于河北省山海关（今属秦皇岛市）。1948年11月，山海关解放。次年3月，我在山海关县立中学读高一。当时，一些同学陆续参军、参干。我也离校参加了工作，在山海关市（后改区）税务局担任税务专管员等职，一干五年多。

1954年夏高校招生时，由于社会主义建设的需要，国家号召符合条件的在职干部报考。这年高考文理分科，文科不考数理化。对于干部考生，还另有照顾：可以申请免试外语。

读书时我对文科比较有兴趣，也曾有过“当新闻记者”的幻想。此时，“幻想”又在心中萌动。再三考虑后，我终于下定决心，经单位批准，以“同等学力”报考。在准备时间仓促的情况下，以正式出版的《高考复习大纲》为依据，匆忙搜罗了一些高中文科课本及其他参考资料，临阵磨枪——大部分是利用中午、晚上的业余时间，临到考试前才获得几天假，最后“冲刺”。终于，我以第一志愿被北京大学中文系新闻专业录取，当年22岁。

在校期间，除学习“新闻工作的理论与实践”“新闻写作”“中国报刊史”等新闻专业课之外，也曾动笔写作或编稿，包括：老师出题的采访习作，去报社实习（先后去过沈阳日报和中国青年报），作为校刊通讯员和校广播台编辑写稿、编稿，以及毕业前与同学一起去京郊罗道庄办油印小报《促进报》等。此外，还在新华社刊物《新闻业务》上发表过几篇短稿。那时，我的“专业思想”比较稳定。但考虑到个人的条件，对毕业后能否如愿当个记者却缺乏信心。

毕业后，千里迢迢南下广州，去广东省教育厅报到。接待人员说：“中山大学开办了一个新闻专业，你去那里吧！”于是，我从北大燕园来到中大康乐园，从一个新闻专业来到另一个新闻专业，从学生变成助教。

当时，中大中文系新闻专业刚刚挂牌，招了一个班大约30名学生。专业师资，只有一位来自中文系语文专业的青年教师吴文辉和我两人（另有两位青年教师刚去中国人民大学新闻系进修）。

报到后不久，便随全系师生去芳村修铁路，在工地上度过来广州后第一个中秋节。国庆节后，又和全校文科师生一起“下放”，赴东莞虎门，与农民“三同”，参加“大办公社”运动，大部分时间参加劳动。第一个学期，就这样过去了。

1959年1月，我奉命提前返校，筹备新闻专业开课有关事宜。第一项工作是单枪匹马，东拼西凑，搞起一个“微型”新闻专业资料室。资料员也由我暂兼，订报刊、跑图书馆调书等都一手包揽。

另一项任务是，根据领导指示，商请南方日报社编委会成员给新闻专业开“新闻学概论”课。1月中旬，我去拜访时任南方日报总编辑黄文俞，面陈有关要求。他表示，这个学期就开课，准备时间来不及，建议校方先召开一个广州地区新闻单位座谈会，共商如何办好新闻专业，包括讲课问题。

情况有变，任务也随之调整。我与吴文辉一起，投入到邀请广州地区主要新闻单位负责人开座谈会的紧张筹备工作中。经过多次联系、商酌，3月中旬，座谈会终于在中大举行，南方日报、新华社广东分社、羊城晚报、广东人民广播电台、广州日报等单位的负责人黄文俞、杨繁、杜导正、杨奇、杨奎章等都应邀参加。座谈会由时任中大教务长黄焕秋主持。会上，大家提出：新闻干部很缺，需要大力培养，而且要“多快好省”，并谈到对新闻干部的具体要求。在黄文俞倡议下，大家同意，组成讲师团给中大新闻专业学生讲课，先给一年级举行三次专题讲座。

专题讲座只举行了一次，是时任新华社广东分社社长杜导正讲的。他十分重视，从下午3点讲到6点，又从晚上8点讲到10点。围绕新闻工作的党性、群众路线、调查研究和采访写作等方面，他做了比较全面、深刻的阐述，强调："一个好的新闻工作者，首先应当是一个好的革命者。"他的报告，不仅新闻专业的同学们感到内容丰富，新鲜生动，很有收获，也给我这个已从新闻专业毕业的学生又上了一堂新课。

开完座谈会，新闻专业办学的步子似乎又快了一些。我与吴文辉对新闻专业的教学计划做了具体研究，并写成专题报告送交系领导和有关方面。我们还带领新闻专业学生去南方日报社（含羊城晚报）参观，使这班年轻人对报纸出版过程有个初步了解。

然而，令人泄气的消息却陆续传来：外省一些大学新办的新闻专业，有的办不下去了。还有更令人心凉的消息：中大新闻专业新学年不招生！

中大新闻专业的活动逐渐减少。种种迹象和流言，让人不得不对新闻专业的前途越来越担心。到了5月中旬，终于得到正式消息："校党委决定新闻专业下马"，主要原因是"师资不足"。但"下马"一度有反复。据说，校党委又考虑"保留"新闻班，改为三年制。新闻业务课主要请南方日报社编委来讲。不过，此事后来再无下文。6月下旬，有关同志才告诉我："省委已批准中大新闻专业撤销，学生转入语文专业。你的工作安排，还没有决定。"

新闻专业下马，个人前途未卜。处此情境，我难免感到失落，苦闷，甚至有些困惑。然而，在等待"揭晓"的日子里，我也并非虚度岁月，一事无成：

其一，参加中文系一些有关活动，其中包括几次学术讨论会。我与会的主要任务是记录会议内容和给校刊（我是通讯员）及广州地区报纸写稿。5月下旬，中文系教师开会，就《三国演义》中曹操的形象问题展开讨论，互有辨析。会后，我连夜写出一篇约2000字的报道，次晨发出，于5月23日《羊城晚报》一版头条刊出（文教新闻是当时《羊城晚报》报道的重点之一），标题为《三国演义中曹操的形象是否具有历史真实性　中山大学中文系全体教师开展热烈讨论》。稿件虽经系里有关同志把关修改，但由于我的疏忽，仍然出现了差错：把一位教授误写为副教授。那位教授事后当面指出，尽管口气委婉，但我已经面红耳赤了。此外，我为《羊城晚报》和其他报纸写的一些新闻报道，也陆续见报。

其二，在参与新闻专业办学过程中，我结合备课，搜集了广东地区一些报刊史料，经过梳理后，定下了一个题目：《第一次国内革命战争时期广东的革命、进步刊物》。新闻专业“下马”后，我利用这段时间写成初稿，共一万多字，既是个人学习的收获，也是教学资料的积累，又是一次练笔。我还从中选出个别章节，改写成短文，投寄有关报刊，但未被采用。

其三，我与其他教师一起，参加1959年暑期高考语文科评卷工作，前后数日。

关于我的工作安排，陆续传来消息，且日渐具体，基本“落脚点”是羊城晚报，但迟迟仍未落实。直到9月中旬，我才接到学校人事处通知，办理调动手续，次日便去报社报到。就这样，我告别了中山大学，从“进来”到“出去”，差几天刚好一年。

去羊城晚报工作，曾是自己认为不可能实现的心愿，如今即将变成现实，心中仍不免有些忐忑……

新闻路上“开步走”

1959年9月中旬的一天，我来到羊城晚报报到。总编辑杨奇在办公室接待我，对我这个新兵表示欢迎。他询问了我的一些基本情况，着重对《羊城晚报》的现状、任务和特色做了比较全面的介绍，希望我尽快融入到这支相对年轻（当时《羊城晚报》创刊未满两年）的队伍中来，虚心学习，发挥作用。

当天下午，分管新闻采编工作的副总编辑方亢同我谈话，详细阐述了《羊城晚报》新闻报道的特点，对记者采访写作的要求和工作中应该注意的问题。次日上午，方亢把我介绍给新闻部副主任俞敏。她同我交谈片刻后，就叫我“出动”，任务是去中山大学了解“静电加速器”和“广东植物志”等科研项目的情况，我当即冒雨出发。

我在羊城晚报的新闻之路，就这样迈出第一步，并不顺利，堪称蹒跚。当天“旧地重游”，来到中大，先去科研科，没了解到什么情况；继往生物系，正逢开会，无人接待；又到历史系，跑了不少路，“转手”几个人，绕来绕去，终于找到据称“了解情况”者的宿舍，却不在家……时已傍晚，到羊城晚报后的第一次采访活动，就这样结束了。

接下来，和一位记者一起或单独行动，跑了一些大专院校和科研单位，抓到一些线索，写了几篇稿子。但头两篇都被编辑“打回头”：一篇“不符合需要”，另一篇要补充修改，但部领导看后说：“不报了”。有的稿子改了三四次，仍然不能“过关”。直到9月26日，才首次见报了一条200多字的科研成果短消息。

记者这碗饭不容易吃，我是有思想准备的。但“开局”如此曲折坎坷，还是出乎意料。我对最早去跑的科研这条线本来就生疏，加之科研工作在新闻报道中有其特殊性：有的容易流于一般化，有的又过于专业，有的则保密性强。出现在版面上的科研报道，有时难免“外行看不懂，内行不爱看”。面对困难，一时无从排解，甚至对自己能否干好记者这一行产生怀疑……

但工作不能撂下，任务必须完成。我不敢稍懈，奋力前行。一方面勤跑腿多联系，尽可能多掌握线索，抓紧写稿，同时注意向老记者学习请教，抽时间看一些教育、科技方面的书刊资料，弥补不足，争取快些“入门上手”。

从11月起，我见报的稿件逐渐增加，不仅有动态消息，也有综合或专题报道（有的上了一版头条），还发了两篇通讯。其中一篇，在社内评报栏还得到几句鼓励。

形势也在发展变化。进入1960年，抓好教育工作，提高教学质量，被摆在重要位置。同时，大办农业和各行各业支援农业的热潮，也对科研部门和科技工作者提出了新的要求。与此对应，教育和科研报道在《羊城晚报》版面上所占比重明显增加，跑这方面的记者有了更多的“用武”之地。我的见报稿件数量也随之上升。

我的工作更加紧张，积极投入采访，争分夺秒写稿。其中的消息报道，既有“点”的动态，如“华南师院附中提高教学质量”“省农科院农村研究基点开花结果”等；又有“面”的情况，如“广州高校打响支农第一炮”“工厂办学培养技术人才”等。在通讯、特写方面，既写了千方百计提高教学质量的先进教师，也有反映各方面支援农村开展科技活动的系列报道。当时《羊城晚报》一版开辟了一个“星期特写”专栏（逢周日刊出），我也写了几篇。其中一篇《千里眼漫话》，是临时顶替文化线记者，采写刚刚开播不久的广州电视台（广东电视台前身）。文中除了描述现场情景外，还从科普角度做了一些知识性阐释。为采写此稿，我冒着三九隆冬的凛冽寒风，沿着狭窄、陡峭的铁梯，爬上当时设在越秀山中山纪念碑顶上、高100多米的电视发射塔一探究竟。我写的通讯《“运筹帷幄”巧安排——记华南师院数学系师生运用线性规划支援农业的活动》，在《羊城晚报》刊出后，被《光明日报》全文转发。

1960年全年，我见报稿件共190多篇（含与通讯员合作），其中头条34条，通讯、特写等31篇。从数量看，基本达到指标要求。在采写中，我力图把思想性和知识性、趣味性结合得好一些，从内容到标题，都尽量争取做到有一定的特点。有些通讯、特写，曾得到一定好评。有的稿件被《光明日报》等转载。但从整体质量看，还不能令人满意，不深、不细是通病。尤其不能忽视的是，还发生了两宗“事故”：

一宗是漏稿。一天刚上班，看到《广州日报》刊出该报记者写的《她怎样攀登上世界科学的高峰》消息加通讯，介绍中山医学院一位留苏女青年科学家的最新科研成果。新闻部领导拿着报纸问我：这条稿我们为何没有？我当时头顶就“轰”了一下——它从自己手上漏掉了！原来，此前我曾接到省科委关于这位女科学家科研成果的有关文件，其中称最近要安排她作报告。当时我曾想过要报道，但看到文件提到“大跃进以来”等字眼，以为不是最新成果，便去问一位记者，据称报道过，我没有再去深究便放下了。此刻，我把省科委的文件找出来给部领导看。部领导指出：《广州日报》报道明明写着那位女科学家最近才回广州，去年10月研究工作才告一段落。我听了无言以对，只有承担漏稿之责。

另一宗是：我写了一篇题为《一场意义深刻的辩论》的通讯，内容是报道广东省农业科学院科研人员关于晚造水稻高产综合试验方案不同意见的交锋。见报后，报社领导转达了时任中南局宣传部部长王匡的意见。王匡指出：文中对辩论双方科研人员的不同观点，在表述上有自相矛盾之处。此外，有的提法也不够妥当。我立即查阅了采写依据的有关资料，发现确是自己对辩论双方的某些观点在引用时剖析得不够清楚。文中有的提法则是把内部个别观点与公开报道混同起来了。遵报社领导之嘱，我写了书面说明送交王匡，表示要认真吸取教训。

回顾在新闻路上“开步走”一年多以来，不能说没有进步，但实在有限，而问题、缺点确实不少。任重道远，来日方长，容不得丝毫自满和半点松懈。

1960年4月，第二次全国晚报工作座谈会在广州召开。《北京晚报》、天津《新晚报》（现名《今晚报》）、上海《新民晚报》以及《羊城晚报》的主要负责人参加。我被抽调做记录工作。会议期间，得以就近聆听这些权威人士关于晚报如何更好地宣传新生事物等问题的高论，获益匪浅。

“花地”园丁

1961年1月，根据中共中央中南局指示，中共广东省委决定：自同年2月1日起，《广州日报》与《羊城晚报》合并，《广州日报》停刊，

《羊城晚报》作为中共广州市委机关报继续出版。报社的机构、人员都有较大调整。我被调到副刊部文艺版“花地”当编辑，实在没有想到。

我身为记者，志在新闻，对文艺虽有一些兴趣，但也仅此而已。现在既然工作需要，唯有服从，再一次“从头越”。

开始，我被分配与其他同事一起，编评论版。该版实际上分为两个版：“文艺评论”与“学术争鸣”，轮流刊出。后者涵盖历史、哲学等社会科学领域，与广东省社科联合办。我侧重参加这个版的编务。不久，“学术争鸣”版改由社科联主编（仍在《羊城晚报》刊出）。此前，我为办“争鸣”版东奔西跑，摸情况，找作者，拉稿子，至此“归零”。

接下来，与另一位同事一起编“文艺评论”版。但我在这方面实在没有多少“料”，阅读文稿已颇感吃力，连写一封退稿信都要绞尽脑汁，往往还是不得要领。邀请一些作者写稿，也并非一帆风顺。与此同时，还要分工处理一般文艺作品来稿，一天多达几十篇，从中挑选可用者做必要的修改后，交给组长定夺。有时交去七八篇，才用上一篇……

经过一番摸索和学习，在领导和同事们的帮助下，对业务从十分陌生到比较熟悉，工作才逐渐走上轨道。工作的内容包括“编”和“写”两个方面。

编——除了处理大量日常来稿外，还要根据计划安排和版面需要，组织重点稿件。这就需要勤跑多打（电话），与作者沟通，争取拿到好文章。开头去见名家，我还有点怯场，一来二去，才逐步熟悉起来。许多名家都亲切随和，平易近人。秦牧在家中的阳台上，用清茶、糖果接待我和同事，畅谈散文写作的情景，至今历历在目。有一段时间，我负责组织戏剧、电影评论，常常需要“急就章”，今天演出（放映），明天见报。一些作者（大都是这方面的专家）看完影剧后连夜赶稿，次晨交付。他们的勤奋尽责，令人敬佩。

我在工作中逐步体会到，作为一名“花地”编辑，要有“三心”：一是虚心，要认真学习自己不懂的东西，其中包括向组稿对象求教，从他们的作品中汲取教益，充实和提高自己。二是耐心，组稿往往不会一蹴而就，有时还难免碰钉子。即使稿子到手，也需要认真阅读，仔细斟酌，作必要的修改，才能见报。这个过程，缺少耐心是不行的。三是细心，面对作品，一视同仁，处理所有稿件都不能粗枝大叶。面对大量日常来稿，尤其需要有“沙里淘金”功夫，精挑细选，从中发现合格乃至优秀的作品。一些投稿者正是从“花地”起步，逐渐成为优秀作者乃至知名作家。

写——动笔写作，是“花地”对编辑的一项要求。尽管组内人手不多，仍然尽量安排大家轮流深入基层，接触实际，围绕一定主题，既组织作者（包括专业和业余）写，也自己动笔，所有作品组成一个专版刊发。当时有个名称，叫做“现场编报”。

我先后参加编过的专版有“钢铁堡垒　海上乐团”（为纪念八一建军节在南澳岛编的专版）、“敢与天公试比高”（在博罗县农村编的抗旱斗争专版）等。其中，除组稿外，都有我写的稿。有时，则不一定有具体安排，下去调查了解，根据实际情况定出题目，采写单篇稿件。

我还参与采写过一些报告文学作品。其中较长的三篇报告文学是：《车从深圳来》（记铁路广深线女子第二包乘组）、《在“特别党校”里发生的事情》（记广东文艺工作者排演大型音乐舞蹈史诗《东方红》）和《怒剑出鞘》（记1965年“八六海战”大捷）。当我人民海军一举击沉两艘从台湾来犯的国民党军舰“章江号”和“剑门号”的捷报传来之际，报社指派时任编委兼副刊主任杨家文带领包括我在内的几名编辑、记者，连夜驱车赶赴汕头海军某部采访。我们除了及时发回祝捷大会等有关新闻报道外，还集中力量，分工合作，写了一篇反映我海军指战员在痛歼敌舰战斗中英勇顽强、夺取胜利的英雄事迹的报告文学，题为《怒剑出鞘》，连同有关美术作品，在“花地”连续用两个整版刊出。文中关于战士麦贤得头部负重伤，仍然坚持战斗到最后胜利等部分，由我执笔采写。虽然当时麦贤得已经入院治疗，未能见到，但采写过程中，这位意志坚强、不怕牺牲的钢铁战士的英雄事迹，仍然使我感到震撼，深受教育。

我也为“花地”写过一些杂文、随笔、短评之类的文章，或应版面之需，或有感而发，虽然篇幅不长，却也言之有物。这方面，也是“花地”编辑的职责之一。

一些老工人、农民和街道居民，对新旧社会的鲜明对比有着深刻的感受，但限于文化水平，执笔写作有困难。“花地”便派出编辑，根据他们的口述记录，整理成文章后，用其本人名义发表。我也参与过这项工作。其中由我整理写成的《血泪凝成“双刀枧”》（由广州源昌肥皂厂一位老工人口述，“双刀枧”即双刀牌肥皂），见报后，被中国青年出版社收入文集《青山血泪》（1963年出版）。

通过以上工作实践，我进一步拓宽了视野，开始了解文艺工作的一些规律和特点，掌握并逐步熟悉了报纸文艺副刊的要求和有关的编辑业务。个人的写作水平，也有了一定的提高。

1964年春，《羊城晚报》在头版开辟专栏“高举红旗的人”。这个栏名是时任中共中央中南局第一书记陶铸提出的，刊登介绍广州地区工厂企业生产一线先进人物事迹的通讯、特写，每天在固定位置刊出，每篇约3000字。为此，报社调集一批编辑、记者集中采写。我也被从“花地”临时调出参加，先后采写了八篇（其中三篇与通讯员合作），有些还自己动手配上短评或“编后”。采写这些稿件要求较高，花的工夫较多。但其中个别篇由于我采访不够深入细致，出现在分寸上把握不准、细节上有出入的差错，受到读者批评。

我还为《羊城晚报》另一副刊“晚会”的小言论专栏“夜谈”写过一些稿，从1961年起，到1964年初，见报一共近50篇，或抒发感触，或针砭时弊，都属业余之作，既应版面之需，也算一种练笔。

随着形势不断向“左”转，“文化大革命”气氛越来越浓，“花地”的特色日渐消失，甚至“地盘”也保不住，常常让位给所谓“配合中心”“突出政治”的宣传和“大批判”文章等。1966年4月，“花地”只出了11期。在《羊城晚报》风雨飘摇、朝不保夕的情况下，“花地”已经名存实亡。1966年9月，《羊城晚报》被改名为《红卫报》。“花地”与《羊城晚报》一道，名实皆亡。即使这样，报纸仍然逃脱不了于同年12月13日被“造反派”勒令停刊的厄运。我的“花地”编辑工作，也告一段落。

日报"夜猫"

"夜猫"是对长期上夜班者的一种俗称。在我的新闻生涯中，就有一段"夜猫"经历。

1968年8月，广东省革委会决定：《南方日报》与《广州日报》《羊城晚报》合并（后两者当时均已停刊，但人员、机构仍在），只保留一份《南方日报》，由原"三报"抽调部分人员办报。我被分配到《南方日报》当夜班编辑。

夜班从来没上过，对于这种昼伏夜出、"黑白颠倒"的生活，我好长时间都未能适应。但更难适应的，是在当时那个极不正常的特殊环境下，对夜班工作的种种苛求。

我所在的夜班值班室，是编辑部出报的总"关口"。经过这一"关"，报纸才能作为成品付印。报社领导每晚轮流到夜班值班室坐镇，审阅见报稿件，签发次日报纸的付印清样。每天四个版中，一版（要闻）、四版（时事）和二版（地方新闻）都由夜班值班室负责编，三版除一些专版外，也由夜班值班室编。夜班编辑除需要处理本报原稿、小样及新华社稿之外，经常要等候新华社发的重要新闻或"两报一刊"（两报指《人民日报》和《解放军报》，一刊指《红旗》杂志）的文章。这些稿件往往姗姗来迟，但必须等待，有时直到下半夜，也不能动手组版。值夜班时，最怕听到负责接收新华社电讯稿的值机人员传来两个字："等稿！"因为这意味着又不知何时才能"收工"了。地方稿件中，一些重要的报道或文章因为要经过层层送审等环节，也是上下往返，拖迟了出报时间。

出现诸如此类情况的根本原因是，在"文化大革命"大背景下，被极左路线牢牢控制的舆论工具，一切都必须按照上面部署和统一口径办事，不能越雷池半步。新华社发来的重要新闻和文章，地方报纸不仅一字不能减，安排的位置和标题，都要与中央主要报纸一致。为此，每一次深夜打电话给北京有关新闻单位联系“对口径”，都要费尽口舌，耗去不少时间。

遇到北京有重要活动，需要配发传真照片时，就更要多消耗一些时间，多伤几分脑筋。由于当时传输手段的限制，传真照片有时比文字消息来得要迟，还得跑到市内电信局去取。更成问题的是，传真效果常常不佳，一张照片要反复传几次才能用。有一次，江青陪同外宾乘敞篷汽车经过天安门广场，新华社发来传真照片，勉强可用。制版车间师傅为了提高见报效果，对照片某些较模糊的部位做了一点修补，不知怎么给本来没戴帽子的江青加上了一顶帽子，就这样在《南方日报》上登出。等到《人民日报》来了之后一对照，才发现摆了“乌龙”。“上头”对此可能没有察觉，未予追究。大家紧张的心情才放了下来。

到1979年底，我在夜班值班室工作了11年多。1973年起先后担任南方日报社总编室副主任和业务编委，岗位仍在夜班。扣除下放劳动、下乡当“工作队”、脱产学习以及短期采访等，实际在夜班岗位上度过了约10年。“文化大革命”中，在极左路线的桎梏之下，尽管所做的只是文字和版面编辑工作，上面还有领导指挥、拍板，但也不可能摆脱极左路线的影响。虽然也尽力而为，但只是按部就班，谈不上什么钻研和创新。直到“四人帮”倒台之后，夜班工作中那些不正常情况才开始改变。真正拨乱反正，则是在十一届三中全会之后。在那些夜班岁月里，日积月累，也并非没有一点正面收获，概括起来有以下三点：

一是全局观念。由于夜班值班是出报总“关口”，作为夜班编辑，在协助值班领导组织出报过程中，对于整个出报流程必须了然于心；对从编辑部到印刷厂等有关部门的职能和关系，也要清楚了解。考虑和处理工作中的问题，都要从点到面，着眼全局，注意协调。这对于自己以后的工作，也很有帮助。

二是把关意识。因为身处“关口”，在处理稿件、阅读清样、安排版面等各个出报环节的操作过程中，都要格外留心，仔细应对，力求把差错消失于见报之前。这一点虽然不可能完全做到，但也使我在文字工作中逐渐培养起细心斟酌乃至爱“挑毛病”的习惯。

三是基本功夫。夜班编辑工作，除由于非自身原因推迟出报之外，大都任务急，时间紧，用“争分夺秒”去形容也不过分。这就要求编辑在改（删）稿、做标题、定版面等环节，都必须切实抓紧，严格按照出版流程去做，容不得拖泥带水。这一点与当年“花地”编辑工作的相对“从容”明显有别。此外，在“花地”时，组版有专人负责，文字编辑一般可以不去过问。但在夜班编辑室，则必须与组版编辑一起，商议斟酌，妥善安排。日复一日，也逐步增加了对这方面业务技能的了解与掌握。

在夜班值班室工作时，主要是改稿、编版，自己基本没有动笔写作，但也有几次例外：两次被安排参加短期采访活动（这也是报社当时实施的“编辑接触实际”的举措之一），与驻当地记者、通讯员一起，先后采写了海南儋县那大公社石屋大队和增城县石滩公社的有关报道。在和平县下放锻炼期间，受领导委派，与当地通讯员一起，采写了一位共产党员、钻井工人的先进事迹。以上三篇，都刊登于“文化大革命”中的《南方日报》，自然难免烙上了那个时期的印记。1979年，我还在《南方日报》副刊发表了几篇杂文。

在夜班值班室期间，受报社委派，我也曾给海南农垦系统的新闻通讯员讲过一次新闻写作。

危楼“哀兵”

1978年12月，中共广东省委决定恢复出版《羊城晚报》。1979年10月，省委宣传部向省委提交《关于〈羊城晚报〉复刊筹备工作及领导班子问题的请示》。同月，省委同意省委宣传部的请示报告。复刊《羊城晚报》的工作，从此进入实施阶段。

1979年12月15日，正在紧张筹备复刊的《羊城晚报》，召开第一次干部大会。几十人挤在一间斗室里，倾听省委任命的报社党委书记、总编辑吴有恒讲话。他分析了复刊面临的形势，指出必须做出切实努力加以克服的各种困难，并庄严地号召大家："哀兵必胜！"当时我虽尚未离开南方日报，但已决定调回羊城晚报，因此也参加了这个会。

1980年1月1日，我向羊城晚报报到。原来准备去副刊部"重操旧业"，但总编室缺人，让我先到那里工作。我参照在南方日报的实践，结合羊城晚报的实际，制作了复刊后第一份"出报流程表"，经领导审定，作为每日出报的规章执行。与此同时，还在一版编辑组（属总编室），参与复刊试版的有关工作，包括策划版面安排、编稿等。2月15日，身经磨难、消失了13年的《羊城晚报》正式复刊。当天，我作为一版编辑之一，参加了出报全过程，与大家一起，见证了印有叶剑英同志题写的"羊城晚报"四个红色大字的复刊第一张报纸，在印刷机隆隆声中呈现在人们面前的历史时刻，分享了《羊城晚报》重见天日的喜悦！

羊城晚报就这样从零开始，重新创业。当时物质条件十分匮乏。从报社领导开始，大家挤在一栋借来的只有200多平方米的两层危楼，下定"哀兵必胜"的决心，为办出一张有水平、有特色、有影响的《羊城晚报》奋力拼搏。霍英东这样的宾客来访，也只能在用盥洗间改成的简陋会客室接待。时任中共广东省委第一书记任仲夷来报社视察时，站在危楼前凝视良久，说了一句："君子不立于危楼之下！"他表示，要抓紧解决羊城晚报印刷厂和办公场地问题。

复刊之后，《羊城晚报》确立了"反映生活，干预生活，引导生活，丰富生活"的"十六字"编辑方针，坚持实事求是，按照新闻规律办事，突破一些传统禁区，拓宽新闻报道领域，取得令人刮目相看的成果。

与此同时，对占整张晚报（四个版）几乎"半壁江山"的副刊"花地"和"晚会"，也十分重视，锐意经营。吴有恒明确提出：副刊要做到"名，新，杂"。其中的"名"，就是要广泛联系名家，多登名家佳作。早在筹备复刊阶段，羊城晚报就已派出专人赴京、沪等地向名家约稿，广东更不在话下。复刊后，我们又坚持以各种方式保持和扩大与作家、艺术家的联系。在十一届三中全会拨乱反正的推动下，文艺领域百花复苏，欣欣向荣。作家、艺术家们激情洋溢，投身创作。一时间，“花地”春色满园，目不暇接。

在总编室工作一段时间后，我回到副刊部，担任部主任，主要精力放在“花地”。由于离开副刊多年，加上《羊城晚报》复刊后的新情况、新要求，我面临一个重新学习和熟悉的过程。我牢记副刊是《羊城晚报》的重要组成部分，注意团结周围的同志，带动和培养青年编辑，努力贯彻党的文艺方针，做好工作，使“花地”在激烈的竞争中保持了自己的水平和特色，受到读者欢迎。

我与几位同事挤在一间陋室里，埋头编版。在策划版面内容的基础上，要从大量来稿中选出佳作，在与四面八方作者的联系中获取精品，以满足每天要出大半个版的“花地”需要。作为版面负责人，我除了阅读各位编辑初选的原稿，从中选定付排之外，安排和审读每天的大样，更是必不可少的“规定动作”。逐篇逐字认真阅改后，按照出版流程，送分管副刊的副总编辑审定付印，日复一日，环环紧扣，不容拖延。稿件和大、小样在办公室看不完，便带回家中“开夜车”。

尽管编报事务缠身，我还是尽量抽出时间与广东和省外一些作家、作者联系，一来二去之间，不时收到佳作。1982年，我与同事一起北上组稿，分别拜访了廖沫沙、黄苗子、萧乾、孙犁、蒋子龙、冯骥才等知名作家，聆听他们对办好副刊的意见，并诚邀他们赐稿。其中，与孙犁更是建立了比较密切的联系。有一段时间，他先后把《芸斋书简》等几组稿件寄给我，在“花地”刊出。对于“花地”尊重作者，处理稿件及时、负责，他曾通过文章表示赞赏。

1981年10月，我被任命为羊城晚报社党委常委（相当于后来的编委），进入领导班子，参加出报轮流值班，每次一周，主持当天出报工作，审定一版见报稿件，签发一版和时事版、体育版付印大样。第一天值班，在签发的一版大样上写下“改正付印”四个红字时，感受到手中那支笔沉甸甸的分量。

1983年8月，我被任命为羊城晚报副总编辑，除参与领导班子的有关工作，继续参加出报值班外，仍兼管副刊部工作。我开始跨出部门的界限，要求自己逐步学会从整张报纸的全局考虑和处理问题。在编报工作中，既注意在政治上严格把关，也不忽略文字的准确生动和版面的精心安排。在比较繁重的工作实践中锻炼自己，努力提高政治思想水平和业务能力。

1983年9月至1984年1月，我到中央党校新闻干部进修班，学习马克思主义哲学、党的新闻工作基本理论与实践等课程，听了一些专题报告，还参观了北京一些新闻单位。时间虽然不长，但很有收获。

1984年10月，我作为中国新闻代表团成员访问菲律宾。期间，从马尼拉发回菲律宾总统会见中国新闻代表团的航讯，刊于《羊城晚报》第一版。回国后，写了一组（5篇）《访菲见闻》及6篇通讯、散文，分别刊于《羊城晚报》第一版和副刊等。其中一篇《马海德医生一席谈》，是从菲律宾回国时，在马尼拉机场巧遇著名的医学专家、新中国成立后第一个加入中国国籍的外国人马海德而写成的。登机后，我的位子又恰巧在他的背后。我在隆隆的飞行噪音中对他进行了采访。

从1980年到1985年，因为忙于编务和其他工作，个人写稿不多。除上述外，我还写过几篇“街谈巷议”，刊于《羊城晚报》第一版，此外也写过几篇散文，刊于“花地”和《随笔》杂志等。

勉力挑担

1986年2月，《羊城晚报》总编辑许实到龄卸任，我被任命接替他的职务。

获知任命后，我曾向中共广东省委宣传部主要领导同志当面恳辞。我表示，以自己的资历、能力和水平，实难挑起总编辑这副重担。省委宣传部领导说，已经决定，不能更改，要我服从安排，依靠组织，群策群力，做好工作。我只好接受。

当时，羊城晚报实行的是编委会领导下的总编辑负责制，不设社长。我接任后，作为“一把手”主持报社全面工作。我认识到，千头万绪，办好报纸是根本，必须抓住这个重点，全力以赴。

在总编辑岗位上，对于坚持正确舆论新导向这个原则问题，我能够保持清醒头脑，并在这个大前提下，注意处理好报纸共性与个性的关系，努力办出晚报特色。在主持报纸的报道工作中，也坚持贯彻党的路线、方针、政策，根据中央和省委的部署安排，结合客观实际情况以及羊城晚报的特点，通过策划、组织、协调，把这些部署安排逐一落到实处。

作为总编辑，我注意团结和带动编委会一班人，共同抓好以办报为中心的各项工作，亲力亲为，真抓实干，力争做好。一些重要新闻报道或副刊的重要安排举措，我都和有关编委及记者、编辑一起研究落实。有些重点稿件，我逐字逐句审阅修改，甚至部分改写。根据新闻报道需要，我还及时撰写短评（“街谈巷议”）配发，以扩大影响。一些重要版面，我也和编辑一起，开动脑筋，精心编排（包括制作标题），力争具有鲜明的特色。我还注意抓好能够体现晚报特点的新闻报道。中国晚报工作者协会先后组织开展了晚报头条新闻、社会新闻等大赛。我以总编辑和大家评委的身份，积极推动大赛在羊城晚报的开展。在几次大赛中，羊城晚报都取得好成绩，也彰显了自己的特色。

针对办报中出现的问题，我察觉后及时提出，引起大家的重视，并抓紧解决。《羊城晚报》一度缺少当天新闻。我以个人名义，给全体编委和编辑、记者写信，要求大家勿忘本报特点，学习兄弟晚报之长，积极主动抓好当天新闻，迎头赶上。这一要求在社内引起反响，许多记者开始积极写当天新闻（包括拍摄当天新闻照片），编辑也注意在版面上做好安排，促进了报纸质量的提高。

担任总编辑后，如何使羊城晚报在我们这一辈手上做到承前启后，继往开来，是我必须面对的一个严肃课题。1987年，以纪念《羊城晚报》创刊30周年为契机，我代表编委会向全社同行提出了“承先启后，开拓奋进，把羊城晚报提高到新的水平”的庄严要求，指出：三十而立，任重道远，要实事求是地估价过去，清醒冷静地面对现实，充满信心地开拓未来。为此，动员全社上下增强凝聚力，不故步自封，群策群力，再创新篇。同时，开展为“羊城晚报怎么办”出谋献策的活动，并落实到办报和各项工作当中。平时，我也抓住各种机会，经常提醒大家，要居安思危，坚定信心，迎难而上，奋发图强。

《羊城晚报》复刊之后，在继承原来传统的同时，面临着新的情况与要求。怎样适应时代潮流，结合本身实际，正确解决报纸的共性和个性问题，努力办好一张既坚持党报大方向，又有鲜明特色的社会主义大型晚报？羊城晚报人一直在认真思考，并且力争在办报实践中求得解决。思考和实践逐步归结到一点：《羊城晚报》应当“姓党、姓晚又姓羊”。“三姓”是一个互相联系的完整理念，三者不可分割，主次不能颠倒。在办报指导思想上，应明确我们办的是党报。我们要通过努力，树立这样一个形象：《羊城晚报》是以晚报面目出现的党报，同时又是“只此一家”的晚报。在报纸的内容和形式上，要尽可能完整地反映出“姓党、姓晚又姓羊”的办报理念，使“三姓”具体化、形象化。

担任总编辑后，我经常考虑的是：如何做到坚持“三姓”理念，使《羊城晚报》在增加信息量、提高时效性、增强可读性等方面，有新的变化和发展，更为读者喜闻乐见。我结合实际，通过发言、文字等形式，对此进行具体阐述，其中包括在第五次全国晚报经验交流会（1987年）上作的专题发言。

在阐述中，我强调了以下观点：第一，“姓党”是办报的大前提和主旋律，必须牢记党报宗旨，抓住生活主流，反映时代精神，坚持正确舆论导向。第二，切实做到“姓晚，姓羊”，报纸“姓党”的作用才能得到充分发挥。为做到“姓晚，姓羊”，要抓住一个“新”字，争取一个“快”字，不忘一个“近”字，力求一个“精”字。

在实践中，我和大家一起，为坚持“三姓”进行了不懈的努力，既注意处理好局部与全局的关系，唱响主旋律，做到要闻必报，大事不漏，典型突出，又围绕“新、快、近、精”四个字动脑筋，下功夫，在新闻采写和编辑手法上突出自己的特色，力争做到“人无我有，人有我新，人新我精”，从而引起读者关注，在社会上产生影响。具体而言：

新——及时反映新情况，积极宣扬新事物，热情赞颂新风气，为改革开放鼓与呼。1992年3月，珠海市在全国率先对有贡献的科技人员给予重奖。《羊城晚报》率先、集中、多侧面地进行了突出报道，使这一深化改革进程中的新举措得到及时宣传，影响迅速扩大。

快——重视新闻的时效性、新鲜感。“能够当天见报的就不要等到明天”，是《羊城晚报》对新闻报道的基本要求之一。为了及时刊登当天新闻，除原有的“读者今天来电”之外，还在一版开设了“今晨快讯”专栏。1987年10月，英国女王访问广州，抵达时已是中午。我与值班编委商定，采取特别措施（包括摄影记者在采访车上冲洗底片等），争取时间，做到文字消息和照片当天见报，比同城报纸快了一步。

近——强调心中要有读者，努力拉近报纸与读者的距离，注意把读者关心的问题，摆在应该摆在位置上，使读者感受到，《羊城晚报》是在想他们所想，急他们所急。1987年，《羊城晚报》以迎接第六次全国运动会在广州举行作为契机，通过消息、通讯和有关负责人谈话等形式，层层深入，揭示广州公共厕所的现状，指出存在的问题。引起读者的共鸣和有关方面的重视，促进了这个群众关心的“身边事”的解决。做到“近”字，还意味着要和读者平等相处，力争做到：报道的内容尽可能为读者易于接受，还要注意通过报道维护读者的正当权益。

精——要求记者采写新闻时努力选取新的角度，讲求写作方法，力争独辟蹊径，不落窠臼。1992年6月，广东技术交易会开幕。对于“广东科技活动月”重头戏之一的这次交易会，记者没有“随大流”作一般化报道，而是抓住参加者拥挤入场、抢取资料、敦请教师、排队打电话这四个镜头，用一篇300多字的现场特写，“扫描”了交易会开幕盛况，生动地反映出人们关心科技、需要科技的迫切心情，特点鲜明，可读性强。“精”也体现在对编辑工作的要求上，尽量做到丰富多彩，满足读者多方面的需求。对新闻版编排的要求是：内容力求广泛包罗，形式上努力自成一格，标题制作要刻意推敲，文字要尽力挤掉水分。有相当一段时间，《羊城晚报》头版刊登的新闻报道每天平均在20条左右。

坚持多样化，尤其是抓住社会新闻报道，是贯彻“三姓”，特别是

"姓晚又姓羊"的重要内容之一。在这方面，我们下了不少功夫，注意寻找线索，深入进行采访，力争不时有既能够"吸引读者眼球"，又有正面启迪作用的报道见报。

除了参与和贯彻"三姓"有关的研究、策划、部署及阅改相关稿件外，我自己也为实践"三姓"动笔。1987年10月，中共十三大召开。我作为代表赴京与会，抓住这一机遇，既当代表，又做"兼职记者"。会议期间，我发回8篇稿（包括消息、专访等），主要利用会外时间采写，与新华社的主干报道同时刊于《羊城晚报》。尽管数量不多，质量也未尽人意，但在当时规定中央重大活动地方报纸必须刊用新华社稿的情况下，是一个突破。它从一个方面体现了《羊城晚报》"姓党"——突出报道十三大的新闻，又"姓晚、姓羊"——在新华社重要报道不漏登的前提下，还有自己的"独家新闻"。

担任总编辑期间，我抓的另一项重要工作是扩版。从1989年1月到1993年1月，四年时间《羊城晚报》扩版三次。

《羊城晚报》从创刊起，每天出四个版（对开报纸一张）。1960年11月起，由于纸张供应紧张，逢星期日休刊一天。1961年2月起，逢星期日出版对开报纸半张。1980年2月复刊后，每天出四个版。

扩版，是形势发展所促成，也是贯彻"三姓"办报理念的需要。改革开放不断深化和扩大，社会生活日益丰富多彩，信息量迅速增加，四个版越来越难以容纳。《羊城晚报》要坚持"三姓"，内容和版面安排也必须突破现有的格局，进一步提高质量，办出特色。此外，在扩版举措上，同城主要报纸有的已经先行一步，有的则在酝酿之中。对此，《羊城晚报》也不能坐视。

然而，对于《羊城晚报》来说，扩版绝不是一件简单的事。其他暂且不说，单单"每日平均发行量100万以上"这个数字，一旦扩版，就意味着要消耗更大量的纸张，相应的成本随之大增；现有印刷设备能否承担得起扩版后的要求，也是不容回避的关键问题。因此，我和编委会成员经过反复研究，多方衡量，认真测算，决定《羊城晚报》扩版的原则是：既要出新，又要求实。具体做法是分步走。

改版是一次改革，要改革就必须出新。出新，首先体现在报纸的总体布局和安排上。编委会决定，在基本保持原有各版格局并做适当调整的基础上，增加一些具有特色的专版、专栏。其次体现在报道内容和表现手法方面，遵循新闻本身规律，根据客观现实需求和晚报特点，从题材、角度、写作手法到版面安排，都要尽可能做到有新意。

求实，就是从《羊城晚报》的实际出发，对于扩版的主客观条件，尽可能做出清醒、全面的估计，既看到对扩版有利的一面，又充分估计到对扩版不利甚至制约的因素，反复权衡，扬长避短，因势利导，从而产生“最佳方案”。

经编委会研究决定，报中共广东省委宣传部批准，作为扩版第一步，从1989年1月1日起，《羊城晚报》每逢周五出两大张（八个版）。此前，提前一个月进行了四次“星期五扩大版”试版。编委会对扩大版一版提出“四个一”的具体要求：一条好头条，一篇好言论，一篇好特稿，一幅好照片。版面（包括报头）编排也与平日有所区别。从内容到形式，给读者以面目一新的感受。其他各版，也有相应的调整和增加。“星期五扩大版”给读者带来新鲜的印象，受到欢迎。

在此基础上，经过三年的运作磨合与准备，1992年1月1日《羊城晚报》第二次扩版，逢星期一、三、五出八个版。新开辟“神州纵横”“南粤大地”“社会广场”等五个专版。

随着各方面条件的逐步改善，包括编辑大楼落成、先进的大型印刷机组购置安装完毕等，羊城晚报开始酝酿继续扩版。1992年7月，我在全社大会上，提出了《羊城晚报》进一步扩版的思路和做法，强调要适应形势的发展，坚持既要出新，又要求实的原则，扎扎实实地、有步骤地做好继续扩版工作。为此，编委会专门邀请十多位新闻、文艺、理论界的前辈和专家座谈，征询扩版意见。经过一番切实准备（包括按照每天出八个版的实践要求进行演练），从1993年1月1日起，《羊城晚报》每天出八个版。

担任总编辑后，我继续参加出报轮值，后来由于工作太忙才退出，改为在其他轮值领导临时因故不能“上岗”或节假日休息时替班。平时只要在报社，对每天的版面安排都要过问，遇有重大新闻或突发事件，则到要闻部（一版编辑室）一起商量决定。此外，我还长期分工审阅

"花地"副刊大样（基本上每天大半个版），后期才移交出去，但仍继续审阅每周一期的"国际"副刊大样，直至卸任。

对于经营管理工作，包括发行、广告、财务、基建和购置印刷设备等方面，除放手由分管领导具体负责外，我也经常过问。碰到重要问题，还亲自出马，谋求解决。1988年，邮局收取的报纸发行费大增，加上纸价暴涨，致使当时已经出现经营亏损的报社难以负担，威胁到报纸的生存和发展。我与报社分管发行工作的负责人一起，去找广州市邮局负责人交涉，并连夜面见分管宣传工作的时任省委副书记谢非，汇报情况，争取支持。对于思想政治工作和人事管理工作的大事、要事，我也同样关注，认真去抓。

在抓出报工作中，我很重视防止差错。我经常强调：办报必须有高度责任感，树立严谨细致、一丝不苟的作风，要对每个版，每条稿，甚至每个字切实负责。在各种场合敲响防止差错的警钟，对见报差错提出批评，有些则按照相关规定处罚，包括经我之手出现差错，对自己也不例外。

在履行"一把手"职责的过程中，我并没有停下手中的笔，而是根据需要，抓住机会，挤出时间采访写作。上述参加十三大时"兼任记者"是一例。《羊城晚报》一版的"街谈巷议"言论专栏，主要执笔者是许实（微音），他卸任后依然不辍，但有时因故不能执笔，版面又急需，便由我"顶上"，也先后写了几十篇。在国内出差或出国访问，尽管没有采访任务，我都力争不空手而归，根据实际情况，写出通讯、散文等见报，有些是成组的。还有一些是带有偶然性的采访。其一是与任仲夷同志共同参加一次活动时，他知道我是羊城晚报的，便就广东推广普通话问题谈了一番见解，并希望媒体在这方面加强宣传。我根据他的谈话内容（当时没有记录），写了一条消息：《此事非同小可——任仲夷谈推广普通话》，刊于《羊城晚报》一版头条。其二是1986年10月，英女王访问广州，于停泊在黄埔码头的皇家游艇上举行招待会。在记者不能登船采访、与会者也不能现场记录或拍照的情况下，我作为招待会来宾，留意观察，用脑子记下一些现场情节，包括英女王与我涉及羊城晚报的短暂交谈等。回家后，我连夜写成一篇新闻速写：《在皇家游艇上作客》，次日刊于《羊城晚报》一版，为同城媒体中仅有。我还结合办报实践，总结业务工作，进行理论探讨，先后撰写《姓党、姓晚又姓羊，三者缺一不可》《要把报纸办活，心中须有读者——在全国省报总编辑座谈会上的发言》《突破老框框　开辟新天地——探讨有关社会新闻的几个问题》等文章，发表于报刊或在研讨会上宣读。我写的《为社会主义协商对话铺路搭桥》一文，被收入中国社会科学院新闻研究所主编的《新闻学研究十年》一书。

对于新闻摄影，我也给予应有的重视。我认为，新闻照片是报纸新闻报道不可缺少的组成部分，有其不可代替的作用，不仅重视每天见报的新闻照片，对于一些反映及时、特色鲜明的新闻照片，也在版面上给予特殊安排。1987年9月，广州“人民路—六二三路”高架桥建成通车前夕，市政府安排市民上桥现场体验。一时间人潮汹涌，蔚为壮观。记者在现场用高角度拍了一张“人山人海争上高架路”的大场面。我拍板把照片放大见报，占当天一版四分之一篇幅，在读者中引起强烈反响。这张照片和其他一些优秀新闻照片，分别在全国性评比（大赛）中获得一等奖。1990年，我获得中国晚报摄影学会颁发的“总编辑慧眼奖”。

担任总编辑期间，我还在一些新闻团体担任职务，曾任中华全国新闻工作者协会理事、广东省新闻工作者协会副主席、广东省新闻学会会长。在新闻学会会长任内，除主持会务工作外，还参与学会主办的刊物《岭南新闻探索》的编辑工作。我曾担任中国晚报工作者协会副会长、学术委员，参加有关活动，尤其在历年评选“全国晚报好新闻”等方面，做了不少具体工作。

1988年，我被评定为“高级编辑”新闻专业职称。

走上总编辑岗位后，我经常思考的是，如何在前辈打下的基础上，依靠全社同仁的齐心协力，继承和发扬优良传统，努力开拓进取，坚持改革创新，力争不断提高报纸的质量，推进报社事业的发展。我清醒意识到肩上的压力，不敢掉以轻心。压力来自两个方面：一是必须时刻掌握好报纸的舆论导向，不容偏失，否则，将造成难以估量的负面影响。在此前提下，也要千方百计把报纸办出特色。二是要经常思考和落实报纸的改革和报社的发展问题，力争每年都要有新点子。经营工作，在经过努力扭亏为盈之后，如何保持盈余，而且争取上升；还要关注报纸的发行量，争取在已有的巨大基数上，继续增长，起码做到不降。

回眸再望，在八年的时间里，我尽职尽责，全力以赴。除上述各项工作外，报社在其他方面也有新的变化和发展，包括：前辈奠基的编辑大楼终于落成，工作条件改善；在北京、上海和省内建立了一批记者站（办事处），加强情况沟通，开拓信息来源；添置大型先进印刷设备，印报能力显著提高；报纸全部实现电脑照排，建成网络电子出版系统，等等，我在任期间，按年度平均计算，《羊城晚报》的日发行量都在100万份以上（最高一天176万份），广告收入显著增加，财务收支扭亏为盈，实现社会效益和经济效益双丰收。

我不会忘记，《羊城晚报》取得的成果，饱含着历届老领导的心血和辛劳。他们在任时披荆斩棘，创业开拓，为后继者积累了宝贵经验，奠定了坚实基础；退下来之后，对报社的工作依然十分关心和支持。我也认识到，羊城晚报今天的变化与发展，是报社全体同仁（包括已离退休同志）团结一致、奋力拼搏取得的。我的能力和水平有限，只不过尽了应尽的一分力量，做了自己力所能及的事，而且做得不够好，存在不少缺失和问题。对我的批评：谨慎有余，冲劲不足；思想不够敏锐，缺乏高瞻远瞩的目光和大刀阔斧的魄力，以及同群众联系不够密切等，都是明显存在的，因而实在有负于上级的重托和大家的期望。这些，只有自己怀着歉疚的心情，认真进行反思。

交班以后

1994年3月，我从羊城晚报总编辑岗位上退下来（当时61岁）。由于在广东省八届人大常委会的任期未满，我继续担任省人大常委会委员、教科文卫委员会副主任，直到1998年3月换届。

在此期间，我参与的人大各项工作、活动中，有一些也和新闻方面有关，包括：

参加关于《广东省新闻法记者暂行条例》和《广东省广播电视管理条例》的立法调研，写出报告送交有关部门。

参加广东省人大宣传工作会议及人大新闻宣传研讨会，就如何做好人大新闻报道问题发言。

参加“广东省人大好新闻”（1996、1997、1998三届）评审，并写出《加强力度　求深搞活——关于人大新闻报道的浅见》一文。

给广东省人大机关刊物《人民之声》及《南粤法制报》通讯员学习班作关于新闻写作的辅导讲座。

参加广东省人大考察团出访澳大利亚、新西兰。归来后，写出澳大利亚昆士兰州议会印象和一位议员的活动等内容的通讯。

这段时间，我还做了以下几件与新闻有关的事：

1994年，我参加编写羊城晚报社史，作为社史编写组成员，参与总体策划、内容编排工作，并负责全书汇总与文字统稿。历时三年，终于在《羊城晚报》创刊40周年（1997年10月）之际，完成了这部30多万字的社史，作为“征求意见稿”内部出版。

1995年5月，我建议并经羊城晚报社委会批准，编印纪念文集《梅骨玉魂——怀念吴有恒同志》，由我负责具体编务。

1996年10月，由广东省新闻学会主办的“新闻媒介的岭南特色”学术研讨会在深圳举行。我参加研讨会并作了题为《勿忘“短、平、快”——关于岭南新闻特色的一点思考》的发言。这个发言被收入《岭南新闻特色论文集》（广东人民出版社出版）。

1998年春节前夕的一个上午，任仲夷同志来到羊城晚报社，我参加接待。座谈中，任老谈起了一个距当时已经30多年的“热门话题”——“评功摆好”。当年，他作为领导干部，在东北积极推广这一受到肯定的政治思想工作方法，在“文化大革命”中却为此吃尽苦头。但他至今不悔，郑重提出：“应当为‘评功摆好’正名！”他说，当年《羊城晚报》曾对“评功摆好”进行了不少宣传报道，希望今天《羊城晚报》也能为“评功摆好”正名做点事情。这是我第二次在“偶然”情况下聆听任老的“专题谈话”（第一次在1987年），没有思想准备，连笔记本也没带，只好尽力记住的任老谈话内容，事后进行一些补充采访，并查阅了有关资料，与参加接待的一位老编辑商量，由我执笔，写成《为“评功摆好”正名——任仲夷同志一席谈》，刊于《羊城晚报》一版，并收入《1997—2007羊城晚报新闻作品精选》。

1998年5月，我在羊城晚报社离休，但也未与新闻写作、编辑业务“绝缘”。

离休后，我写过三篇关于《羊城晚报》的文章：

1998年12月，《羊城晚报》决定发表一篇纪念十一届三中全会召开20周年的报道，把这个任务于见报时间前一天傍晚交给我。我“开夜车”到凌晨3时多，把题为《我们与改革开放同行——十一届三中全会掀开羊城晚报新篇章》的报道赶写出来，依时刊登于12月18日《羊城晚报》一版。

2011年6月，为纪念中国共产党诞生90周年，《中国报业》杂志要求羊城晚报社提供一篇关于《羊城晚报》复刊过程的文章。报社委托我执笔。我抓紧写出，题为《严冬过尽绽新葩——〈羊城晚报〉复刊前后》，在《中国报业》“纪念中国共产党建党90周年征文”专栏首篇刊出。

2013年8月，为纪念革命家、政治家、作家、《羊城晚报》复刊后首任党委书记兼总编辑吴有恒100周年诞辰，羊城晚报社决定由我撰写一篇文章。当时我刚从医院出院不久，仍然全力投入，写出《当之无愧的羊城晚报人——纪念吴有恒同志诞辰100周年》一文，在纪念座谈会上发言，并刊登在《羊城晚报》上，同时收入吴有恒100周年诞辰纪念文集。

除上述几篇和一些散文、随笔、杂文之外，离休后我还写了一些探讨新闻写作方法、对见报新闻报道“吹毛求疵”的短文，这也是“职业习惯”的延续。在职时，对于见报差错或不妥之处，只要发现，我都以口头、书面等方式及时提出。退下来之后，见到这方面的问题，依然如鲠在喉，务求一吐，其中一些随手写下简短意见，刊于《羊城晚报》（包括社内报刊），积累下来也有几十篇。部分意见或建议，则通过书信、电话甚至当面，向报社有关领导直接反映。这些，我认为是在尽一个“老晚报人”的责任。

离休后，我被羊城晚报社返聘，担任评报员（一年）。其后，根据报社安排，我和一些退下来的老编辑、记者组成评报组，定期对《羊城晚报》的内容和版面进行评论，肯定成绩，指出问题，提出建议，并写成“评报纪要”送报社领导参阅，前后有四年时间。我还曾担任中共广东省委主办的《南方》杂志特约评刊员七年，每期都写出详细的评刊意见。

离休后，我还担任过广东省老新闻记者协会副会长并继续担任羊城晚报老新闻记者协会会长，从事的一项具体工作是编辑书刊，包括：广东省老记协成立20周年纪念特刊《传故启新葆青春》、羊城晚报老记协会员作品集《老记文存》（40多万字）、广东省老记协会员文集《新世纪抒怀》、纪念《羊城晚报》创刊50周年文集《与时代同行》等，都是参与从组稿、处理原稿到出书的全过程。

我也还继续担任过一段时间中国晚报工作者协会副会长和学术委员，参加评选“全国晚报好新闻”和编写《中国晚报学》等活动（后被聘为顾问）。对于大型典籍《新中国晚报五十年鉴》（2000年出版）的编纂，我作为顾问之一，也做了一些具体工作。2009年，中国晚报工作者协会授予我“中国晚报杰出贡献奖”。

2012年4月，我获得广东省首届新闻终身荣誉奖。

回顾自己的新闻轨迹，清晰，也有些逶迤。为新闻工作奉献了大半生（其中主要在羊城晚报），兢兢业业，尽心竭力，“甘为他人作嫁衣”，如此而已。

2012年6月，八十周岁之际，我写了一首《八十自赋》，抄录如下，权充个人小传的结语。

八十自赋

倏然登耄耋，回首亦沧桑，
年少即工作，基层奔波忙。
燕园曾负笈，半生伴“金羊”，[1]

① “燕园”指北京大学，“金羊”指羊城晚报。

担责未言懈，尽职费思量。
导向常谨记，读者岂能忘？
办事求实效，相与忌张狂。
离休享余岁，闲中亦未荒，[①]
晚风拂华发，含笑对夕阳。

2017年夏

① 离休后，继续从事一些力所能及的活动，包括参与老记协编辑书刊等。

第二篇

众说关国栋

坦直中见真诚　笔墨里有褒贬

周　敏

关国栋同志将自己的短文结集名曰——“杂拌”，记实情，也风趣。

作者长期从事新闻工作，也是和我一起坐编辑部的老搭档，谨重朴实，谦虚勤奋，文尚本色，不鹜夸饰。集中所列，记见闻，抒感触，是其所是，非其所非，或揄扬，或倾慕，或指斥，或讽劝，坦直中见真诚，笔墨里有褒贬，殷殷谆谆，自具特色。今天重读这些文字，我特别感到亲切的是字里行间所坦露的作者那份执着和情意：总是力求于生活有所裨益，热望我们的生活更美好，人们的情操更高尚，心地更纯洁。我想，这也许是一个以“传声”“通气”为己任、以扬善抑恶为职责的新闻工作者的胸怀和自觉性使然吧！

作者自己给这些作品下了三个字的评语，曰：散、短、浅。这里面有自谦的成分，但若将这几个字从它原本就包含有的正面意义来加以理解，大体上还是概括得较为准确的。“散”者，杂也，题材广泛，形式多样，不拘一格之意也。这有什么不好呢？一个称职的新闻工作者足以自豪之处，岂不正在于他能够更深入、更真切地了解社会、了解生活和了解人，视野广阔，多思博采吗？至于浅，我历来服膺鲁迅先生的分析和解释。为人也罢，为文也罢，与其装腔作势，故弄玄虚，意图蒙混和瞒骗，倒不如径情直遂，坦诚恳切，表里如一。有一即一，有二即二，能掏出一颗灼热的心，直接面对读者，这样的人和文，显然更能博得信赖和尊重。

《杂拌集》编成，先读一过，遵作者嘱，写这几句，算是序言。

1989年12月·羊城

[本文是羊城晚报原副总编辑杨家文（笔名周敏）为关国栋作品集《杂拌集》写的序言]

不进则退话危机

——对话关国栋

路　元　王志纲

《中国记者》杂志记者（以下简称“记者”）：老关同志，在全国晚报的发行量中《羊城晚报》是数一数二的，广州的竞争如此激烈，它为什么能立足于报刊之林，还能打向全国？

羊城晚报总编辑关国栋（以下简称“关”）：的确，广东这地方商品经济发达，各行各业的竞争意识都比较强烈。我们处在竞争的氛围之中，给人一种大兵压境、不进则退的感觉。再有，新闻界自身也在改革，各自都在拿出自己的招数，《广州日报》改成八大版，南方日报出了《南方周末》。过去晚报的特点比较突出，而现在党的机关报正在取晚报之长，增强了知识性、趣味性、服务性。这样一来，晚报原有的一些特点也不“特”了，再加上报价上升，如果我们的竞争意识不加强，就面临着生存的危机。

记者：这么说是危机感促发了竞争意识。如果高枕无忧也就不会图强革新了。

关：可以这么推断。我们必须参与到竞争中来，而不是回避。我们正在从三个方面展开竞争。一是时效上的竞争。晚报比日报出得晚，头天晚上的重要消息赶不上日报，但当天上午的消息可以抢在日报之前，这叫做“打时间差”，也就是力争多登当日新闻。比如英国女王访问广州时，是中午到达的，我们预先留出版面，文字、摄影一齐上。为了抢时间，记者甚至在汽车上冲洗底片。结果抢在其他报纸前面。今年我们又增加了“今晨快讯”专栏，让消息在群众眼里还保持着水灵灵的新鲜劲。第二是内容上的竞争。强调出新，即使与其他报社记者一起去采访，也要努力找出新观点、新角度。我们有位记者在采访“爱我中华、爱我广州”活动的时候，除在当天发了消息外，还当场请示了市委领导人，提出在报纸上讨论“广州市风”“广州人精神”的建议，得到了支持。很快，这一“公众话题”的讨论在本报展开了，领导和市民反响强烈。这位记者表现出了可贵的竞争意识，为本报抓到了好题目。因此，有先发制人，有后发制人，时间上争不过的，就要在角度和深度上争。第三是版面编排上的竞争。我们推出了周五的扩大版，苦心经营“特稿”和“凡人快语”，增加有针对性的“硬货”和丰富多彩的“软货”，吸引读者。

记者：在广州，竞争的环境已经基本形成了，机会大体是均等的，实际上就看人的素质了。

关：是这样，今后是人才的竞争。我们加强竞争，既不能丢掉原则，又不能降低报格，还要保持特色，这只有在提高记者、编辑的素质上下功夫。“培养24小时记者”是我们的一个目标。

（原载《中国记者》1989年第3期）

“特”“新”两字做文章
——关国栋访谈录

曹　柯　孙锦常

我们的第二站是羊城晚报。说来也巧，晚报新盖的编辑大楼与南方日报的大楼一样，也是23层。它和紧邻的10层印刷大楼有空中通道相连，连同矗立正门前的、银光闪闪的不锈钢五羊雕塑，构成壮观的整体布局。当我们比预约时间提前十多分钟到达晚报时，总编辑关国栋已在办公室等候。让人感受到他的严谨作风。

笔者之一“文化大革命”前也在羊城晚报工作，而且是他跨出校门后的第一个工作单位，自然有种“回娘家”的感情，难免和关国栋同志话旧，说起当年晚报和广州日报一起，挤在人民中路西瓜园一座两层小楼里办报的情景，真是今非昔比，不可同日而语了。

一、今年改版内容充实　明年扩版抓紧筹划

我们的话题从今年晚报改版说起。元旦那天的《羊城晚报》一版，以上半版的篇幅刊出一幅大照片：羊城街头拔地而起、鳞次栉比的广厦群，点出了“蒸蒸日上”的主题。通版开放、气派、和谐，耳目一新，赢得一片喝彩声。那么这半年多来，读者反映又如何呢？

关国栋答道，读者觉得扩版后的《羊城晚报》内容更充实了，可看的东西多了。具体来说，新闻报道（包括国际新闻）的量有所增加，另外，新添了“南粤大地”“神州纵横”两个新闻性的专版，分别为半月、一周出一期。关国栋还专门介绍了新开设的另外三个专版。其中最

受欢迎的是副刊部办的“家庭广角”。虽然在这之前很多报刊都有了家庭版，但“家庭广角”切入角度好，它并不教人如何编织毛衣、炒菜、插花等等，而是情感型的，跟家庭每个成员的关系更密切一些，问题谈得更细一些、深一些，紧紧贴近读者，注重与读者的心灵沟通，有特色，所以受到大家欢迎。另一个是政文部办的“社会广场”，着重反映法制建设、精神文明建设方面的内容。再一个就是编委办公室办的“读·作·编”专版，也引起了读者和行家的兴趣，它在编者、作者、读者之间架起桥梁，使三者联系公开化、固定化，增加了大家对《羊城晚报》的了解和亲切感。

说到这里，关国栋谦虚地表示，从这半年多的情况看，总的发展还不够快，新闻报道上真正有特点的、“爆棚”的东西不很多，读者认为有改进，但还不是十分满意。

记者顺着这个思路询问《羊城晚报》明年进一步扩版的准备情况。

关国栋说，今年每周一、三、五出八版，就是为明年扩版（每天八版）作探索和准备。扩版是大势所趋。既要创新，又要求实，是《羊城晚报》扩版的一条原则。明年扩版，是在今年扩版基础上的进一步充实和提高，主要是增加信息量，满足读者多方面的需求；同时，也想尽可能缓解一下广告客户的需求与版面不足的矛盾（据初步测算，明年扩版后广告所占比例，与今年大体持平）。版面初步安排是前四版为新闻报道（包括国际新闻和体育版），后四版为副刊、专刊。有些版面篇幅要适当增加，如二版的地方新闻打算每周出六期，国际新闻则天天有，“花地”“晚会”每周五期，等等。力求内容更丰富，版面编排更精心，整张报纸质量更高。人力方面主要是要挖掘潜力，充分发挥报社上下500多人的整体积极性。为了更好地向全国介绍广东和让广东了解全国，准备有步骤地适当增设记者站。

二、优势只剩“时间差” “特”“新”两字做文章

记者听说，前不久羊城晚报邀请新闻出版、文艺、理论界的前辈和专家座谈，征询扩版意见。行尊们授以“真经”两句：“在特点上下功夫，在‘新’字上做文章。”因此，记者特地询问：扩版后如何保持晚

报特色，不断出新？

关国栋直言不讳地说，这是一个令人伤脑筋的问题。想当年《羊城晚报》的办报方针是“移风易俗，指导生活”，“寓共产主义教育于谈天说地之中”；复刊时又提出十六字编辑方针：反映生活，干预生活，指导生活，丰富生活。“招牌饭”是：社会新闻，办副刊。首创一报两个副刊——“花地”“晚会”，此外，还有体育版、港澳新闻、星期特写等。如今这些已经陆续成为各报的“共同财富”，非复“独家生意”。晚报的优势，严格来说只剩下“时间差”这一条。再加上电视普及对晚报的冲击，以至有人认为晚报遇到了危机。香港原有十多家晚报，现在只剩下两家。

那么，在新的情况下，应该如何去做呢？关国栋认为，首先，在新闻报道方面要解决好两个问题：一是主旋律与多样化的问题。所谓主旋律就是改革开放，以经济建设为中心。目前存在的问题是这方面的报道往往比较“硬”，晚报特点不鲜明，像在“全国晚报短新闻大赛”中获特等奖的《政治风险无人投保》，这样好的报道还不多。总的来看，怎样在新闻报道尤其是在经济报道上、在改革开放的报道上写出晚报的特色，还需要认真下功夫去解决。所谓多样化，就是在突出主旋律的前提下，将各方面的报道都搞得热热闹闹。这里面最主要的就是社会新闻。一些老前辈经常提醒我们，不能放弃这个重点。前不久，吴有恒同志讲得更明确：晚报要兴旺，一定要抓社会新闻！我们尽量找线索，争取做到隔段时间就有一两个引起读者注意的题目，如去年“江记明重婚案”，今年5月原徐闻县县长林辉严重违反计生政策的报道，最近有清远市“剥衫裙侮辱妇女案”等。对这类社会新闻，我们都采取追踪报道，力争水落石出，起码要有个基本结果。看起来，这一类新闻容易产生“轰动效应”，搞得好也有利于促进社会风气的好转。但是晚报是不是就搞这些东西？是不是只有这些东西才能产生轰动效应？只有这些才能体现晚报的特色？这还值得在实践中研究解决。

第二，在新闻报道方面还要解决好时效性、“时间差”，或者叫打“短、平、快”的问题。要争取多登一些当天新闻，特别是广州地区的新闻，不能老是跟着日报转；有些即使不跟日报转，却是前天甚至几天前的消息，读者也会倒胃口的。广州以外的，只要传播手段允许，也力争发当天新闻，比如今年6月份的“虎门销烟”，我们让摄影记者带去新购置的图片传真设备，文字消息和图片都是当天见报。“读者今天来电”专栏，也提倡多写当天上午发生的事。

第三，还要办好国际版。晚报过去就与新华社联系密切，一直有专电、专稿，现在我们进一步加强了这方面的工作，一些重大的国际时事新闻，除了专电，还及时提供分析性的文章，并配以图片，以综合性报道形成自己的特色。另外，专刊、副刊等都要有自己的特色。这些，讲归讲，做起来可不容易！

三、期望集中精力　抓好“根本大计”

讲到这里，刚刚当选为广东省新闻学会会长的关国栋叹起“苦经”来。他说，怎样才能摆脱那些事务性的工作，抓重点，静下心来思索一些办报的“根本大计”（例如明年的扩版工作），是不容忽视的事。

听得出来，报社内部机制尚有不够完善的地方。记者就此问道：邓小平南方谈话之后，报社内部改革方面有何举措？

关国栋说，报社领导机构到底采取什么模式，这是个老问题了。现在羊城晚报实行的是编委会领导下的总编辑负责制，好处是上面的意图、编委会的意图便于贯彻，缺陷是与现在的形势，与商品经济的发展不太适应。报社当前要大力加强经营管理，发展第三产业。为此，有人提出可否考虑实行社长领导下的总编辑、总经理负责制，分别管理编报、经营的业务，这可能比现在的机构更合适些，值得研究。再有，报社应当有一个秘书长，负责处理日常行政事务工作，使总编辑可以集中精力办报。这个问题应该提到议事日程上来。

记者问道，现在提出要防“左”，在新闻报道上应当注意哪些问题？

关国栋略一沉吟，答道，在新闻报道方面，一个是要用更大的热情，更及时地报道改革开放，胆子要大一些；另一个是对社会生活中存在的“左”，要敢于批评揭露。他说，办报既要解放思想，又要遵守纪律。一定要处理好这个关系，哪些问题不可报，哪些可报，报到什么程度，都必须掌握好分寸。这涉及舆论导向问题。新闻报道不同于理论上的探讨。在大的指导思想确定以后，还要结合实际，根据具体情况来定。

（原载《书报刊》1992年第10期）

《缺一不可》读后记

冉淮舟

看到老朋友关国栋同志出版的新书《缺一不可》，非常高兴。1993年，国栋同志曾出版过一本《杂拌集》，而这本《缺一不可》，题材范围更广泛，内容也更丰富。全书分为六个部分：“编采一得”，是关于新闻业务的理论与实践；“浪花一簇”，是反映多姿多彩现实生活的散文、特写、通讯；“屐痕一串”，是国内外游踪漫记，感慨思考；“追思一缕”，是对前辈和先人的缅怀思念；“管见一束”，是针砭时弊的杂文、随笔；“点评一勺”，是关于新闻、文艺及文化一些问题的批评与探讨。

读国栋同志这本书，我感到非常亲切，心情非常愉快，增长很多知识，受到很多启发和教益。并且，引起我很多美好的回忆。

国栋同志祖籍广东南海，1932年生于河北山海关。1949年参加工作。1958年毕业于北京大学中文系新闻专业，先在中山大学中文系新闻专业任助教，从1959年起即在羊城晚报工作。除因“文化大革命”羊城晚报停办，他去南方日报任编辑、总编室副主任，国栋同志一直在羊城晚报，从任记者、编辑，到任总编辑。我1961年从南开大学中文系毕业，分到《新港》文学月刊社当编辑，工作后写的第一篇散文《白菜根香》，寄给了羊城晚报，很快便在“花地”副刊发表了，这给我的写作以很大的鼓舞和信心。接着，我的散文陆续在“花地”副刊发表，这无疑给我造成了一定的影响。1962年上半年，四五个月时间，《人民日报》的副刊连续发表了我的三篇散文，有两篇是放在头条位置。我想，这和《羊城晚报》发表我的散文，是有一定关系的。这样一来，我的散文便在全国各地报刊发表起来了。两年时间，大约写了一百篇散文，并于1963年和1964年，分别由百花文艺出版社和作家出版社出版了《彩云》和《农村絮语》两本散文集。

我这里要说的是，因为文字往来，我和国栋同志成为朋友。令我非常感动的是，就在他担任羊城晚报总编辑以后，他的作风依然平易、朴实。虽然编务更加繁忙，却还像过去一样，仍然热忱、认真地处理老友们的稿件，生怕怠慢了哪位老友。

如今，我们都从工作岗位上退下来了，但友谊却始终保持着，常有书信来往。这是值得珍惜的。

2001年

（原载《平原文学论稿》）

茶香伴书香

姚　船

月前的一天晚上，接到一位刘先生的电话，说刚从广州回多伦多。离开前关国栋先生托他带一本书给我。提到关国栋的名字，我心里一阵惊喜。关先生是我社交超过三十年的文友，早些时候收到他的信和相片，及后我打电话给他，倾谈一阵子，都未提及赠书的事。

我问了刘先生的电话和地址。一听，离我们家不远，大约十多分钟车程。多伦多夏天太阳要晚上九点才下山，眼下才八点多，外面仍阳光明亮。我问刘先生可否即时登门拜访。他连说没问题。不到半小时，我们已坐在他的客厅了。刘先生道，他以前和关国栋都在羊城晚报工作，自己是记者，关是总编辑，平易近人，大家相处很好。相继退休后，前几天刚好在报社见面，谈到加拿大，关国栋说起远在大洋彼岸的我这个从未谋面的朋友。

刘先生从房里拿出一个袋；说是关先生托他带来的礼物。我打开一看，里面有一封信，一本厚厚的书是他的大著《缺一不可》，还有一盒包装精美的茶叶。又是一阵欣喜。书，凝聚着他的多年心血，是文字的结晶，捧在手上，是一份沉甸甸的珍贵礼物。回到家里，我立即打开书页，细心欣赏。

《缺一不可》共分六辑：编采一得、浪花一簇、屐痕一串、追思一缕、管见一束和点评一勺。编排颇见心思。书中收集他所写的部分文章，有关新闻工作的理论探讨和实践体会，还通过散文、特写、通讯、游记和随笔等形式，表达了他对多姿多彩现实生活的讴歌，对社会不良现象的鞭挞，对壮丽河山的向往，对先辈的深情怀念等等。内容丰富，文字朴实简练，娓娓道来，像朋友间闲聊，读来格外亲切，使人留下深刻印象。

1980年夏天，我移居加拿大。那时，这里的中文报章贫乏。记得是几个月后，我写了赴加国后的第一篇文章，寄往国内《羊城晚报》副刊“花地”。文章发表后，编辑寄来剪报并附上一封信。这位编辑就是关国栋。从此，不但重燃我提笔的兴趣，也开始了和关先生简单的书信往来。那几年写的一些散文和短篇小说，可以说都是由他编发的。后来，北美洲的中文报章随着华人移民潮而蓬勃发展，我在本地报刊写些专栏文章，笔触也伸向美国、唐家沱等其他地方。虽然和“花地”疏远了，但和关先生的文情友谊却如涓涓流水，一路走来，没有停歇。

从报社总编辑和广东省人大常委会的职位上退休后，他说，可以有更多时间读自己喜欢的书了。也许不太忙，我们之间的书信交流比以往更多。他到外地旅游，会把与太太的留影相片惠寄给我。关先生年纪大我一旬，但看上去却很健实，精神矍铄，完全不像个七八十岁的老人。而且他的书写十分认真，密密麻麻一页信笺，字字秀挺工整。每每收到他的信，这位亦师亦友、谦谦老报人的音容笑貌就跃然眼前，令人难以忘怀。

我曾两次回国，可惜都未能登门拜访关国栋先生。千禧年经唐家沱到云南昆明参加一次文学活动，因身体不适，取消了专赴广州的行程。2010年随旅行团经北京、苏州、杭州到上海参观世博会，因多伦多这里仍需帮带小孙子，无法逗留太长时间，不敢安排南方之行。我感到很遗憾。但我想，真正朋友的感悟，在于相互之间的牵挂和勉励，见字如人，已是心灵的满足。关先生退休前后，偶然在信中提到自己是个业余集邮爱好者。刚好那时加拿大邮政总署开始发行中国农历新年纪念邮票，设计造型独特。我遂给他寄了两张牛年纪念票。他很高兴，说为他的集邮册增添了异国风情和光彩。以后每年一发行我就寄去，十二年凑成整整一套。这可说是这些年交往中我送给他的唯一礼物。此后，加国邮政署又发行重新设计的第二套中国农历年纪念邮票，不消说，我也会年复一年再寄下去。

又一个傍晚，我坐在后园，边品茗关先生千里迢迢托人带来的凤凰单枞，边欣赏他的大作《缺一不可》。来自白云山下、海珠桥畔的茶香伴着书香，直沁入我的肺腑。红艳艳的晚霞映照天边，后园尽头那一排二十年前我亲手种下的松树，如今已有十多米高。

霞光透过叶缝洒落在草地上，令那四季常绿的树木显得更加美丽壮观。一阵微风吹来，一个意念忽然在心中浮起：要是此刻关国栋先生也坐在这里，大家促膝谈心，那该多好！

（原载2013年9月5日香港《大公报》，作者系加拿大华人作家）

当代岭南文化名家

第三篇

关国栋作品

I　回眸羊晚

我们与改革开放同行

——十一届三中全会掀开羊城晚报新篇章

十一届三中全会掀开了我们党和国家历史崭新的一页，也掀开了羊城晚报的新篇章。“没有十一届三中全会，就没有今天的羊城晚报！”——这是羊城晚报人的共同心声，也为社会各界人士所认同。

就在十一届三中全会召开的同年同月——1978年12月，中共广东省委决定恢复出版因“文化大革命”而被迫停刊13年的《羊城晚报》。这绝非巧合，而是历史的必然！

经过一年多的筹备，《羊城晚报》于1980年2月15日复刊。从这一天起，羊城晚报始终坚持在十一届三中全会精神指引下，为改革开放鼓与呼。与此同时，报纸本身和报社各项工作也在改革开放中发展前进。

《羊城晚报》复刊后首任党委书记兼总编辑吴有恒，在题为《我是羊城晚报人》的诗中有这样两句：“我自要求高格调，务求说话是纯真。”我们理解，“高格调”就是要坚持十一届三中全会精神，大力宣传改革开放和两个文明建设的成就；“务求说话是纯真”，就是要坚持实事求是，不说假话、空话，按新闻规律办事。《羊城晚报》复刊之际，正逢我们党带领广大干部群众勇敢地打破“左”倾路线的长期禁锢，拨乱反正；重新确立解放思想、实事求是的马克思主义思想路线，实行党和国家中心工作的转移，迈开改革开放的步伐。对此，羊城晚报以极大的热情，及时进行了宣传报道。其中一些典型报道或文章，如披露刘少奇同志被林彪、“四人帮”迫害致死惨状的《最后的二十七天》，以及大寨人也不吃大锅饭、四川广汉等县撤销人民公社等，都属脍炙人口之作。

随着改革开放的深入，羊城晚报的宣传报道也全面“跟进”，努力为广东的改革开放鼓与呼。如关于星期六工程师、发展个体经济、广东粮食市场改革、电力体制改革、深圳蛇口模式等报道，都在社会上产生广泛影响。1988年，广东评选改革开放十年的十件大事，引起广泛关注和强烈反响。记者抓住这一题材采写的通讯《45万张信任票》，生动地反映了普通百姓对改革开放政策的感激和拥护，为十一届三中全会精神奏响一曲动人的赞歌。

羊城晚报坚持“姓党、姓晚又姓羊”的原则和“反映生活，干预生活，引导生活，丰富生活”的方针，对于改革开放或其他社会生活中涉及群众切身利益的问题，都给予关注，反映群众呼声，开展批评，帮助解决问题。而注重搞好社会新闻，则是羊城晚报复刊后新闻报道的又一特色。

当前，羊城晚报新闻报道的广度和深度又有了新的发展和突破，注意抓住典型，追踪热点，剖析来龙去脉，扩大“冲击波”。“好军嫂”、“追猪”、香港回归等报道，都给读者留下鲜明的印象。所有这些，都是在十一届三中全会精神指引下才取得的。

在改革开放的大潮中，羊城晚报不断发展壮大，从一张报纸，发展成为拥有四张报纸、相当实力的报业集团，走在全国同行的前列。羊城晚报的日发行量，位居全国报纸第三位，经济效益也名列前茅。

《羊城晚报》的“面孔”在变。《羊城晚报》复刊后相当长时间内，都是每天4个版，到1988年底，才逢周五出一次扩大版（增一张）。进入90年代，逐步增加到每周三天出8个版，然后发展到每天出8个版。1994年9月起，每天出12个版，而广州和珠江三角洲地区的读者，则每天可以看到更多的版。除新闻版外，副刊、专版琳琅满目，美不胜收。是十一届三中全会开创的改革开放新局面，为这些发展变化提供了必不可少的条件。

羊城晚报“家当”的变化同样引人注目：从复刊初期栖身的危楼和窝棚，到今天的高层采编大楼和印刷大楼；从当初要依靠兄弟报社印刷厂代印报纸，到自己拥有印刷能力位居全国省市报社前列的现代化印刷厂；从手工排字拼版到全部电脑照排以至采编手段电脑化……无一不是十一届三中全会春风吹拂下的产物。

在十一届三中全会精神和邓小平理论的哺育下，羊城晚报人也在发生深刻的变化。他们珍惜大好机遇，奋力拼搏，敢于争先，知难而上，在实践锻炼中，增强了能力，提高了素质。一批中青年骨干挑起了大梁。有的同志荣膺“全国百佳新闻工作者”称号，或荣获全国最高新闻奖之一——“韬奋新闻奖”。但是，羊城晚报人丝毫没有忘记：未来的路更长。要不断前进，不懈攀登，唯有更加自觉地依靠十一届三中全会精神的指引，认真学习邓小平理论，积极投身到改革开放的实践中去，用办好质量一流、特色鲜明的《羊城晚报》及其系列报的行动，在建设有中国特色社会主义的千秋大业中作出应有的贡献！

（原载1998年12月18日《羊城晚报》第1版）

Ⅰ　严冬过尽绽新葩

——《羊城晚报》复刊前后

一、春风浩荡　劫后重生

《羊城晚报》创刊于1957年10月1日，到1966年12月，经历了由中共广东省委、中共广州市委和中共中央中南局主管的三个阶段。“文化大革命”中，《羊城晚报》被诬为“造谣放毒的旧报纸”“封资修大毒草”，屡被冲击，横遭批判。1966年9月1日，被改名为《红卫报》。同年12月13日，被“造反派”封闭停刊。

尽管从此消失了十三年，但是，作为新中国第一张社会主义大型晚报，《羊城晚报》以其独特的风格和鲜明的特色，影响广布，已经成为人们心中难以抹去的记忆。

打倒“四人帮”后，在全国范围内开展对“两个凡是”的批判和“实践是检验真理的唯一标准”的讨论。随着思想路线的拨乱反正，揭露和纠正极左路线的错误，复刊《羊城晚报》的呼声日高，各方人士和当年晚报读者纷纷表达复刊《羊城晚报》的迫切愿望。1978年冬召开的广东省文学创作座谈会上，与会者也提出了复刊《羊城晚报》的建议。整个大气候为复刊《羊城晚报》提供了有利条件。

中共十一届三中全会确立的“解放思想，实事求是”思想路线，像浩荡春风，使万物恢复生机。把《羊城晚报》复刊提上议事日程，可谓水到渠成。

1978年12月，中共广东省委决定恢复出版《羊城晚报》，委托省委机关报南方日报社党委会负责筹备。同月，南方日报社党委会先后两次就复刊《羊城晚报》有关事宜，向省委宣传部提交请示报告。1979年1月，省委宣传部召集新闻单位负责人开会，对复刊《羊城晚报》问题作了专门讨论。1979年10月4日，省委宣传部向省委提交《关于〈羊城晚报〉复刊筹备工作及领导班子问题的请示》。10月22日，省委同意省委宣传部的请示报告。复刊《羊城晚报》的工作，从此进入实施阶段。

省委组建了复刊《羊城晚报》的领导班子，任命吴有恒为党委书记兼总编辑，许实、何军为党委副书记兼副总编辑，杨家文、鲁阳为党委常委兼副总编辑。

吴有恒是一位老共产党员，曾担任广东省委港澳地区特派员、解放军粤桂边区部队和粤中纵队司令员、粤中地委书记、广州市委书记处书记等职，是中共七大、八大、十二大代表，第一届全国人大代表。他也是著名作家，创作并发表了许多文艺作品。青年时期，他就有做新闻工作的志向，曾在香港中国新闻学院就读，并主编过报纸副刊。1958年广东反“地方主义”期间，受到错误处分（1980年平反）。“文化大革命”中受到严重迫害，身陷囹圄。打倒“四人帮”后，吴有恒担任广东省文联副主席、省作家协会副主席。

此次面对党的重托，经过慎重考虑，吴有恒毅然挑起复刊《羊城晚报》这副重担，带领一班人马，披荆斩棘，攻关夺隘，让《羊城晚报》劫后再生，重放光彩！

二、从零开始　艰苦创业

1979年12月15日，正在筹备复刊的《羊城晚报》召开第一次干部大会。几十名与会者挤在一间斗室里，倾听党委书记、总编辑吴有恒的讲话。吴有恒庄严地提出：“哀兵必胜！”要求大家乘十一届三中全会的东风，团结一心，战胜困难，解放思想，锐意创新，为办出一张有水平、有特色、有影响的《羊城晚报》而不懈奋斗。了解《羊城晚报》复刊时面临的主客观形势的人，都不难掂量出这个讲话的真正分量。它是复刊《羊城晚报》的战斗动员令。

复刊时的《羊城晚报》，一穷二白。当年被迫停刊后，报社原有的资金、房产、设备和其他财物，都已上缴或散失。复刊时，实际上是从零开始，重新创业。借用广东工学院一座二层危楼办公，从领导起，大家都挤在这个只有200平方米的空间里。没有印刷厂，排版印报要靠南方日报社。广东省政府拨给10万元开办费和20万元流动资金，外加找回的一辆十多年前报社使用过的旧轿车，这就是《羊城晚报》复刊时的全部家当。

当年《羊城晚报》被迫停刊后，工作人员备受迫害，流散各方，有的更在极左路线摧残下惨死。筹备复刊时，召回一批原来羊城晚报社的工作人员，并从其他单位调入一些干部。同时，经过考试，录取了一批年轻人。就是这样一支队伍，集合在一起，憋足一股劲，以“哀兵必胜”的精神，奋力拼搏，决心把一张崭新的《羊城晚报》呈现在渴盼它的读者面前。

有关复刊的各项工作，紧张有序地进行着：派出记者进行采访，掌握线索，为报纸准备新闻稿件；派出编辑为“花地”“晚会”两个副刊组稿，不仅在广东，还专程赴京、沪约请名家赐稿；印刷、发行等各个环节的相应安排，也都在紧锣密鼓地落实……

1980年2月1日，《羊城晚报》复刊第一次试刊；2月5日，第二次试刊。在此基础上，2月15日，《羊城晚报》正式复刊。

当天一早，总编辑吴有恒主持开过简短的编前会后，头版及其他各版的编辑工作立即启动。大家各司其职，有序运作。中午时分，散发着油墨味的复刊首日头版大样拼出来了：头条位置是时任中共中央副主席叶剑英为复刊《羊城晚报》题写报名的手迹和相关消息。右上方是吴有恒执笔的《复刊致读者》，态度鲜明地表示：“复刊的《羊城晚报》将一如既往，它是党报，但又是具有广泛群众性和社会性的报纸。它将继续过去的尝试，力求在内容和形式上做到政治性、思想性、科学性、知识性、趣味性相结合，把报纸办得生动活泼、丰富多彩。它将积极地赞扬社会主义社会中的好人好事，也适当地批评工作中的缺点、错误以及不正之风，坚决揭露坏人坏事。”同时郑重提出：“复刊后的《羊城晚报》，决心整顿文风，首先要求做到不讲假话，不讲空话。”当天适逢农历除夕，头版节日气氛浓郁，广州迎春花市等相关报道，占有相当位置。同时，在“越秀山下”（原名“五层楼下”）专栏刊出两条短稿，批评“垃圾成山”，质疑“球票议价”，体现了《羊城晚报》关注民生、针砭时弊的一贯风格。

当天二版上半版刊登文章《陶铸同志谈〈羊城晚报〉》（原载《新闻战线》）。陶铸是创办《羊城晚报》的首倡者，对如何办好这份报纸关心备至，常作指导，多有论述。还曾“蹲点”抓《羊城晚报》，出主意，看稿子，提出要求。文中汇集了陶铸关于办《羊城晚报》的精辟见解，包括：“社会主义报纸可不可以办得多种多样？”“一定要有自己的特色”“怎样看待知识性和趣味性”等。《羊城晚报》在复刊首日刊出此文，追本溯源，温故知新，其深刻意义不言而喻。

同日二版文艺副刊“花地”，刊登了文坛前辈茅盾祝贺“花地”复刊题诗手迹，著名作家欧阳山的祝贺文章《团结与繁荣》，著名画家关山月等为《羊城晚报》复刊创作的国画《严冬过尽绽春蕾》等，琳琅满目。

三版综合性副刊“晚会”，除继承传统，体现出知识性、趣味性，雅俗共赏的特色外，在头条位置刊登吴有恒的杂文《从春联见经济学》，以贴春联为例，联系到“恭喜发财”“一本万利”等长期以来避忌的话题，提出“社会主义也是要做生意，讲财源的”。这在当时是言人所未敢言。

下午三时左右，复刊第一张报纸开印。印有“羊城晚报”四个醒目红色大字的报纸，从出纸口源源流出。它伴着印刷机的隆隆响声，向世人宣告：《羊城晚报》终于重见天日！

复刊第一天，《羊城晚报》即发行21万份。当天，广州市邮局在市内繁华地段及各邮政支局设立了100多个《羊城晚报》零售点，许多零售点的报纸都很快售罄。买到报纸的读者兴高采烈，奔走相告：“《羊城晚报》又回来了！”

三、锐意创新　一纸风行

“反映生活、干预生活、引导生活、丰富生活”，是复刊时《羊城晚报》确立的编辑方针。这个方针是吴有恒首先提出来，由报社领导班子讨论通过，并得到省委批准。它以党报的基本原则为前提，以“生活”为核心，要求新闻报道立足于现实生活，力求同时代、同党和人民靠得更近一些，结合得更紧密一些，生活味更浓烈一些。

坚持实事求是，按新闻规律办事，突破一些传统的新闻禁区，拓宽新闻报道领域，是《羊城晚报》复刊后，在贯彻上述方针中着力实践的重要举措。为此，以吴有恒为首的领导班子，以非凡的胆识和可贵的求实精神，带领大家克服困难，冲破阻力，取得一个又一个令人刮目相看的成果。

1980年2月27日（《羊城晚报》复刊后不到半个月），一艘从广州开出的客轮途中突遭雷雨大风沉没，200多人遇难。《羊城晚报》当即派出记者采访。有关方面却囿于陈规，不准报道，经过据理力争、勉强同意，但死者名单不能见报。吴有恒获悉后表示：乘客家属最关心亲人的安危，我们党报不能置若罔闻。他毅然决定："既然不准刊登死者名单，那就刊登生还者名单吧！"3月1日，《羊城晚报》独家把38名脱险乘客的名单刊出。一个禁区就这样被冲破了。

同年5月15日，《羊城晚报》头版刊登本报专电，报道5月14日在郑州举行的刘少奇同志骨灰迎送仪式消息。同日，副刊"花地"刊登通讯《刘少奇的最后二十七天》，详细记述了刘少奇同志被林彪、"四人帮"迫害致死的惨状。吴有恒含着热泪签发了该版大样。见报后，有人责问《羊城晚报》为何"擅自发表"这样的文章。吴有恒理直气壮地回答："刘少奇同志的惨死是事实。文章也是实事求是的。因此，报纸就报道了。我觉得少奇同志死得比报道的还要惨！"报道产生强烈反响，有些外地报纸迅速转载。

此后，《羊城晚报》还陆续刊登了四川广汉等三个县撤销人民公社、《大寨也不吃大锅饭了》等报道，都引起广泛关注。

复刊后的《羊城晚报》把触角深入到群众生活的方方面面，以极大的热情反映群众的呼声。对关乎群众切身利益的问题，选择典型，大做文章，促其解决。

1981年夏天，广州郊区萝岗荔枝大丰收，出现果农卖荔枝难（收购渠道不畅）问题。吴有恒带队深入现场调研后，《羊城晚报》连续刊登了《萝岗荔枝丰收　农民为何发愁》等几篇报道。同时，报社把更为详尽的"内参"急送广东省省长。两天后，省府办公厅用特急件发出《关于调整荔枝收购政策的通知》，《羊城晚报》当即进行了报道。问题解决后，果农们高兴地说："《羊城晚报》是一张真正替人民群众说话的报纸！"

编辑方针中的"干预生活"，在新闻工作上应当如何正确理解？复刊后的《羊城晚报》通过自己的实践做出诠释：新闻工作干预生活，就是既要弘扬先进，大力宣扬好人好事，也要打击邪恶，适时揭露各种丑恶现象和不正之风。

在热情宣扬好人好事，新道德新风尚，为推动社会主义精神文明建设大造舆论的同时，《羊城晚报》紧握批评武器，揭露和鞭挞社会上种种弊病，发挥舆论监督作用。复刊后头一年，比较重要的批评报道就有20宗，这些报道常采用追踪形式，"火力"甚猛，扭住不放，以扩大影响，促进问题的解决，一般都能收到较好的效果。

对于方兴未艾的改革开放，复刊后的《羊城晚报》倾注满腔热情，把它作为新闻报道的一个热点，在版面上奏出了时代的强音。关于深圳经济特区的报道，从复刊之初的1980年4月就已开始。

复刊后的《羊城晚报》，在言论方面有很大突破，不采用社论、评论员文章的形式，开设个人署名的"街谈巷议"专栏，从2月17日（复刊第三天）起刊出，基本上每天见报，绝大多数就当天某一新闻事件发表议论。初期作者以吴有恒和许实（微音）为主。吴有恒离休后，主要撰稿人为许实。"街谈巷议"涉及面广，短小精悍，有的放矢，观点鲜明，很快成为《羊城晚报》的读者喜闻乐见的一块"招牌"。

"花地""晚会"是《羊城晚报》创刊起就每天刊出的两大副刊，复刊后继续在当时每天的四个版面中占有几近"半壁江山"（各出大半个版）。继承传统，推陈出新，是《羊城晚报》复刊后着意经营两个副刊的指导思想。作为副刊的改革方针，吴有恒提出三个字："名、新、杂"——要有名家作品；要发表新作，培养新人；"花地"要着力抓杂文，"晚会"内容要丰富多彩。他还提出，副刊要力争做到人无我有，人有我新，人新我奇。

复刊后的《羊城晚报》创办了理论学术专版"求是"，在当时的晚报中绝无仅有，成为一个特色。

在报纸发行方面，复刊后的《羊城晚报》也有新的拓展。根据报纸

"立足广东，面向全国"的要求，除在北京、上海建立发行站外，还先后开辟了海口、上海、北京、成都、汕头、南宁和武汉七个分印点，使这些地方的读者看到《羊城晚报》的时间大大提前。从复刊起，《羊城晚报》还发行到海外。

在省委领导下，为办出一张有水平、有特色、有影响的报纸，全社上下众志成城，锐意进取，不懈努力，一个欣欣向荣、蒸蒸日上的可喜局面，在复刊后的《羊城晚报》逐渐形成。其重要标志之一，是复刊后报纸发行量节节上升，最高日发行量达176万份（1987年12月）。

动荡中，《羊城晚报》被强行封闭停刊，成为震惊四方的一大冤案。

春风里，《羊城晚报》喜获新生，赢得众口交赞一片欢欣。

时光流转。复刊后31年的今天，羊城晚报已经发展成为具有相当规模和实力的报业集团，拥有6份报纸：《羊城晚报》《新快报》《民营经济报》《可乐生活周刊》《羊城体育》《广东建设报》；1份杂志：《优悦生活》；一家出版社；2家网站：羊城晚报数字媒体有限公司（金羊网）、新快网。拥有亚洲一流的印务中心和颇具特色的创意产业园。报纸坚持改革创新，各项工作都取得新的成绩。今年6月28日，世界品牌实验室发布了2011年（第八届）"中国500最具价值品牌排行榜"。羊城晚报品牌价值达到92.55亿元，一年来猛增加20多亿元，继续稳居国内平面传媒第四位（第一位是人民日报），晚报和都市报类媒体第一位。当前，羊城晚报报业集团面临改革转型的重要时刻，任重道远，前景喜人。在新的征程上，羊城晚报人正信心百倍；昂首前行，再创新篇！

（原载《中国报业》2011年第7期，是该刊"纪念中国共产党建党90周年征文"首篇）

附：《羊城晚报》复刊号诞生记

1980年2月15日，被迫消失了13年的《羊城晚报》复刊。

这年1月初，我调回正在筹备复刊的羊城晚报社，准备"重操旧业”——编“花地”，并且已向副刊部报到。但由于当时一版编辑组人手紧，领导叫我先去那里帮忙，做文字编辑。

一版编辑组在借用的危楼楼下一个小房间。几位编辑怀着“哀兵必胜”的信念，克服重重困难，与其他部门同志一道，紧张有序地进行着复刊准备工作。2月1日和5日，先后出了两期复刊试刊版，为正式复刊打下基础。

2月15日一早，开过简短的编前会后，由“文化大革命”前《羊城晚报》一版老编辑司徒炯昌和容洁如“担纲”的一版编辑们立即动手，发稿、做标题、看小样、画版样……各司其职，有条不紊。与此同时，三版的“体育”专栏和四版（“时事”）的编辑工作也在分头进行。“花地”“晚会”两个副刊则已提前编好，当天签样付印。

《羊城晚报》复刊后首任总编辑吴有恒、副总编辑许实，参加完编前会定下“盘子”后。不时从二楼办公室下来巡视，了解出报进程。当天出报值班领导、副总编辑何军，从头到尾坐镇编辑组，具体指挥，审稿签样。负责经营管理工作的晚报党委常委吴柳斯，也跑来编辑组了解、沟通情况，以便与排版、印刷工序顺利衔接。

接近中午时分，油墨味扑鼻、一蹭手便黑的复刊首日一版大样拼出来了：头条是中共中央副主席叶剑英为劫后重生的《羊城晚报》题写报名的手迹照片和消息。右上方是吴有恒执笔的《复刊致读者》。当天适逢农历除夕，一版节日气氛浓郁，广州春节市场活跃兴旺、迎春花市、节日交通备忘等相关报道，占去了相当篇幅。同时，还特辟“越秀山下”（原名“五层楼下”）专栏，刊出两条短稿，批评“垃圾成山”，质疑球票“议价”，体现了《羊城晚报》关注民生、针砭时弊的一贯风格。

下午3时左右，印报车间的印刷机隆隆响起，印有“羊城晚报”四个醒目红字的报纸，从出纸口源源流出。它向世人宣告：特色鲜明、深受读者喜爱的《羊城晚报》，终于历尽劫难，重见天日！站在印刷机旁的吴有恒，拿起一份《羊城晚报》复刊第一号，仔细端详。身旁的许实、何军等也围拢过来，一起观看……

复刊第一天，《羊城晚报》共发行21万份。

2010年

当之无愧的羊城晚报人

——纪念吴有恒同志诞辰100周年

吴有恒同志诞辰百年，离开我们也已十九载。他的音容笑貌，道德文章，依然萦回心中，历历在目。

1979年冬，年近古稀的吴老（这是羊城晚报同人和许多社外人士对吴有恒同志的尊称）接受中共广东省委的重托，毅然挑起复刊《羊城晚报》的千钧担，带领全社同志披荆斩棘，奋力拼搏，闯出一片新天地，为此殚精竭虑，倾注了晚年的全部心血，做出了不可磨灭的贡献。

胸怀韬略攻关立业

吴老面临的复刊《羊城晚报》的局面，可以用八个字来形容：一穷二白，从零开始。

《羊城晚报》在"文化大革命"中被迫停刊。筹备复刊时，除广东省政府拨给的10万元开办费和20万元流动资金外，一无所有。挤在借用的一座二层危楼办公，排版印刷全靠别人。面对重重困难，作为党委书记兼总编辑的吴老，迎难而上，沉着应对。1979年12月15日，在复刊第一次全体干部大会上，吴老庄严提出："哀兵必胜！"要求大家乘十一届三中全会的东风，解放思想，同心协力，战胜困难，锐意创新，为办出一张有水平、有特色、有影响的《羊城晚报》而奋斗。挤在危楼斗室中的几十位同志听了吴老一字千钧的动员令，群情振奋，在以吴老为首的报社领导班子带领下，不畏艰辛，全心全意把各项工作做好，顺利完成复刊任务。而且，在其后的办报实践中，"哀兵必胜"精神已经成为羊城晚报人鞭策自己不懈奋进的动力。

怎样办一张完全适应新形势要求的新型晚报？刊登在《羊城晚报》复刊第一天（1980年2月15日）头版显著位置、由吴老执笔的《复刊致读者》，对此做出了旗帜鲜明的回答：“以比过去更大十倍百倍的努力，勇于创新……力求在内容和形式上做到政治性、思想性、科学性、知识性、趣味性相结合，把把报纸办得生动活泼、丰富多彩。它将积极地赞扬社会主义社会中的好人好事，也适当地批评工作中的缺点、错误以及不正之风，坚决揭露坏人坏事。”同时提出：复刊后的《羊城晚报》，决心整顿文风，首先要求做到不讲假话，不讲空话。

作为复刊后《羊城晚报》的“一把手”，吴老不仅统揽全局，提纲挈领，而且脚踏实地，说到做到。复刊不久，《羊城晚报》就确立了“反映生活，干预生活，引导生活，丰富生活”的编辑方针。这个“十六字”方针由吴老首先提出，经报社领导班子讨论通过，并得到省委批准。

为了贯彻落实“十六字”方针，吴老提出“一版主攻”，就是要用改革创新的精神，下大力气办好一版（要闻版），集中力量主攻新闻报道，坚持实事求是，按新闻规律办事，敢于突破一些老规矩，旧框框。

不仅新闻报道在选题、取材、角度、写法等方面给人以耳目一新的感受，复刊后的《羊城晚报》在言论方面也独树一帜——开设了个人署名的“街谈巷议”专栏，基本上每天一篇，联系实际，涉及面广，有的放矢，短小精悍。为办好这个专栏，吴老身体力行。2月17日（复刊第三天）刊出的首篇“街谈巷议”《书冷藏库爆棚事》，就出自他的手笔。其后一个时期，吴老都是“街谈巷议”的主要作者之一（笔名吴鲁）。

对于当时在《羊城晚报》四大版中占有几近“半壁江山”的两个副刊“花地”和“晚会”，如何办出水平，展现新意，吴老也十分关注。他提出三个字：“名、新、杂”，作为副刊改革的要求，即：“花地”要刊登名家作品；发表新作，培养新人，着力抓杂文；“晚会”要丰富多彩。同时要力争做到人无我有，人有我新，人新我奇。吴老还用自己的行动，为办好副刊做出表率。复刊首日的“晚会”版，就在吴老的专栏“榕荫续记”中刊出了他的文章《从春联见政治经济学》。此文独具慧眼，敢为人先，提出要发展经济必须讲做生意，广开财源，一本万利。

复刊后的《羊城晚报》，在吴老的重视下，创办了“求是”版，刊登理论学术文章，这在当时的全国晚报中独具一格。吴老还为“求是”版撰写了《广州胜过香港说》等文章。

胆识非凡求实创新

坚持实事求是，按新闻规律办事，突破一些传统禁区。拓宽新闻报道领域，是羊城晚报社在贯彻“十六字”编辑方针中着力实践的关键举措。它对新闻工作者的胆识和魄力，是毫不含糊的考验。为此，吴老带领羊城晚报一班人冲破阻力，闯关夺隘，取得一个又一个令人刮目相看的成果。

1980年2月27日，一艘从广州开出的客轮突遭雷雨大风沉没，200多人遇难。羊城晚报社当即派出记者采访。有关方面却囿于陈规，不准报道，经过据理力争，勉强同意，但死者名单不能见报。吴老获悉后表示，乘客家属最关心亲人的安危，我们党报不能置若罔闻。他果断决定：“既然不准刊登死者名单，那就刊登生还者名单吧！”3月1日，《羊城晚报》独家把38名脱险乘客名单刊出。一个禁区就这样被突破了。

同年5月15日，《羊城晚报》在一版头条刊登“本报郑州专电”，报道刘少奇同志骨灰迎送仪式和开封市火葬场工人口述的《我们永远怀念刘主席》文章。同一天，副刊“花地”刊登通讯《最后的二十七天》，详细记述了刘少奇同志被林彪、“四人帮”迫害致死的惨状。组织指挥采写、刊登这组报道和文章的吴老含泪签发了大样。见报后，引起强烈反响。来自北京有关方面的电话却责问为何“擅自发表”这样的报道和文章。吴老理直气壮地回答：“刘少奇同志的惨死是事实。文章也是实事求是的。因此，报纸就报道了。我觉得少奇同志死得比报道的还要惨！”

吴老的非凡胆识，源于他一以贯之的求真务实精神和无私无畏勇于担当的魄力，也与他对事物观察的敏锐和思考问题的缜密分不开，因而能见人所未见，言人所未言。

上世纪80年代初，广东南海县（现佛山市南海区）年均人收入已过千元，吴老由此想起了大寨。昔阳和大寨当年备受“左”的禁锢，在改革开放的大潮中情况如何，无疑是人们关注的热点。他派出记者采访，并叮嘱道：“你们去看看大寨，如实报道就是。”1980年12月20日和21日，《羊城晚报》刊登了记者采写的《大寨也不吃大锅饭了》等两篇报道，在全国报纸中率先揭示了昔阳和大寨的新变化。吴老为此写了“街谈巷议”《赞叹昔阳县》，指出“关键是要大力反‘左’”。

四川省广汉等三个县从1978年起试行体制改革，撤销人民公社，恢复区乡政府，但秘而不宣，传媒一直未有反应。吴老派记者前往采访，于1982年7月以《在探索的道路上》为题，连续发了六篇报道。这是全国第一家报纸详细报道人民公社解体的新闻。

吴老胸怀百姓，心系民生，因此能够及时发现和抓住新闻题材，组织宣传报道，反映群众呼声，促进问题的解决。1981年夏天，广州郊区萝岗荔枝大丰收，却出现了果农卖荔枝难的情况。吴老和时任副总编辑许实闻讯带领记者深入现场调查核实后，《羊城晚报》连续刊登了《萝岗荔枝丰收　农民为何发愁》等几篇报道，抓住问题症结公之于众。同时写成相关的“内参”急送省府主要领导。省府据此决定放开收购渠道，使“卖荔枝难”迎刃而解。果农高兴地说：“《羊城晚报》是一张真正替人民群众说话的报纸！”

吴老认为，在改革开放的形势下，广州应当大力发展个体经济，这样可以方便群众生活，并解决回城人员的就业问题。根据这一见解，《羊城晚报》写发展、抓典型、摆问题，对个体经济作了有声有色的大量报道。吴老陆续写了《不要怕发展个体工商业户》《看姐弟旅店》《这是大事》等“街谈巷议”，为发展个体经济鼓与呼。

一些看似无关宏旨的“小事”，在吴老眼中也能挖掘出引人关注的新闻价值。1980年5月，广州公开招考理发工人200名，仅一周时间，报名者就达900多人。吴老看了记者写的稿，认为此事反映了社会的新风尚，新的思想意识，“可喜可贺”，拍板将这条本拟作一般消息处理的新闻放在头版头条，并写了“街谈巷议”《论招考理发工》，呼吁“更多的行业，也出现这种兴旺的新气象”。

执着深情入目寓心

吴老主政羊城晚报社四年（1979年11月至1983年8月任党委书记兼总编辑，其后任顾问，1987年离休），为复刊后的《羊城晚报》从无到有，发展壮大，呕心沥血，竭尽全力。对于《羊城晚报》，吴老怀有执着的深情。

吴老与《羊城晚报》早有渊源。1962年7月，他的首部长篇小说《山乡风云录》就在《羊城晚报》的“花地”副刊连载面世。他的杂文专栏“榕荫杂记”也于同一时期在“晚会”副刊连载，共37篇。在复刊后的《羊城晚报》上，吴老是一位经常撰稿人。他是“街谈巷议”的主要作者之一；晚年的文学作品除个别篇章外，全部交给“花地”发表，其中包括论文、杂文、序跋、小说、散文、诗词等，并在“晚会”开设“榕荫续记”专栏，共刊登文章77篇，

以及其他作品。他还给理论学术专版“求是”和《羊城晚报》的系列报写文章。吴老的文章别具风采，体现出独特的精神风貌、审美品格和文字功力，深受读者欢迎。在丰富《羊城晚报》内容、突出《羊城晚报》特色等方面，具有不可替代的作用。

吴老的执着深情还突出表现在对羊城晚报社全局工作及长远发展的运筹帷幄和深刻思考上。继复刊时的“危楼斗室动员会”上振臂一呼“哀兵必胜”，振聋发聩，催人奋进之后，吴老在以求实创新精神和脚踏实地作风，抓好采编等工作的同时，十分重视干部思想水平和业务能力的提高，以适应“办出完全适应新形势要求的新型晚报”的需要。他循循善诱，经常强调几点：学习、想事和研究。

吴老指出：“我们是用中等之材办一份中上的报纸，进一步还要办一张‘上之下’的报纸。”因此，他殷切地希望：“同志们都自觉来学习”，“要互相学习，认真学”，“要学得早一些，深一些”，从理论上思想上提高，才会聪明。为此，他亲自参加报社干部的读书班，与大家一起，联系实际共同研讨如何才能做到不唯上，不唯书，坚持实事求是。

吴老经常提醒大家，要学会想事，要想大事，想全局，尽量想得深

一些，看得远一些。1985年2月，在《羊城晚报》复刊五周年之际，吴老向全社干部作了一次讲话，题目就是《想事的方法》，再一次勉励大家要学点哲学，思考问题，努力认识事物的本来面目。

关于研究，吴老强调“要特别研究读者”，报纸要反映群众的要求才有生命力。他经常与大家一起研究读者的意见和要求，将其作为促进办好报纸的重要因素。

离休后，吴老一如既往关心羊城晚报。办报思想如何更加解放？新闻改革怎样迈上新台阶？吴老尤为关注。

1987年10月，《羊城晚报》创刊30周年。吴老出席全社干部职工大会并讲话。当时，由于纸价暴涨、发行费大增等原因，报社面临很大困难。吴老处变不惊，从容镇定。他语重心长地指出：“不要害怕，车到山前自有路”，号召“大家都要为克服困难想办法”。

他强调：“解决困难最好按经济规律办事”，“在竞争中求生存，求发展”，报纸“必须要改变样子，办出比以前的特点更特一些的特点”。

1992年10月，吴老在《羊城晚报》创刊35周年纪念特刊上发表文章，题为《突破》。这是他公开发表的关于羊城晚报和新闻工作的最后一篇文章，短短500字，但内涵丰富，寓意深远，强调的重点是：“新闻要开放改革，就要有突破。”可谓画龙点睛。

两个“镜头”，至今在目：

其一，1983年7月11日，在羊城晚报编辑大楼和印刷大楼基建开工仪式上，党委书记兼总编辑吴老亲手掀起了盖在奠基石上的红布，在旁边填上第一铲土，并启动操纵系统，打下印刷大楼第一根桩。

其二，七年后——1990年国庆前夕，几经周折终告落成的羊城晚报编辑大楼举行“亮灯”仪式。已经离休的吴老欣然出席，亲手按下遥控电钮，楼顶的报名霓虹灯霎时大放光彩。面对红光闪烁的四个大字——羊城晚报，吴老久久地凝望着。此时此刻，他似乎回忆起羊城晚报走过的路，思考着羊城晚报的未来……

在《羊城晚报》创刊35周年之际，吴老赋诗《我是羊城晚报人》：

其一

摘去乌纱不做官，老来报社编新闻。
此生此事应无悔，我是羊城晚报人。

其二

梅花为骨玉为魂，多了从前学杀人。
我自要求高格调，务求说话是纯真。

两首诗，既道出了在办报方面的基本主张，也揭示了在做人方面的高风亮节。一句“我是羊城晚报人”，发自肺腑，掷地有声，洋溢着对羊城晚报的深情和期望。

作为“春风吹又生”的羊城晚报的奠基者，带领全社同志求真务实，锐意创新，为办出一张新型晚报而不懈奋斗，的引路人，“肝胆篇章留史笔，坚贞风骨励时人”，吴老是当之无愧的杰出羊城晚报人，在如何办报、怎样做人方面，堪为表率。一代又一代羊城晚报人永远铭记他！

2013年

（原载《金戈妙笔铸风云——纪念吴有恒诞辰100周年》文集）

姓党、姓晚又姓羊
——关于《羊城晚报》的若干思考

《羊城晚报》创刊即将37载；历经“文化大革命”之后“春风吹又生”，复刊迄今也快满15年。在这个过程中，“晚报特色”是一直受到关注并在办报实践中孜孜以求的课题之一。对于这个重要课题，几代“晚报人”进行了探索，付出了代价，取得了若干成果。今后，还需要坚持不懈地探索下去。

一

《羊城晚报》创刊于1957年10月1日。它问世时就是一张由中共广东省委主办，而又不以党委机关报面目出现的晚报。这决定了它从创刊之日起，就必须在坚持党报原则的前提下，努力办出自己的特色来。为此，《羊城晚报》的奠基人、开拓者们，在当时的广东省委第一书记陶铸支持下，进行了大胆的探索。从创刊起，《羊城晚报》在版面安排、栏目设置、题材选择、报道角度，以及写作形式、文字风格各个方面，都在尝试走一条有自己的特色的路子。诸如精心采写新闻、着力经营副刊、开辟全国报纸第一个体育新闻版、设置批评性栏目“五层楼下”、推出“港澳台新闻”专栏，等等，都是围绕“办出特色”这个目标所进行的实践。经过锲而不舍的努力，逐步形成了自己的风格，得到了读者的认可。

1961年初，《羊城晚报》与《广州日报》合并。《羊城晚报》作为中共广州市委的机关报继续出版，历时4年多。即使在这个“机关报”时期，《羊城晚报》仍然注意保持自己的特色，继续在丰富多彩、引人入胜方面下功夫。1965年7月，《广州日报》复刊。《羊城晚报》改由中南局领导。中南局对这张报纸的要求，仍然是陶铸同志的一贯主张："既能起机关报那样的作用，又能为群众所喜闻乐见"。"文化大革命"前《羊城晚报》存在的9年中，由于当时政治路线影响，使报纸不可避免地受到干扰。愈近"文化大革命"，愈加明显，直到在动荡中首当其冲，横遭诬蔑，被迫停刊。但是，《羊城晚报》从我国的实际出发，千方百计开拓一条办社会主义晚报路子的努力，却没有就此停止。

1980年2月，在"文化大革命"中受尽摧残的《羊城晚报》终于复刊。在十一届三中全会之后，作为中共广东省委主办的一张党报（不是机关报），又是晚报，怎样才能妥善地承担起自己的责任，恰如其分地发挥应有的作用，在坚持共性的前提下体现出自己的特色，这是复刊后的《羊城晚报》面临的一个重大课题。或者说，是同一课题在新形势下的又一次提出。

《羊城晚报》复刊后不久，在继承"文化大革命"前办报经验的基础上，经过探索和总结，概括出了"十六字"编辑方针——"反映生活，干预生活，引导生活，丰富生活"。它实际是陶铸同志当年对《羊城晚报》提出的"移风易俗，指导生活"八字方针的延伸和发展。"十六字"编辑方针以党报的基本原则为依据，以"生活"为核心。"生活"就是报纸所要反映的客观实际，而广大读者则是生活的主人。

也就是说，《羊城晚报》要办成一张能够把传播党和政府的路线、方针、政策同反映广大群众的实践和呼声密切结合起来，与读者息息相关，为他们喜闻乐见的报纸。为此，《羊城晚报》在实践中努力做到：注意反映生活中本质的、有特色的内容；敢于和善于揭露生活中的矛盾；积极、正确地引导生活；从建设"两个文明"的高度，把握"丰富生活"的意义。

随着时间的推移，如何正确处理报纸共性与个性的关系，办好一张既坚持党报原则和大方向，又有自己鲜明特色的大型晚报，以适应形势发展的要求，满足读者的需要，始终成为报社同仁经常思考并在实践中努力解决的问题，而且显得日益迫切。中共广东省委对《羊城晚报》抓得紧，要求高，但并不要求它成为另一张机关报。读者对《羊城晚报》

期望甚殷，要求它应当是一张导向正确，特色鲜明，能满足各阶层、多方面不同需求的，可读性强的报纸。针对这些，结合《羊城晚报》在“文化大革命”前后两个阶段的办报实践，我们的思路逐步归结到一点：《羊城晚报》应当“姓党、姓晚又姓羊”。这个“三姓”原则是一个互相联系的完整概念，三者不可分割，主次不能颠倒。只有坚持“三姓”原则，才能解决好共性与个性的关系，正确地体现自己的特色。

二

在第五次全国晚报经验交流会（1987年8月于兰州举行）上，我以《姓党、姓晚又姓羊，三者缺一不可》为题，作了发言。其中说到，《羊城晚报》“姓党、姓晚又姓羊”，体现在两个方面：其一，体现在办报指导思想上，要努力在读者中树立这样一个形象：《羊城晚报》是以晚报面目出现的党报，同时又是“只此一家”的晚报。其二，体现在报纸的内容和编排形式上，要尽可能完整地反映出“姓党、姓晚又姓羊”的指导思想，使它在版面上具体化、形象化。

在“姓党、姓晚又姓羊”的关系上，三者缺一不可，顺序不能颠倒。我是这样认识的：

首先，“姓党”是办报的“大前提”和“主旋律”。这是由《羊城晚报》的党报性质所决定的，因而是毫不含糊、不能动摇的。要坚持“大前提”和“主旋律”，就必须牢记党报的宗旨，抓住生活主流，反映时代精神，坚持正确的舆论导向。“姓晚又姓羊”要服从“大前提”，突出“主旋律”。

另一方面，只有真正做到“姓晚又姓羊”，报纸“姓党”的作用才能充分发挥。在办报实践中，如果不能在“大前提”下发挥创造性，只有“主旋律”而无多样性，报纸的个性较模糊，特色不鲜明，对读者就缺乏足够的吸引力，“姓党”的作用也就难以充分发挥。

“姓党、姓晚又姓羊”是对整张《羊城晚报》各个版提出的要求。就新闻报道来说，要做到“三姓”，体现特色，在实践中我的体会是，要在导向正确、真实准确的基础上，抓住四个字：新、快、近、精。

新——作为报纸，尤其是广州地区几家大报中一份下午出版的晚报，内容陈旧过时固然是不允许的，即使是“似曾相识”也不为读者所欢迎。只有坚持求新，努力创新，千方百计把报纸办得有新意，才能体现特色，赢得读者。求新，应体现在新闻的题材、报道的角度和写作手法诸方面。

快——这是新闻本身的规律所决定的。能快却慢，就失去了新闻的特色和竞争力。“能当天见报的就不要等到明天”，这是《羊城晚报》对新闻报道的基本要求之一。版面上缺乏“新鲜货色”，跟着别人屁股走，特色又从何谈起？要快，记者、编辑就得有一股拼抢劲头。当然，这并不等于乱拼乱抢。

近——就是要努力贴近生活，贴近群众，努力缩短报纸同读者的距离。办报的人心中要有读者，实践上要靠近读者，使读者感受到报纸是在想他们所想，急他们所急。同读者密切了，同生活贴近了，才有可能抓准时代的脉搏，了解群众的需求，办报才能有针对性，把宣传党的路线、方针、政策同反映群众的呼声、要求结合起来，显示出自己的特色。

精——在读者要求日益提高，同行竞争日趋激烈，而报纸的版面又有限的情况下，只有在精编上多下功夫，才能做到丰富多彩，为读者喜闻乐见，才有利于形成自己的风格和特色，尽可能广泛地吸引读者。就新闻版而言，《羊城晚报》对自己提出的要求是：内容上力求广泛包罗，形式上努力自成一格，标题制作要刻意推敲，文字要尽量去掉水分。

对于《羊城晚报》来说，“姓党、姓晚又姓羊”是一个完整的概念，它贯穿在办报的全过程，是对报纸本身特色的一个较为贴切的概括。

三

日月如梭。《羊城晚报》复刊后已经进入第15个年头。放眼报界，繁荣活跃，各显神通。所谓“晚报特点”，已经不再为晚报所独专，而被许多日报、期刊所借鉴和吸收，以至有所发展。仅从总数已经超过120家的晚报这个范围来看，“姓党、姓晚又姓X（指报名）”，正在成为日益广泛的共识。凡此种种，对于办出一张真正有特色的晚报来说，无疑增加了新的难度。但是，既要办报，就要办出特色来。否则，这张报纸存在的必要性就要打个问号。知难而进，坚持探索，勇于创新，才有出路。在这种情况下，从《羊城晚报》的实践看，“特色意识”只能增强，不能削弱。要在竞争中努力办出特色，特色鲜明才更有竞争力。

有些基本的东西，如在内容上或形式上人无我有，人有我新，人新我特，等等，尽管行之多年，甚至有人视之为“老生常谈”，但实践证明，要在竞争中办出自己的特色，这些要求仍然是不可缺少的。

要做到人无我有，人有我新，离不开一个“快”字。在晚报自身的特点、优势日益为日报所“共有”的情况下，强调时效，分秒必争，尤其必要。许多时候，在新闻报道中，化劣势为优势，变被动为主动，“快”是关键之一。

为了做到“快”字，争取新闻时效，《羊城晚报》对记者提出了“能当天见报的就不要等到明天”的要求，采取各种措施，争取多登当天新闻，包括对特别重要的新闻推迟截稿虚位以待等。国际新闻方面，也通过新华社专稿等渠道，尽量抓到一些最新消息。

《羊城晚报》还开辟了两个体现“快”字的专栏。一个是文字的：“读者今天来电”，一个是照片的：“羊城快镜”。前者刊登来自四面八方、短小精悍的信息，每则一般只有几句话，绝大多数出自读者或通讯员之手，信息量大，时效性强，其中“今晨”或“昨晚”发生的事占了相当比重。有些其他报纸还来不及报道的新闻，已经在这里“捷足先登”了。“羊城快镜”则是以照片形式，把最新消息（大多数是当天上午的）端上版面。有时，将近中午发生的一宗重大交通事故，下午两三点钟读者就可以在“羊城快镜”中看到现场情景了。

当天新闻（或新鲜消息）多了，时效性强了，读者拿到报纸感到“新鲜热辣”，在手中停的时间长了，也就自然扩大了报纸的影响和作用。

至于“人新我特”，意味着要在新闻深度的挖掘、角度的独到以及写作手法的创新等方面下功夫，做到“出奇制胜”乃至“后发制人”，这都是形成“晚报特色”不可少的。“特”与“快”并不矛盾，既要讲求时效性，又应当有“与众不同”之处，这样才有自己的特色。《羊城晚报》许多写得较好的新闻报道，正是按照这个要求去努力的。

“特色”是办报的一个永恒的课题。永恒并不等于一成不变，更不意味停滞不前。只有紧密结合客观实际，在实践中不断充实和完善自身的特色，使之能够适应形势发展，符合新闻规律，满足读者要求，报纸才有可能较好地完成自己肩负的历史使命。要做到这一点，坚持不懈、永不自满是非常关键的。《羊城晚报》是按照这条路子走过来的。今后也只有坚持走这条路，才能不断提高报纸质量，发扬本身优势，赢得更多的读者。

1994年

要把报纸办活，心中须有读者

——在全国省报总编辑座谈会上的发言

怎样尽量缩短与读者的距离，办一张既有共性又有个性、为读者喜闻乐见的报纸——这是《羊城晚报》复刊以来，我们一直在思考和探索的重要课题。

报纸是办给读者看的。党的路线、方针、政策和各个时期的任务，只要是通过报纸阐述和宣传的，就不能不考虑到，如何才能为宣传对象——读者——所乐于接受。如果读者对报纸提不起兴趣，宣传就有变成无的放矢的危险。因此，办报纸不能一时一刻忘记读者。要尽最大的努力，办一张读者喜闻乐见的、引人入胜的报纸，按照党的原则，结合生活实际，给读者以正确的启迪和积极的影响，从而发挥报纸作为党的喉舌和人民的喉舌，在推动社会主义物质文明和精神文明建设中应有的作用。

《羊城晚报》在1957年10月创刊的时候，倡议创办这张报纸的陶铸同志（当时广东省委第一书记），就提出了在坚持党报基本原则的前提下，注意做到“移风易俗，指导生活”和“寓共产主义教育于谈天说地之中”的要求。这个要求有着鲜明的针对性，它把读者摆到了应有的重要位置上，提出办报纸必须重视自己的读者对象，在办报实践中要充分考虑到读者的特点和需求，自觉承担起对读者应负的责任。

1980年2月《羊城晚报》复刊之后，根据当时的新情况，提出了一个编辑方针，就是：“反映生活，干预生活，引导生活，丰富生活”。这个“十六字”方针，以党报的基本原则为依据，以“生活”为核心。“生活”就是报纸所要反映的客观实际，而广大读者则是生活的主人。

我们的想法是：立足于现实生活，力争同我们所处的时代、同党和人民靠得更近一些——作为报纸来说，要自觉地同读者的心贴得更近一些。也就是说，要办一张能够把传播党和政府的路线、方针、政策同反映广大群众的实践和呼声结合起来，与广大读者息息相关，为他们所需要、所喜爱的报纸。

在贯彻“十六字”方针，朝着“努力使报纸为读者喜闻乐见”的目标去努力的过程中，我们有下面几点体会：

一、注意反映生活中本质的、有特色的内容

报纸应当如实反映读者最关心的、最感兴趣的事物。但是，读者最关心、最感兴趣的事物，不可能也不必要都在报纸上得到反映。应当透过纷纭复杂的生活现象，抓住生活中本质的、有特色的内容，恰如其分地反映到报纸上来。

对于生活中那些代表时代精神、堪称群众楷模的先进典型，我们不惜篇幅，浓墨重彩，给以充分的报道。例如，对于广西边防前线部队的报道，围绕“吃亏不要紧，只要主义真，亏了我一个，幸福十亿人”这首反映80年代军人理想、情操的主题歌，在两个多月时间里，先后发表了60多篇消息、通讯、特写、言论以及照片等，歌颂边防战士的英雄业绩和高尚情操，揭示他们丰富多彩的内心世界，引导读者（特别是青年人）找到人生价值的答案，激励人们为祖国四化大业而拼搏。解放军英模汇报团到广东作报告时，16天时间，我们共发表消息、通讯30篇，照片24幅。广东省先模报告团的活动，我们也十分重视，在一版头条位置刊登先进人物的大幅集体照片和介绍文章，并且连续9天在一版显著位置报道先进事迹及群众对报告的反映。所有这些，都产生了较大的影响，给读者留下了较深刻的印象。

生活的内容是丰富多彩的，报纸对生活的反映也应当是尽可能广泛和多方面的。除了重要典型，生活中还有大量的“凡人新事”，等待着我们去认识，去报道。对于这些表面看起来很普通，但是闪耀着社会主义精神文明光彩的人和事，读者也是十分关心的。我们曾经报道了广州市海珠区“三八”清疏班不怕脏和累，全心全意做好本职工作的事迹，

还报道了广州市一个双目接近失明、仍然坚持学习并取得良好成绩的初中女学生徐咏梅。这些报道，都产生了较好的宣传效果。

二、要敢于和善于揭露生活中的矛盾

生活中充满着各种各样的矛盾，报纸对此是不能回避的。在“干预生活”这个意义上涉及的揭露生活中的矛盾，就是在报纸上正确地开展批评的问题。对于那些违反四项基本原则、违犯党纪国法、为改革和开放设置障碍的人和事，对于生活当中与建设社会主义精神文明背道而驰的现象，以及工作中造成不良后果的问题和弊端等，加以揭露、批评乃至抨击，及时反映群众的呼声和要求，这是报纸不容推卸的责任，也是读者对报纸殷切的期望。在这方面，我们主要做了以下三点：

（一）看准问题就要及时动作

针对一些改革者在工作中碰到困难和阻力的问题，结合广州地区的具体情况，我们及时报道了广州市11位厂长、经理在座谈会上就改革问题发表的意见，集中到一点，就是：渴望得到领导和有关方面对他们的工作的理解和支持。消息发表以后，许多读者认为问题提得及时。《人民日报》也予以转载。

（二）既要坚持“下毛毛雨”，又要敢于“大做文章”

羊城晚报上的批评性报道，是经常出现的。带有批评性质的专栏“越秀山下”，更是坚持不懈，细水长流。生活中的不良现象、官僚主义带来的恶果、质量低劣的产品等，都是报上经常揭露、批评的对象。遇到重大的问题，我们则不惜篇幅，大做文章。对广州市立新中路新建大楼分配中的不正之风，我们就在一版头条位置把它“捅”了出来，而且“咬住不放”，连续报道，历时半年多，直到问题在市委的干预下得到圆满解决为止。读者在歌颂党和政府打击歪风、主持公道的同时，也赞扬《羊城晚报》敢于为群众撑腰说话，鞭挞歪风邪气。

（三）一抓到底，有头有尾

希望批评有结果，意见有回音，广大读者，人同此心。我们力争做到批评性报道都要有公开的答复或处理结果。广州曾发生一宗砸烂个体户西瓜档的案件，我们及时作了报道。事隔将近半年，公安司法机关终于抓获案犯，作了严肃处理。我们也追踪报道，使真相大白。

三、发挥意识的能动作用，积极、正确地引导生活

由于分工的原因，《羊城晚报》一般不承担直接指导工作的任务。它的指导作用，主要体现在：结合社会生活的各个方面，通过具体生动的新闻报道和短小精悍的评论文章，循循善诱，扶正祛邪，引导读者正确分辨生活中的美和丑，先进与落后，应该提倡什么和反对什么。这里，特别着重强调“循循善诱”摆事实，讲道理，和读者平等交谈，这样才能收到较好的效果。

四、从建设“两个文明”的高度，把握丰富生活的意义

读者希望通过报纸开阔视野，增广见闻，了解当前形势，汲取精神营养，陶冶思想情操。报纸有责任围绕这些方面，为丰富读者的生活内容作出自己的贡献。报道“两个文明”建设的成果，是其中一个重要方面。当前，尤其要强调加强精神文明建设的重要意义，通过宣传先进的典型和群众在生活中、思想上的闪光点，反映多姿多彩的“大千世界”，使读者更好地认识生活，热爱生活，为建设更加美好的生活而奋斗。

由“反映生活，干预生活，引导生活，丰富生活”四个方面共同组成的《羊城晚报》编辑方针，是互相联系、互为依存的一个整体。从报纸的性质和作用来说，“反映生活”是第一位的，但其他三个方面也缺一不可。否则，就难以真正形成《羊城晚报》既不同于日报，又有别于其他兄弟晚报的风格和特点。而形成自己的风格的特点，对于把报纸办得让读者喜闻乐见，无疑是一个十分重要的条件。“十六字”编辑方针是通过整张报纸的内容体现出来的。这里只是着重结合新闻报道方面的情况来谈。

在为办一张与读者息息相关的报纸而努力的实践中，我们围绕以下几个问题，进行了一些探索。

（一）积极创造条件，同读者靠得紧些，再紧些

第一，要办一张与读者息息相关的报纸，一定要把读者放在自己心

里，把自己摆在读者当中。无论选题、采写和安排版面，既不能违背党报的基本原则，又要充分考虑读者的需求和兴趣，注意把读者最关心的问题，摆在应该摆的位置上。

第二，要把读者当作知心朋友，和他们处在平等的地位，在新闻报道和言论文章中，都要亲切自然，娓娓而谈，绝不能居高临下，板起面孔训人。

第三，维护读者的正当权益，在坚持真理、实事求是的前提下，为他们呐喊，给他们撑腰。批评要力争有反响、有结果。

第四，给读者提供在报纸上发言和关心报纸的机会。从1982年起，《羊城晚报》在一版开辟了“读者今天来电”专栏，刊登读者直接提供的、短小精悍的消息，使报纸和读者的联系更加密切，读者对报纸更加关心。

（二）坚持实事求是原则，增强读者对报纸的信任感

在宣传报道中，坚持实事求是的原则，力戒主观片面和浮夸，使读者觉得报道的内容合情合理，易于接受。报道先进人物，首先把他作为一个“人”来写，既有闪闪发光的一面，又有平凡朴素的一面。他们有高尚的理想情操和感人的事迹，也像普通人一样有七情六欲；在工作、生产、战斗中勇挑重担，敢于拼搏，休息的时候也爱唱、爱跳、爱玩。使读者感到这样的先进人物可亲，可敬，可爱，可学。我们还有意识地帮助读者了解：先进人物绝不是“高大全”，他们也有缺点甚至错误，只是他们能够正确对待，勇于改正，这也正是他们值得人们学习的一个方面。

（三）提高“阅读效益”，使读者对报纸产生更大的兴趣

第一，扩大报道面。这首先是丰富多彩的生活本身对报纸提出的要求；也只有努力扩大报道面，才能吸引更广泛的读者对报纸产生更浓厚的兴趣，更加关心报纸。

《羊城晚报》重视社会新闻，但过去社会新闻的报道面很窄，往往离不开“公检法”范围，形成了一套模式，久而久之，读者生厌，记者生畏。我们决心突破老框框，寻找新出路，通过“女婴疑案”和关心精神病人等报道，为开拓社会新闻的新领域进行了一些探索，取得了初步成效。

扩大报道面，还要求编辑、记者锻炼敏锐的目光，力争见人所未见，言人所未言，抓住生活中出现的新问题，及时报道。广州有许多个体户经营有方，财源广进，生活水平日益提高，却往往忽视了对子女的培养教育。我们抓住这个问题，从培养有理想、有文化的新一代和加强社会主义精神文明建设的高度进行报道，使个体户受到启迪，也引起了有关方面的重视。

第二，提高“阅读效益”，也就是提高报纸的可读性。在这方面，我们主要采取了以下两种做法：

一是抓准时机，讲究手法。在报道一些必须报道的中心工作时，要力争有自己的特点，解决好指导性与可读性的关系。今年年初，省委抓服务工作质量问题，我们积极配合宣传。其中，春节前夕，在一版显著位置刊登了《两家百货公司，记者一日见闻》的对比报道，并配发了“街谈巷议”，不仅受到报道涉及的单位的重视，也引起了商业、服务行业的广泛注意。

二是对重点新闻进行多层次、多侧面的报道，引向纵深发展，使读者更加关心，更感兴趣。轰动一时的“女婴疑案”（第一篇报道题为《谁是她的爹和娘》），审理告一段落后，我们发表了通讯《医院里的447个日日夜夜》，详细报道了广大读者所关心的女婴在医护人员一年多的精心照料下健康成长的情况。女婴由其亲生父母领回家中之后，又发表了通讯《“六一”前夕访女婴》，并配发了女婴和家人一起散步的照片，给关心女婴命运的广大读者一个令人宽慰的回答。

（四）既重内容，又重“仪表”，增加报纸对读者的吸引力

在努力做到内容旗帜鲜明而又丰富多彩的前提下，我们注意在编辑手法上下功夫，把报纸的面孔尽量打扮得不一般化，吸引读者的注意力。这方面的做法，包括：

第一，头条不拘一格，凡属有现实重要性的，有相当分量的新闻或言论，以及读者来信、花边新闻、新闻照片等，都可放上头条。

第二，尽可能增加版面的容量；对新华社稿尽量做到大稿不漏，突出重点，精心编排。自己采写的稿件也要精编。头版刊登的各种体裁的新闻报道以及照片、言论，最多时达到每天30条，平均也在20条以上。开辟各种栏目，每天（或轮流）刊出。

第三，在版面编排上多动脑筋，精心制作标题，搞好版面的装饰美化，努力做到重点突出，多姿多彩，图文并茂。

1986年

三十而立　任重道远
——在庆祝《羊城晚报》创刊30周年全社大会上的发言

一、实事求是地估价过去

从1957年10月1日到现在，《羊城晚报》已经走过了整整30年。30年来，《羊城晚报》的命运同党和国家的命运紧密联系在一起，经历了困难、曲折和坎坷。在1966年开始的那场内乱中，《羊城晚报》被强行扣上了“造谣放毒”的罪名，使这张在社会上和读者中产生过广泛影响的报纸，在中国的大地上消失了13年，工作人员遭迫害，报社财产被瓜分。但是，“野火烧不尽，春风吹又生”。在十一届三中全会的春风吹拂下，《羊城晚报》终于获得了新生，走上了新阶段。

回顾30年来走过的路，我们完全有理由感到自豪，因为：

第一，《羊城晚报》是我国第一家由党直接领导的、社会主义的大型综合性晚报。

第二，《羊城晚报》以自己富有特色的内容和形式，从创刊起就得到了读者的承认和喜爱，赢得了越来越多的读者。每天的发行量，从创刊时的8万份，到1961年初与《广州日报》合并后继续出版的近30万份；复刊后从最初的40万份，到今天的173万份。发行遍及除台湾省外的全国29个省、市、自治区，港澳地区和美国、加拿大等国家。

第三，《羊城晚报》以自己的特色和办报实践中积累的经验，受到新闻界的重视和关注，在中国新闻事业，特别是晚报事业的发展史上，有它一定的位置。本报的好新闻、好版面、好标题、好照片，多次在全国和省的评比中获奖，其中不少名列前茅。

第四，《羊城晚报》培养、锻炼出一支具有一定能力和水平，在关键时刻能够打硬仗的新闻干部队伍，有一批为了办好晚报绞尽脑汁，作出牺牲，百折不挠的骨干。

第五，《羊城晚报》创刊时从无到有，又从有到无；复刊后再次从无到有，到目前止，积累下一批家当，打下了一定的经济基础。复刊时，只靠上级拨给的10万元开办费和20万元流动资金，此外一无所有。目前，报社的固定财产，包括印刷设备、厂房、职工宿舍和其他设备，共有5210万元。到1986年底止，已创造利润2045万元。

《羊城晚报》的30年，经历了几个阶段。概括起来说，“文化大革命”前的《羊城晚报》在办报思想和办报业务方面，起到了开辟新路、打下基础的作用。没有这些，就谈不上《羊城晚报》今天的发展。复刊后的《羊城晚报》，在新的历史条件下，在继承原来晚报传统的基础上，继续探索，努力创新，作出了新的成绩。

回顾30年的历程，有几点体会是值得我们珍视的：

其一，通过办报实践，正确处理报纸的共性和个性，也就是党性、指导性和群众性、可读性的关系，着重解决好“姓党、姓晚又姓羊”的问题。《羊城晚报》从创刊开始，就有意识地在坚持党报共性原则的前提下，尝试走一条新路子，力求办出自己的特色，强调“寓共产主义教育于谈天说地之中”，“移风易俗，指导生活”，使报纸逐步形成了自己独特的格局和风貌。复刊后，又提出在坚持正确政治方向前提下的“十六字”编辑方针：“反映生活，干预生活，引导生活，丰富生活”，努力探索和创新，在发挥报纸作为党和人民喉舌的作用、扩大报道题材、提高报道质量、改革版面内容等方面，采取进攻姿态，迈出了新的步伐，努力在读者中树立这样一个形象：《羊城晚报》是以晚报面目出现的党报，同时又是“只此一家”、有自己的特色和风格的晚报。

其二，把坚定不移地宣传、贯彻党的路线、方针、政策和积极、热情地反映群众的呼声、要求尽可能紧密地结合起来。心目中时刻想到群众，努力缩短报纸和读者之间的距离，注意善于从思想上启发、影响和引导群众，把群众吸引和团结在党的周围。这一点，复刊以后更加明确和自觉。

其三，艰苦奋斗，克服困难，不断前进。30年的历程表明，《羊城晚报》是在不断克服一个又一个的困难中前进的。困难和压力，变成了激发同志们拼搏奋进的动力。“有困难，有干劲，有办法，有希望”，正在成为越来越多的羊城晚报人的信条。大家遵循这个信条，做好本职工作，努力创造新的成绩。

饮水思源。回顾走过的路，我们不会忘记倡议和支持创办《羊城晚报》的陶铸同志，以及其他许多关心、支持《羊城晚报》的领导同志；不会忘记为办好《羊城晚报》呕心沥血的报社历届领导同志和所有为办好《羊城晚报》付出辛劳、作出贡献的同志。我们深切怀念曾经为《羊城晚报》作出贡献、在“文化大革命”中遭受迫害不幸逝世的同志和曾经同我们一起为办好《羊城晚报》共同工作、今天已经去世的同志。

当我们回首往事，在充分肯定已经取得的成绩的同时，也必须如实承认，我们的工作，同党对我们的要求和广大读者的期望相比，还有不小的距离。在办报过程中，我们有过失误，存在许多缺点和不足，其中，有些是由于某一时期（例如“文化大革命”前的某一阶段及“文化大革命”开始后）所处的“大气候”的影响，在报纸作为贯彻上级党委意图的执行者的情况下而产生的。有些则是由于我们的思想水平、业务能力、工作方法等方面存在的问题，或是由于经验不足而导致的。办报面临的情况错综复杂，时间要求紧迫，往往不容许对碰到的问题从容考虑，反复斟酌，加上我们本身的水平所限或努力不够，要想绝对没有失误，是不可能的，缺点和不足更是在所难免。关键在于，我们必须正视这些问题，从失误中认真总结和吸取经验教训，采取措施切实改进，努力提高工作质量，才能少犯或不犯错误，把报纸进一步办好。

二、清醒冷静地面对现实

在看到已经取得的成绩的同时，我们还必须以清醒、冷静的头脑，面对眼前的现实，认真思考那些不容回避的、迫切需要解决的问题。

（一）我们的工作如何适应当前的形势

当前，全国人民团结在党中央周围，贯彻十一届三中全会以来党的路线的两个基本点，坚持四项基本原则，坚持改革、开放、搞活，两个文明建设不断取得新的成就，人民群众的思想面貌也发生了很大的变化。这个客观形势，对报纸提出了更新、更高的要求。对照这个要求，我们还存在着明显的差距。如何从实际出发，既有广度，又有深度，同时结合本报的特点，搞好这方面的宣传报道，并且在报道中及时、准确地提出一些发人深省的问题，是我们面临的一个十分重要的课题。

（二）如何在激烈的同行竞争中搞好报纸改革

我们必须承认这样一个严峻的现实：过去在办报实践中创造出来的具有晚报特点的宣传报道内容和形式，正在转化成为许多报纸的“共同财富”，也就是说，我们曾经引为自豪的“晚报特点”，正在不再成为特点。因此，我们的一些“优势”，也正在发生转化。在某些情况下，我们是处于劣势。譬如，有的报纸出了8大版，有了比较广阔的回旋余地，而我们还没有。版面多少当然不是决定报纸质量的唯一因素，但它也是一个重要的物质条件。由于纸张提价等原因的限制，我们目前还只能在4个版上做文章，这就不能不受到许多制约。这些严峻的事实向我们敲响警钟：不进则退，不改则退。从新的起点出发，锐意改革，创造新的局面，攀登新的水平，这个迫切需要解决的重大课题，已经摆在全社同志的面前。

（三）如何进一步提高我们这支队伍的素质

报纸的质量如何，很大程度上取决于办报者的政治素质和业务素质。应当承认，我们报社这支干部、职工队伍的素质，还不能完全适应工作的要求。我们办的是晚报，但首先是党报。这就要求我们：在办报过程中，时时、事事都必须从政治上严肃地考虑，慎重地处理。遗憾的是，并不是每个同志，任何时候，都自觉地做到了这一点。我自己有的时候就不够自觉。我们的队伍中，还存在着盲目自满、浅尝辄止、害怕困难、不愿艰苦深入等现象，还存在着不负责任、敷衍了事、有章不循、粗枝大叶等办好报纸不能允许的不良作风。全局观念在某些同志身上至今仍然欠缺。本位主义、斤斤计较的狭隘思想仍有市场。主次颠倒、精力旁移的现象，也还存在。以上这些，归根到底，是由于办好《羊城晚报》所不可缺少的事业心和责任感没有真正树立起来。

（四）如何克服财政经济方面的困难

复刊以来，羊城晚报的经营状况本来是不错的，取得了比较显著的经济效益。但是，由于近年来接连受到难以抗拒的外来不利因素的影响和制约，使本报在经营方面面临着新的问题，报社的财政状况出现了很大的困难。目前，邮局提高发行费率已成定局，纸张价格不断上涨，报纸的成本大大提高，而报纸的零售价格又不能调整。在这种情况下，报社的收支不能相抵，入不敷出，亏损数字很大。此外，几年来由于购买印刷机器、盖厂房等开支，报社欠下了一笔债务。在正常情况下，这些债务是有能力分期偿还的，但是由于前面所说的原因，报社整个财政状况困难，也给还债带来了不利的影响。

摆出上面这些主要的困难和问题，目的在于使全社同志对于羊城晚报当前的处境有一个全面的了解和基本的估计，同心同德，群策群力，想方设法，共渡难关。

三、充满信心地开拓未来

充分肯定成绩，清醒认识困难，目的是为了承先启后，放眼未来，开拓奋进，把《羊城晚报》提高到一个新的水平。对于这一点，我们应当充满信心，因为：

第一，我们有党的正确路线的指引。十一届三中全会以来的路线，为我们创造了一个“天时、地利、人和”的大好局面和大有可为的用武之地。即将召开的党的十三大，将会进一步贯彻十一届三中全会以来的路线、方针、政策，推动改革的深入发展。这对于我们办好报纸，必将起到有力的促进作用。

第二，我们有广大读者的关心、支持和监督，这是办好报纸必不可少的重要条件。因此，我们必须进一步加强同读者的联系，充分听取他们的批评建议和要求，争取他们的更多支持。

第三，我们有羊城晚报30年来、两个阶段积累下来的经验和教训，正确地总结、认识和汲取这些经验和教训，无疑将对进一步办好报纸起到有益的作用。我们还要多向羊城晚报历届的老领导和其他为办好《羊城晚报》付出过心血的老同志虚心求教，把他们的丰富经验，变成进一步办好报纸的宝贵财富。

第四，我们有一支经过锻炼的、为办好《羊城晚报》奋力拼搏的队伍。尽管这支队伍在素质上还有待提高，还存着这样那样的缺点与不足，但是，这支队伍忠诚于党的新闻工作，热爱羊城晚报事业，愿意为办好《羊城晚报》尽自己最大的努力，作出更多的贡献。其中，有不少同志，包括中层干部和一般干部、职工，在工作中发挥了带头、骨干和表率作用。全报社干部、职工都是报社的主人，只要大家自觉地认识到这一点，心往一处想，劲往一处使，就没有克服不了的困难。三十而立，就能够真正“立”得起来，为了做到这一点，我们希望：

首先，大家都要关心和积极参加搞好报纸改革、提高报纸质量这件大事。要有危机感、紧迫感，不改不行，迟改不行，小改小闹也不行。有的同志可能是出于对报纸前途命运的关心，认为编委会满足现状，没有危机感。我可以明确地回答：编委会并没有满足现状，没有陶醉于170多万的发行数字，同很多同志一样，存在着危机感、紧迫感。当然，编委会，首先是我，由于水平和能力的限制，也由于某些客观原因的影响，在抓报纸改革这件大事上，存在着不够及时、不够大胆等缺点。编委会认识到了这些问题，也有决心采取措施，和全社同志一道，把报纸改革工作切实抓好。编委会决定，国庆节过后，要在全社范围内，开展对于报纸改革问题的讨论，组织大家围绕“《羊城晚报》明年怎么办”这个问题，从宣传报道、经营管理到内部工作等方面，解放思想，开动脑筋，出谋献策。大家可以把思想尽量放开一些，眼光尽量放远一些，点子尽量想多一些，不要受报纸已经形成的格局的限制。

其次，要认真做好本职工作。我们要解放思想，搞好报纸改革，这是毫无疑问的。但报纸还是天天要出，报社整个“机器”还是要不停顿地正常运转。这就要求全社同志不仅要高瞻远瞩，放眼未来，还必须脚踏实地，埋头苦干，以高度的责任心，把本部门、本岗位的工作切实做好，丝毫不能马虎。如果借口考虑报纸改革问题而放松了当前的工作，那不仅是片面的，而且是错误的。当前，我们的宣传报道和其他各项工作的任务都很繁重，任何人、任何时候都不能掉以轻心。特别需要提出的是，党的十三大即将召开，我们必须做好充分准备，切实保证十三大的宣传报道任务的圆满完成。

再次，要树立全局观念，团结协作，互相支持，和衷共济。各个部门的中层领导干部，更必须在这方面作模范，当表率，决不允许互不买账，互相抵消力量，影响工作。

最后，要加强职业道德教育，向不正之风作斗争。除了对以报谋私、以权谋私等不正之风要继续坚决反对之外，对于那种不负责任的乱说乱道，也要坚决抵制。因为这种政治上的自由主义，对我们的工作和干部、职工队伍都会产生很大的腐蚀作用，必须加以纠正。

同志们！我们今天在这里庆祝《羊城晚报》创刊30周年，将来《羊城晚报》还要庆祝40周年、50周年、100周年……尽管到那时候参加庆祝活动的人已经有了变化，随着科学技术的进步，甚至将来报纸的形式也可能会改变。但是，我们坚信，只要紧紧依靠党的领导，坚定不移地贯彻党的路线、方针、政策；只要时刻把广大读者放在心中，同他们保持密切的联系；只要自觉地保持和发扬开拓进取、团结奋进的优良传统，《羊城晚报》一定能战胜暂时的困难，一定会日益兴旺发达。《羊城晚报》将会永远扎根在千百万读者的心里，将会在中国新闻事业史上占有它不平常的一页！同志们，我们应当对这一切充满信心，应当为了实现这一切作出百折不挠的努力！

1987年

危楼陋室迎仲夷

31年前——1981年8月29日上午，时任中共广东省委第一书记任仲夷同志轻车简从，来到复刊不久的羊城晚报社视察。

任仲夷到达后，报社办公楼二楼左侧外墙那个支撑起来的柱架，引起了他的注意。得知这是羊城晚报借用栖身的两层危楼，他默默地打量了一会之后，说了一句："君子不立于危墙之下啊！"

接着，从楼下开始，任仲夷每个办公室都进去看了一下，向正在工作的同志们致意。当时我在副刊部工作。任仲夷来到副刊部"花地"办公室时，我和几位编辑上前迎接。那时的办公室，就是原广工学生宿舍的一个房间，依然保持旧貌，油漆剥落的木门，说明"室龄"已经不短。小黑板下面，摆放着每个部门唯一的一部电话分机。任仲夷同大家一一握手，环顾斗室，看到几张陈旧的办公桌挤在一起，桌面上堆满了稿件，点点头说："办一张报纸，不容易啊！"亲切随和，平易近人，一下子拉近了他与大家的距离。

看望大家之后，任仲夷来到时任羊城晚报社党委书记兼总编辑吴有恒和副总编辑许实共用的办公室（当时报社没有会客室），与报社领导班子座谈。在谈话中，他对羊城晚报"反映生活，干预生活，丰富生活，引导生活"的十六字办报方针给予肯定。他希望羊城晚报继续坚持和突出"三性"（知识性、趣味性、地方性），进一步办出自己的特色；强调报纸要发挥潜移默化的作用，寓政治性于知识性、趣味性、地方性之中。任仲夷赞同吴有恒关于进一步提高晚报质量要在"求精"和"出新"方面做得更多的想法。他说，要把报纸办得引人入胜，还有许多工作要做。创新这一条很重要，既要保持固有的传统，又要进一步加以发展。他指出报社的任务是把报纸办好，同时要培养出一批干部来。记者、编辑都要努力学习，提高自己，新闻界要出名记者、名编辑。羊城晚报要有自己的风格，羊城晚报的记者也应当努力形成和发展自己的独特风格。这样，整张报纸就办得更活了。

任仲夷还听取了关于报社办公楼和印刷厂基建计划及目前面临困难的汇报，针对当时借用的两层楼是一级危房的情况，指示要确保工作人员的安全，抓紧办公楼和印刷厂的筹建。在任仲夷和省委、省政府的关心支持下，克服重重困难，羊城晚报印刷大楼和编辑大楼终于相继建成。

2012年

“水晶宫”前游园乐

1984年国庆节，在欢庆新中国诞生35周年之际，羊城晚报员工举办了一次游园活动。许实老总也来到现场，与大家同乐。

当时，《羊城晚报》复刊不久，蛰居于借用的两层危楼之中。由于地方不够，在危楼对面用铁皮、青砖搭起几间简陋的平房，供采访、经营等部门办公。大家称之为“窝棚”。紧贴危楼前面，也搭建了一排简易平房，上半截是玻璃窗，被戏称为“水晶宫”，作为会客室等用。如今，遥望早在那个地段矗立的高楼大厦，似乎还可以见到危楼、“窝棚”、“水晶宫”的身影。因为它们已经铭刻在曾在那里艰苦创业、奋斗拼搏过的羊城晚报人心中。

这次国庆游园活动，就在“水晶宫”前狭窄的空地上举行。会场布置得简朴而又喜庆。游园会是下午举行的。当天忙碌、紧张的出报工作告一段落，参加的人十分踊跃，气氛热烈。时任报社党委常委、经管处主任的吴柳斯在“弹道抛物”游戏台前全神贯注，一试身手。许实等排队轮候。尽管节目不算多，奖品也不丰厚，大家仍玩得很高兴——为了祝贺祖国母亲的生日，也为了在紧张工作之余和局促的环境中“放松一把”！

这次同乐活动，并非《羊城晚报》复刊后头一回。就在同年春节，报社全体同人还举行过一次新春团拜会，条件比国庆游园会更简陋，在危楼后面的空地上，摆了几排长条木椅就“开场”了。但大家的兴致很高，不仅因为喜迎新春，还由于会上有精彩演出——当时羊城晚报的“一把手”、党委书记兼总编辑吴有恒亲自“上阵”，操起二胡，演奏广东音乐，悠扬悦耳，余音绕梁，赢得掌声一片！副总编辑鲁阳也手持话筒，高歌一曲《在太行山上》……

1985年8月，《羊城晚报》复刊后第一个正式社址——十层印刷大楼落成启用。从此，包括员工同乐活动在内的全社性集会，便在大楼的礼堂举行了。

2004年

Ⅱ　编采一得

既要出新　又要求实

——关于《羊城晚报》扩版的一些思路和做法

从1992年1月1日起，《羊城晚报》逢星期一、三、五扩大为8个版（在此之前，只有星期五出8个版），步子跨得虽然不算大，但对于《羊城晚报》来说，却可以说在不断探索办出自己特色的道路上，又跨上了一个台阶。

一、出新要常讲

办报，反映千变万化、日新月异的现实生活，面对四面八方、各有所需的读者，这就决定了必须经常出新。走老路，炒冷饭，就意味着进了死胡同。作为我国建国后创办的第一张大型综合性晚报，《羊城晚报》历来把出新摆在突出的位置上。创刊之初提出的办报方针："移风易俗，指导生活"，"寓共产主义教育于谈天说地之中"，以及在此方针指导下的办报实践，在当时情况下，就体现了"敢为天下先"的胆识。1980年复刊之后，"出新"仍然是《羊城晚报》为办好报纸时刻遵循，并为之作出不懈努力的重要一环。复刊后先后担任总编辑的吴有恒、许实同志和其他老同志，对办报如何出新都十分重视，经常强调，出过不少好点子，而且带头实践，身体力行。

复刊初期，《羊城晚报》便提出了"反映生活，干预生活，指导生活，丰富生活"的"十六字"编辑方针，这是在继承"文化大革命"前"老晚报"传统基础上的出新。

其后不久，《羊城晚报》明确提出了"姓党、姓晚又姓羊，三者缺一不可，顺序不能颠倒”这一办报原则。这是一个在努力出新的实践基础上归纳而成的办报原则。

“读者今天来电”、“街谈巷议”、“新闻漫画”（现名“市井百态”）、“羊城快镜”等栏目以及一些专版的陆续设置，也是出新。

如今，在汹涌澎湃的改革开放大潮中，面对着广东在这个大潮中所处的特殊位置和肩负的历史使命，作为一张立足广东，面向全国的报纸，为了适应形势发展，更好地完成党交给的任务，尽可能满足广大读者的需求，《羊城晚报》决定从今年起每周扩版三次，并在内容上进行充实和调整。这在《羊城晚报》的历史上是空前的。它是一次改革，要改革就必须出新。

关于在这次扩版中如何努力做到出新，我们主要是从以下两个方面考虑的：

（一）体现在总体安排和布局方面

第一，一版（要闻和地方新闻版），既要增加信息量，又要减少一般化的报道以及与日报的重复；在高奏改革开放这个“主旋律”的同时，进一步突出自己的特色。在“大事不漏”的前提下，对新华社稿精选精编。对一般性会议新闻大力精简，但重要的、有特色的会议则不惜篇幅。

第二，二版的地方及国内新闻版，采取专栏化、板块式编排，以刊登专题性、分析性和“内幕”性新闻报道为主，力争从内容到形式都有自己的特色。

第三，增设“南粤大地”“神州纵横”两个新闻性专版，拓宽报道范围，开阔读者视野，从新闻报道角度，体现《羊城晚报》“立足广东，面向全国”的宗旨。

第四，“时事走廊”版改名“国际传真”，使之更加名副其实，而且比过去内容更多，更快，更新，更有特色。

第五，推出两个新的专版：“社会广场”和“家庭广角”。“社会”版和“家庭”版，许多报纸都有。《羊城晚报》则力求有别于其他。“社会广场”版通过对社会现象、社会事物、社会问题的反映、追踪、评述和剖析（这些都力争做到深入浅出，贴近生活，贴近读者），展示人生百态，宣传精神文明，弘扬民主法制，针砭不良风气。而作为“社会细胞”的家庭中形形色色的现象和问题，则集中在“家庭广角”版得到反映。这个版“聚焦”于家庭与社会生活的联系，以及家庭中微妙的人际关系上，大力宣传社会主义的新家风、新伦理。

第六，体育版周末扩大为“体苑”，既保持新闻内容，又带有副刊特点，融信息、知识、趣味于一炉。

第七，开辟“读·作·编”版，把《羊城晚报》与读者、作者的距离拉得近些、再近些，在三者之间起到联系、沟通、评点、反馈等作用，使读者、作者更经常地关心和了解《羊城晚报》，肯定其进步，指出其不足，为办好报纸出谋献策。

“花地”“晚会”“求是”等副刊、专刊，也在原有的基础上，有所创新。

（二）体现在报道内容和表现手法方面

出新，应当是经常性的，全方位的。在坚持办报基本原则的前提下，遵循新闻本身的规律，根据客观现实、读者需求和报纸自身的条件、特点，从新闻题材到写作手法，都应当尽可能做到有新意。

基于以上考虑，今年扩版以来，《羊城晚报》着重抓了以下几点：

宣扬新事物——出新，首先表现在内容新。特别是对在改革开放中涌现出来的、具有开拓意义和广泛影响的新事物，更应及时抓住，着力宣扬。今年3月，珠海市在全国率先对科技人员实行重奖。《羊城晚报》及时、集中、多侧面地进行了报道，使这条深化改革进程中的“爆炸性新闻”，影响迅速扩大。

赞颂新风气——对于体现时代精神的新风气，善于捕捉，热情肯定，以引起人们的关注，这也是出新的一个方面。今年2月，在广东省中级法院院长会议期间，主管政法工作的省委常委改变会风，把在大会作报告改为与到会同志一起座谈，就共同关注的问题平等交换意见，发表见解，反映良好。《羊城晚报》用“新闻特写”的形式，及时对此作了报道。

抓住新变化——及时反映客观事物的新情况、新变化，是报纸的职责之一。作为晚报，还应当关注那些与人们的衣、食、住、行等息息相关的事情，抓住和跟踪它们的变化和发展，作出准确、及时、生动的报道，并从中概括、提炼出应有的社会意义。这也是贴近群众、贴近生活，体现晚报特点的重要的一环。今年春天，广州阴雨连绵。4月11日，阳光乍露，《羊城晚报》的记者纷纷出动，采写了“一串”特写新闻，并配以照片，既反映了久雨初晴之际市民们的喜悦和市面的繁荣。同时，也“顺理成章”地回顾了在那“雨脚如麻”的日日夜夜里，有关部门和人员，为了克服阴雨天气带来的困难，保障社会生活的正常运转所付出的辛勤劳动。由于迅速及时，写作和编排都有特色，受到读者的欢迎。

选取新角度——各种新闻媒介都去抓的题材，如何做到独辟蹊径，选取新的角度，讲究写作方法，这也是《羊城晚报》在新闻报道中力争出新的一个重要方面。6月16日，’92广东技术交易会在广州开幕。作为“广东科技活动月”重要内容之一的这次活动，自然成为各种新闻媒介关注的对象，纷纷采写报道。《羊城晚报》刊登的一篇新闻特写《挤 抢 拉 等——’92广东技术交易会见闻》，抓住拥挤入场、抢取资料、敦请教师、等打电话四个“镜头”，仅用300多字，“扫描”了技术交易会的开幕盛况，生动地反映出人们关心科技、需要科技的迫切心情。写法不落窠臼，引人入胜，特点鲜明。

采取新编排——编排上的功夫，往往可以从形式上体现出新。《羊城晚报》对此一贯比较重视，扩版之后也没有放松。新华社的重要新闻，《羊城晚报》从来是注意刊登的。但如何登法（特别是一些较长的、日报先登的要闻），却不宜等闲视之。对此，《羊城晚报》常用的编排方法之一是“化整为零”，突出重点。这一做法，在扩版后仍然继续得到重视。4月2日，新华社播发了一篇长稿：《江泽民接受日本记者采访》，日报先登。《羊城晚报》根据这条电讯稿，分别编成《江泽民谈中日关系》《江泽民谈国内问题》和《江泽民谈他的家庭和爱好》三篇消息，并在第一、二篇根据文内要点标出醒目的副题，把较短的第三篇围上花边。这样在版面处理上有了新意，也就容易吸引读者注意阅读。

半年来的扩版实践证明，《羊城晚报》在力求出新方面采取的一些做法，已经取得积极成果，它使报纸内容更加充实，面貌有了新的变化，特色更加突出，从而受到读者欢迎。今年扩版以来，发行量稳步上升。

二、求实不能忘

出新与求实是分不开的。办报必须出新，而出新离不开求实。出新是求实的目的，求实是出新的基础。

就《羊城晚报》此次扩版而言，所谓求实，就是要从报纸的实际出发，充分考虑到客观和主观两方面的因素，调动一切积极手段，尽可能恰当地把事情办好。

（一）客观因素

一言以蔽之——形势逼人。深化改革、扩大开放的形势，要求新闻传播媒介内容更丰富，更活跃，更多姿多彩。读者的“口味”日益提高，同行的改革成绩刮目相看。在这个“大气候”中，如果仍然按部就班，因循守旧，就意味着落伍。《羊城晚报》作为每日发行百万份以上、覆盖面广、拥有各阶层广大读者的报纸，对此更不容掉以轻心。通过扩版，扩大报道领域，开拓报道深度，增添新鲜内容，提高报纸质量，吸引更多读者，这也正是尊重客观现实，按新闻规律办事，以适应形势发展的需要。

（二）主观因素

在扩版之前，对于扩版的主观条件，尽可能作出了比较清醒、全面的估计。既看到对扩版有利的一面，如报社同志们有一定的思想准备和较高的积极性，并且已经有了每周一次扩版及临时性扩版的经验等；又充分估计到对扩版制约甚至不利的一些因素，如采编力量还不能满足需要，印刷设备还需要添置，读者对于扩版后调整报价的适应要有一个过程，等等。因此，必须从实际出发，认真研究，反复权衡，以求得“最佳方案”。正是由于全面考虑了上述因素，《羊城晚报》才决定今年每周扩版3次，而不是每天都扩版；又决定增加一些新版，但由于整个篇幅和采编力量等原因的限制，一下子不可能太多。要在有限的天地里，精耕细作，使所有新老版面，从内容到形式，都尽可能使读者感受到多一些新意，同时也为未来的进一步扩版积累经验，创造条件。

充分考虑到主、客观因素，按照报纸本身的规律，围绕晚报自己的特点，扬长避短，因势利导，积极实践，这是一种实事求是的态度。有了这种基本态度，包括扩版在内的新闻改革，才有可能做到既不断出新，又扎扎实实，取得成效。

事物总是不断发展和前进的，办报同样如此。《羊城晚报》每周扩版3次，是在目前条件下采取的措施，并非最终的目的。在进一步深化改革、扩大开放的形势推动下，在邓小平同志南方谈话精神的鼓舞下，我们正在积极创造条件，力争跃上一个新的台阶。经过省委宣传部批准，《羊城晚报》将从明年1月1日起，每天出8个版。这对于报社全体同人来说，无疑又是一次新的挑战和考验。要实现每天出8个版这个跨越，困难确实不少。但大家决心在今年扩版的基础上，进一步发扬改革精神，采取扎实措施，再接再厉，团结奋斗，像小平同志指出的那样："改革开放胆子要大一些"，"看准了的，就大胆地试，大胆地闯"。尽最大努力，使明年的扩版能够顺利实现。

1992年

在贴近群众中引导群众

贴近生活，贴近群众，是许多报纸对自己提出的要求，不少晚报对此尤其重视。然而，贴近生活，贴近群众，并不是目的。贴近生活，是为了全面、本质地反映生活。贴近群众，是为了更能循循善诱地引导群众。

在宣传报道中，有一个引导群众的任务，要完成好，必须努力贴近生活，贴近群众。对于晚报来说，就要充分利用自己与生活、群众贴近的长处，发挥潜移默化的作用，把引导群众做得既扎实，又自然。

怎样才能在贴近群众中引导群众？结合《羊城晚报》的办报实践，有以下几点体会。

一、坚持正确的舆论导向，是引导群众最重要的一环

所谓引导群众，就是要通过宣传报道，讲清形势，明确任务，弘扬真理，鼓舞斗志，释疑解惑，扶正祛邪，从而增强凝聚力，调动积极性，团结教育人民群众，为贯彻党的路线、方针、政策，实现党指引的目标而奋斗。所有这些，体现在宣传报道上，从内容、方法到形式，都应当努力做到为群众所喜闻乐见，易于接受。

1989年6月，境外某些传播媒介公然捏造著名画家关山月“在京中弹身亡”的恶毒谣言。《羊城晚报》当即用“专访”形式，报道了当时并未离开过广州的关山月先生的近况，同时刊登关山月正在家中作画的新闻照片，使谣言不攻自破，起到了较好的宣传效果。

二、抓住关键，通过回答群众关心的问题进行引导

治理经济环境，整顿经济秩序的效果究竟如何？大家都很关心。有

人只看到治理整顿后一度产生的某些负面效应生产滑坡、市场疲软等，而没有看到其正面效应——经济秩序逐步理顺，供求关系开始缓和，物价趋向平稳，整个经济朝着好的方向发展。为了帮助读者正确把握形势，认识治理整顿的必要性及其效果，1990年初，《羊城晚报》刊登了一组反映治理整顿经济效应的通讯：《“大出血”背后》《基围虾“跳楼”》等，反映治理整顿后市场需求和物价水平的新变化。报道抓住群众经常接触或比较熟悉的物价、市场等问题，乃至他们在消费过程中的亲身感受，从内容和写法上，都尽量考虑到为读者所易于接受。

三、及时发现和弘扬群众中的先进思想和事迹，用活生生的事例引导群众

1990年初，广州发生一起小孩病危紧急求药的事。电视台播出求药启事之后，全市有200多人连夜从四面八方赶往医院送病孩急需的那种较贵重的药，其中只有一人所送的药合用，使病孩得救，整个事件过程生动感人。《羊城晚报》不仅在次日报纸的头条位置上刊登了消息和照片，并且作了连续追踪报道，展现人们在送药过程中显示出的美好心灵和新型的人际关系，使读者感受到一股扑面而来的社会主义精神文明新风。

四、在具体新闻题材的处理上，采用多种手法，增强引导群众的效果

在这方面，无论是大题大做、大题小做、小题大做、正面文章侧面做，等等，目的都是为了使读者易于接受，乐于接受。1990年春夏之交，苏联大马戏团来广州演出。这条消息处理成一般的文化报道未尝不可，但考虑到中央当时正再三强调“稳定压倒一切”，《羊城晚报》决定把对大马戏团的报道做大一些，对中央的这一要求作出呼应。我们通过对大马戏团演出过程的系列报道，突出了“只有局势稳定，群众才能安心欣赏精彩演出”的主题，同时宣扬了群众在观看演出、同苏联朋友接触中的文明新风，使群众在不知不觉中上了一堂“形势课”。

能否在贴近群众中起到引导群众的作用，编辑、记者的素质是关键。其中，以下两点尤其不容忽视：

第一，必须有正确的政治方向和办报目的，有明确的全局观念，自觉遵守纪律。贴近群众是为了更好地引导群众。不能把贴近群众，理解为迎合群众甚至迁就群众的某些需求，片面追求“轰动效应”。

第二，要有敏锐的目光和雷厉风行的作风，善于在复杂的客观事物中发现应当引导群众去了解和关心的问题，并且通过艰苦深入的采访，尽可能从群众关心的角度，写出他们喜闻乐见的报道。

1991年

更加自觉地坚持“双贴近”

一

“贴近生活，贴近群众”，是《羊城晚报》办报方针的一个重要内容。早在复刊初期，《羊城晚报》就提出了十六个字：“反映生活，干预生活，引导生活，丰富生活”，作为自己的编辑方针。实践证明，在坚持“三姓”（姓党、姓晚又姓羊）办报原则的前提下，实行这“十六字”编辑方针，对于形成《羊城晚报》自己的鲜明特色，从而使报纸为生活的主人公——社会各阶层读者所喜闻乐见，是十分必要的。

眼前的情况是：“贴近生活，贴近群众”已非《羊城晚报》所独有，而成为多家晚报的共识，甚至为许多日报所认同。这就使得《羊城晚报》面对一个严峻的课题：“双贴近”这个方针是否还要坚持下去?

回答是肯定的：必须坚持。同样是一条“双贴近”的路子，各有各的走法。“八仙过海，各显神通”。关键在于，在新的情况下怎样才能坚持得更好。

要“全方位”地坚持“双贴近”。对于《羊城晚报》来说，这是在新形势下做到“双贴近”的重要一环。这意味着，“双贴近”不仅是某一篇稿、某一个版的问题，它涵盖着整张《羊城晚报》，从新闻报道到副刊、专刊，从报纸内容到版面标题，概莫能外（当然不是硬“贴”，而应从实际出发）。即使报道那些重大的改革措施（例如税制改革），也要考虑到如何吸引读者，使他们便于了解，易于接受。对于那些相对来说比较“硬”的题材（例如社会治安综合治理），在报道上也要尽可能从“双贴近”的要求去考虑。同样一条“打击车匪路霸”的新闻，“硬邦邦”地“照本宣科”与生动、具体的报道，两者的宣传效应是不相同的。至于那些为群众感兴趣，甚至津津乐道的社会新闻、市井消息

（它们都产生于现实生活），则同样应当在突出“主旋律”的前提下，根据其新闻价值，努力去捕捉，认真经营好。这也是“双贴近”不可或缺的内容。

有了好“菜”，还须烹调得法，使之“色香味”俱美，才能合群众的口味。因此，版面安排、标题制作等，同样不能忽略“双贴近”。否则，再好的“料”，却炒不出好“菜”，到了群众“品尝”那一关时，也会大打折扣的。

当然，同一张报纸的不同版面，坚持“双贴近”的方针所走的道路、进度和方法，可以也应该各有千秋，但最终目的，还是为了使整张《羊城晚报》更具特色，更有生命力，更为广大读者喜闻乐见。

二

在新的一年里，面临新的形势，要使《羊城晚报》更加自觉地做到“贴近生活，贴近群众”，努力提高编采人员的素质是个关键。

要提高编采人员的素质，以下几个方面不容忽视：

首先，要树立牢固的群众观点。办报，尤其是办晚报，心中决不能没有读者——群众。要时刻注意倾听他们的呼声，了解他们的想法，从报纸的角度，尽可能满足他们的正当需求。要发挥报纸的桥梁、纽带作用，努力做到上情下达，下情上达，上下沟通。这不仅是报纸的责任所在，也是报纸“贴近生活，贴近群众”的一个重要方面。

其次，要坚持深入实际的作风。只有下定“不入虎穴，焉得虎子”的决心，自觉地到基层去，到第一线去，深入生活，深入群众，了解到最具体、最生动的情况，掌握到第一手材料，才能找准“双贴近”的重点，找到群众最关心或生活中最精彩的新闻题材，写出高人一筹的作品，编出引人入胜的版面。高高在上固然与“双贴近”背道而驰，蜻蜓点水也无法达到“双贴近”的目的。

第三，要练就过硬的本领。深入实际捕捉回来的第一手材料，如何才能变成可口的“精神佳肴”，为广大群众所接受，而且在潜移默化中受到教育、启发和影响？这就要靠一手过硬的写作和编辑功夫。一般化的写作方法，老一套的编排格式，要想和群众“贴”到一起，谈何容易！有的记者在采访中找到的“料”确实不错，可惜“刀工”不过硬，“火候”掌握不好，炒出来的“菜”也就难以引人“食欲”，甚至还会让人倒胃口。因此，加强业务基本功的锻炼，应当成为提高编采人员素质的一个重要方面。

新的一年，《羊城晚报》要迈出新的步子，在进一步提高报纸的整体水平上下功夫。继续坚持“贴近生活，贴近群众”的路子，是其中重要的一环。为此，要更加自觉，不懈努力。

1994年

为社会协商对话铺路搭桥

加强社会协商对话，是当前深化新闻改革的重要课题之一。今年以来，《羊城晚报》在增加信息量，加强可读性，进一步满足各阶层读者多方面需要的同时，在第一版开辟了“公众话题”专栏，并且坚持一期一期办下去，围绕广大群众关心、领导机关也在研究筹划并准备或着手解决的某些“热门”问题，进行报道、评述和讨论，使这个专栏成为反映各方情况和群众意见的窗口，沟通上下左右的渠道，协商对话的园地。半年多来，先后在《羊城晚报》上推出的“公众话题”已经有5个：“菜篮子”“住房改革”“公共道德”“物价”和“社会治安”，发表稿件50多篇（组），引起了读者和有关方面比较广泛的关注，对促进实际工作也起到了一定作用。通过开办这个专栏，使报纸更加贴近生活，进一步密切了同群众的联系。

为了办好“公众话题”专栏，我认为要注意以下几点。

一、目的要明确

党的十三大提出，要建立社会协商对话制度。新闻传播媒介在这个方面既负有不容推卸的责任，又具有无法取代的作用。《羊城晚报》开辟“公众话题”专栏，就是为了在开展社会协商对话中发挥自己的作用——铺路搭桥，穿针引线，组织各方面人士围绕共同关心的问题进行讨论和探讨，努力做到上下沟通，彼此理解，互相支持，争取对议论的问题多一些共同认识，进行正确的引导，并且为问题的解决创造有利的条件，这样做的最终目的，是为了推动改革的深入发展。

二、选题要准确

选题是否得当，对于协商对话能否正常开展，关系很大。在报上公开议论的话题，更要注意这一点。选得准，就能够吸引各方注意，又可能“议”得较为深透，有助于问题的解决。否则大家提不起兴趣，“话不投机半句多”，将会事倍功半，甚至徒劳无功。

我们在选题时注意两点：

第一，选择当前社会生活中的“热门”问题，它不仅应当是群众关心的，也应当是领导机关正在研究思考，准备或已经列入议事日程着手解决的。

第二，选择问题不能故意“出难题”，而是经过一番议论之后，有利于各项改革措施的顺利实施，有利于解决社会矛盾，增强安定团结。

有了以上两点，“话题”推出之后才能谈得起来，“议”得下去，得到群众的支持和有关方面的关注。

住房制度问题，面临着非改不可的局面，不仅千家万户关心，政府和有关部门也在筹划解决对策。在报上适时提这个话题来议论，不仅与群众有共同语言，也同政府及有关部门想到了一起，因而有助于对住房改革问题的深入思考和全面规划，议论起来也就比较热烈。广州市政府领导和城建部门负责人看了“公众话题”中关于住房问题的报道，认为这个话题为住房改革鸣锣开道，出谋献策，许多意见都提得比较中肯，不仅起到帮助群众作好迎接住房改革思想准备的作用，而且有利于有关部门及时、妥善地作出决策。

三、议论要多面

围绕每一个“公众话题”，都力争从不同的方面和角度，进行“全方位”的报道和议论。既然是社会协商对话，就需要有一个比较广泛的范围。不仅要做到上下通气，双向交流，还要努力从多方面、多层次，通过各种形式，进行实事求是、完全平等的探讨。这样，各种情况和意见才能得到比较全面的反映和比较充分的交流，从而引起各方面的关注和思考。

在议论“菜篮子”这个话题时，先后发表了11篇（组）稿件。参加议论的各方人士，从不同的角度各抒己见。其中，有家庭主妇对菜价贵的抱怨，有广州郊区菜农和干部认为自己“对得住广州市民”的表态，有蔬菜公司难念的“经”，有记者对菜价的调查分析，有广州市有关领导对蔬菜生产和供应问题发表的见解，还有对改善蔬菜供应实际行动的报道等，方方面面，都有涉及。

四、首尾要分明

每一个“公众话题”，既不可能设想经过一番议论就“毕其功于一役”，也不能无限拖延，纠缠不休。我们力争把一个“话题”限制在一定时间内（一般半个月至一个月左右）；两个话题之间尽可能不交叉；每个“话题”都有头有尾。“开篇”要“画龙点睛”，引人注目；结尾不一定（在多数情况下也不可能）是最后结论，但应有所归结，使之告一段落。这种归结，事实上就是议论的一种成果，它在一定程度上将会对实际工作起到推动作用。

关于“住房改革”的“公众话题”，以《广州住房制度不改不行了》这篇记者述评打响第一炮，接着陆续发表住户（包括目前住房困难、一般和比较宽敞三种情况）和有关人士的意见，广州市房管局长对“房改”问题的设想，专家对“房改”初步方案的论证，以及“房改”先行一步的地区和单位的经验介绍等，共12篇（组），最后一篇是广州市主管城建工作的副市长的表态：“广州市住房改革要加快”，他同时还阐述了全市“房改”的总构想。这应当看作是议论“住房”话题取得的成果。

五、观念要更新

报纸要在社会协商对话中真正发挥自己的作用，首先要求编辑部人员更新观念，提高认识。为此，以下几点看来是需要认真考虑的：

第一，建立社会协商对话制度，是进行政治体制改革，建设有中国特色的社会主义民主政治的一个重要方面。新闻传播媒介对此责无旁贷。在社会协商对话中，穿针引线、铺路搭桥，也是深入新闻改革的一项重要内容，要自觉努力做好。因此，有的“话题”尽管难度较大，仍然在调查研究的基础上，在报上展开议论。如物价问题，十分敏感，情况也很复杂，但考虑到这是深化改革过程中绕不过的一关，有必要在沟通情况、反映意见、引导舆论等方面发挥新闻媒介应有的作用，因此还是把它在“公众话题”这个栏目里“端”了出来，开展讨论。

第二，对于反映在报纸上的社会协商对话的理解，不宜过于狭窄，不能把它限制在“你问我答”或两人交谈的范围内。在一定的时间内，围绕某个专门话题，通过消息、报道、讨论、谈话等形式，及时反映各种意见，做到情况交流，上下沟通，彼此理解，本身就是一种很好的对话。

第三，对于在报上“端”出来的公众话题，要在调查研究的基础上，尽可能事先做到心中有数；议论的目的、步骤比较明确；具体做法上则不拘一格，要充分运用各种新闻手段。

1989年

（本文收入中国社会科学院新闻研究所主编的《新闻学研究十年》一书）

突破老框框　开辟新天地
——探讨有关社会新闻的几个问题

社会主义的报纸上应不应当有社会新闻一席之地？如今已经不成问题。怎样才能把社会主义报纸上的社会新闻写好？这个问题却有待于在实践中认真探索。《羊城晚报》复刊以来，根据社会生活实际和读者需求，有意识地把社会新闻作为整个新闻报道不可缺少的组成部分去经营。六年过去，虽然不乏点滴经验，但更多的还是教训。但是，我们为搞好社会新闻报道而努力的初衷，并未因此而动摇。今年以来，通过广州市“女婴疑案”等报道，我们对于社会新闻的范畴、特点和采写方法等有了一些新的认识。我们的体会是：社会新闻是宣传社会主义精神文明的重要手段和生动形式，天地广阔，大有可为。

1985年，广州市发生了一宗轰动一时的“女婴疑案”。产妇一方控告广东省人民医院“精心策划盗换婴儿”。医院一方则说，产妇当晚生的本来就是女婴。双方各执一词，各持己见，扰扰攘攘，莫衷一是。女婴在医院的婴室里，待父母认领，时间长达一年多。1986年1月17日起至4月中旬止，《羊城晚报》一版连续报道了这一案件。从通讯《谁是她的爹和娘？》开始，至待认领女婴案圆满结束，发表了各种体裁的报道共20多篇，照片7幅。在此期间，那个呱呱坠地便没有父母认领的小婴婴（女婴在医院待父母认领时，医护人员给她起的名字）的命运，拨动着广大读者的心弦，成了人们街谈巷议的主题之一。4月5日，《羊城晚报》一版发表了待领女婴案庭审记的长篇通讯，把这一报道推向了高潮。当天《羊城晚报》的零售数增加了1万8千多份，以后一时期继续保持这个水平。全国各地的读者通过三百多封来信，表达了他们对小婴婴命运的关切，字里行间，情深意切，读来催人泪下。还有不少热心人，络绎不绝地到医院看望小婴婴。省人民医院因此不得不在报上发表启事，婉言谢绝。通过这一报道，广大读者和《羊城晚报》记者共同谱写了一曲感人肺腑的社会主义精神文明乐章。

通过采写“女婴疑案”我们对于如何搞好社会新闻报道问题，初步归纳出下面几点粗浅的体会。

一、突破老框框，寻求新出路

十一届三中全会以后，社会新闻这块禁地不禁了，它吸引了广大读者，占了报纸的一定版面。但是，几年过去之后，周而复始的老一套模式，不断重复着的内容，比如什么“未入洞房先入牢房”“失身记”之类的报道，读者渐渐看得腻了。记者也苦于无法突破这些老框框。如何把社会新闻的报道提高到一个新的水平，去年以来我们为此不断地探索。

有一段时间，我们对社会新闻的含义理解得比较狭窄，认为只有“公检法”范围内的新闻和街道居民圈子里发生的新闻才算是社会新闻。我们投入了相当的力量，企图在这个框框内有所突破，然而徒劳无功。因为新闻报道是围绕着人的活动进行的。在街道工作，以及直接属于街道管辖的人（街坊群众等），在城市里毕竟不占多数。由于认识上的偏差，就形成了记者们各行其道，按“线”分工记者只管写本“线”的新闻，而社会新闻却由专职记者去采访。他们辛苦奔波，还是不得其门而入。社会新闻报道的局面，仍然打不开。

“女婴疑案”的报道终于使我们恍然大悟：社会新闻的领域原来是这样的宽广。这宗疑案发生在省人民医院，按行业划分，属于卫生记者的“势力范围”。但是这一报道的社会效果，已经远远超出“谁是她的爹和娘”这一范畴，引起了整个社会的关心和瞩目，小婴婴的命运引出了多少感人事！通过这次报道，我们悟出了这样一个道理：为社会上各行各业共同或大多数人感兴趣和关注的新闻，都有条件成为社会新闻（这样的理解是否准确和全面，当然还可以进一步探讨）。实践使我们认识到，每一条“线”都存在着社会新闻，每一个记者都有采写社会新闻的责任。

二、抓准“突破口”，功到自然成

衡量社会新闻的价值，首先要看它产生的社会效果。社会新闻范围很广，然而，并不是一切的社会新闻都可以报道，对这一点，记者们都很清楚。正确地选取切入面、突破口，则往往是一条看似“难产”的“社会新闻”起死回生的关键。

“女婴疑案”的当事双方，开始时都曾向广州市的三家大报及电视台、电台投诉。十个多月过去了，大家都静观其变，等待结果。我们经过半年多的调查，印象是“公说公有理，婆说婆有理”，难以判断出究竟谁是被告。在当时是非曲直未分的情况下，我们囿于过去的老规矩，一直未敢轻举妄动，怕骑上虎背，欲下不能。当时我们想问题的焦点，老是盯着双方纠缠不休的官司。当一位记者到省人民医院采访时，得悉那个婴室的“老住户”——小婴婴，在医护人员的细心照料下健康成长，已在牙牙学语。她的遭遇是不幸的，然而又是万幸的！此情此景，使我们豁然开朗：过去为什么没有想一想小婴婴的遭遇，为她的命运大喊大叫呢？报道的突破口不能拘泥在“官司”本身，应该放在小婴婴身上。经过了十个多月的“山重水复”，我们终于确定了这一事件报道的起点。当然，在事件未弄个水落石出之前，我们的报道应采取对当事双方不偏不倚的态度。报道的最终目的是，促成有关单位受理并妥善解决此案，使“疑案”释疑，大白天下。

于是，第一篇报道：《谁是她的爹和娘？》发表后，引起了全社会的极大关注。后来，法院终于立案受理了，事态朝着我们预定的目标一步步靠近。

三、向纵深发展，绘“立体画面”

连续报道是社会新闻引向纵深发展的必要手段。怎样才能使报道有立体感，做到有声有色，打动读者的心弦？这就必须根据报道的具体事件，触及读者的思想脉搏，仔细研究他们的心理。对于“女婴疑案”，当时，读者迫切想知道为什么此案拖了一年才立案？产妇一方提出直接输血法（即古代所说的“滴血认亲法”）为什么不科学？如何进行庭审？败诉一方为什么输了理？一审判决后，什么时候才算法律生效？如不执行判决，后果将会如何？这些，涉及辩证法、法律常识和科技知识。我们分先后缓急，有计划地随着事态的发展而逐一报道，或请有关专家给予解答。这一系列报道，有层次，有深度，有的放矢地回答了广大读者关心的一系列问题，发表后反映良好。

“女婴疑案”的报道结束后，有的读者给我们以溢美之词，说“这是《羊城晚报》在社会新闻上的突破”。实际上，这次报道也仅是我们在社会新闻报道方面的一次探索，存在的缺点还不少。读者的鼓励，我们把它作为鞭策。因为我们深知，社会新闻是新闻报道中一个涉及面广、情况复杂的领域。社会主义报纸的社会新闻怎样才能做到准确生动，吸引读者，恰如其分地发挥其应有的作用，这是一个亟须在实践中积累经验、从理论上总结探讨的课题。为此，我们愿意向各方先进学习，继续做出努力。

1987年

加强力度　求深搞活

——关于人大新闻报道的浅见

人民代表大会制度是我国的根本政治制度。搞好人大制度的宣传工作，对于健全和巩固这一根本政治制度有着不容忽视的作用。不久前，中共广东省委批复的省人大常委会党组《关于大力加强法制宣传和人大制度宣传工作的报告》中指出："要继续提高对人民代表大会性质、地位和作用的认识，进一步加强和改进人大制度宣传工作。"搞好人大制度宣传工作，报刊、广播、电视等方面的新闻报道是一个重要手段。运用这个手段的，既有专业的新闻机构和新闻工作者，也有各级人大及其组成人员、工作人员和人民群众。努力提高新闻报道的质量，是加强和改进人大制度宣传工作的重要一环。

宣传人大制度的新闻报道，有与其他新闻报道相同的共性，也应当遵守共同的新闻规律。首先，必须坚持正确的舆论导向。这一点，对于人大新闻报道来说同样不例外。人大的新闻报道，必须以邓小平同志建设有中国特色社会主义的理论和党的基本路线为指针，自觉地为建设高度的社会主义民主和完备的社会主义法制这个根本方针和任务服务。其次，在遵守新闻规律方面，关于人大的新闻报道同样应当坚持新闻必须真实的原则，具备新闻发生的时间、地点、过程等必要因素，讲求新闻的时效性，等等。

在明确与其他新闻报道共性的同时，另一方面，还有必要充分认识人大新闻报道本身的个性，或者说特点，把共性和个性两者妥善地结合起来，处理好两者的关系。这样，人大的新闻报道才能做到有章有法，有声有色，从而在人大制度宣传工作中充分发挥应有的作用。

如何体现人大新闻报道本身的个性（或特点），有两个问题是值得重视的：

一、要紧紧围绕人大及其常委会的性质、地位和作用做文章，新闻报道才能有自己的特色

建立与社会主义市场经济体制相适应的、有中国特色的社会主义民主政治，最重要的一条是坚持和完善人民代表大会制度。这个基本认识，是搞好人大新闻报道的依据和出发点。应当看到，人大新闻报道有它特殊的意义和特别的重要性。它不是一般的业务会议或公务活动报道，更不能够等同于群众团体的报道，而是要通过新闻报道，经常地、反复宣传人大及其常委会的根本任务——加强社会主义民主和法制建设，让广大干部群众真正了解和理解人大及其常委会的性质、地位和作用，尊重和支持人民代表大会制度，并且积极参与这一根本制度的建设。只有围绕这个中心，抓住不同时期、不同地区和单位的重点或特点采写出来的新闻报道，才能形成自己的鲜明特色。

要注意抓住本地区、本单位的特点。从广东来说，省、市、县和乡镇都有人大组织。不同层次的人大组织的活动，既有共同之处，又有各自特点。即使同一层次人大组织的活动，特点也不尽相同。通过细致观察和深入采访，抓住本地区、本单位人大活动中“与众不同”的内容进行报道，这样的新闻就有特色。

人大新闻报道还有一个问题必须强调的，那就是准确性。

所有新闻报道都应当做到准确无误，人大新闻报道尤其需要做到，这是由人大制度本身的特点所决定的。人大担负着加强社会主义民主和法制建设这个根本任务。这个任务通过立法、监督等各个环节去完成，从而体现人大作为我国根本政治制度的权威性和严肃性。立法、执法检查和监督，都有严格规范和具体要求。为完成本身各项任务而召开的人大及其常委会（主席团）会议和代表履行职责的各项活动，都是十分庄重、严肃的事情，都要按照规定的程序进行。对此，新闻报道来不得半点含糊。尤其是涉及立法工作的报道，更必须认真过细。立法的内容和程序不能搞错，会议出席者的规格、身份也不能搞错，引用法规条文必

须准确。对于“准确性”的严格要求，也体现了人大新闻报道本身的特点。

二、不仅“大处着眼”，还要“小处着手”。抓住和解决好新闻采写过程中的几个具体环节。在“深”字和“活”字上下功夫，使人大新闻报道做到特色鲜明，重点突出，可读性强

由于人大制度本身及其工作方法的特点，决定了人大新闻报道的政治性、政策性、法律性很强，因而有一定的难度。前面说到的对准确性要求很高，就是一个方面。从人大活动来说，大会、大的活动比较容易写出特点，例会、日常工作则较难写出特点，使有些人大新闻报道成为大同小异的“大路货”。这个情况，给从事人大新闻报道的同志提出了更高的要求。这个要求概括起来就是：开阔视野，拓宽领域，改进方式，善于突破，努力进行全方位、多角度、深层次的采访，在“深”字和“活”字上多下功夫，让读者喜闻乐见。换句话说，人大新闻报道往往容易写得比较干巴枯燥，缺乏深度，我们就要通过自己的努力，想方设法把它写得生动活泼，贴近生活，有深度，有新意。

按照以上要求改进人大新闻报道，具体来说，以下几点值得注意：

选材要恰当——一篇新闻报道写得是不是有特点，能不能吸引读者，选择题材是很关键的。人大的工作是长期性、经常性的。有些活动，如开会、立法、视察、监督等，年年都搞，周而复始，似乎一下子很难从中找出什么有特色的题材，但实际上并非如此。每一次开会，每一宗立法，每一回视察或监督等，都有不同的内容和重点，取得不同的成果或提出不同的问题，就看作者能否发现并及时抓住它，提炼成为特色鲜明的主题。

立法是人大一项经常、主要的工作，但也由于这样，新闻报道往往难于写出特点，容易流于一般化。然而，羊城晚报的一位记者却抓住广东省人大邀请三位非官方人士参与起草一项法规这个题材做文章，通过这件新闻事实有力地说明，省人大打破框框，不拘一格，扩大渠道，加快立法步伐。比起其他有关立法报道，这条新闻与众不同，特点突出，使读者对人大的立法工作留下不一般化的印象，因而获得广东省第三届人大好新闻评选一等奖。

角度要新鲜——有了好的题材，还有一个如何去表述的问题。要注意尽量选取新的角度去写，使题材的内涵能够得到充分的展现和发挥。新闻报道的特色也就在这个过程中显示出来。

对基层所站进行评议监督，是人大的职责之一，因而也是人大新闻报道中涉及较多的题材。茂名电视台拍摄的电视新闻、《别了，煤油灯》，从化州南盛镇敬老院被停止供电两年多，在镇人大干预下终于恢复供电这个角度，反映了人大在评议监督基层单位方面发挥的作用，使这个题材得到深化，也使群众通过些“身边之事”，对人大的监督作用有了具体的认识。

要注意写“人”——人大的工作和活动是与“人”紧密联系在一起的。这里的“人”主要包括人大组成人员、各级干部和广大人民群众。因此，报道人大的新闻也不能离开“人”。在可能的情况下，要围绕在新闻中出现的人多做文章，不仅写他们的活动和音容笑貌，还要努力反映他们的思想心态。这样的新闻报道就会显得有血有肉，具体生动。近几年在关于全国人大全体会议的新闻报道中，有一些写党和国家领导人同代表们在一起的新闻（包括通讯、特写）是不错的。如南方日报记者的现场特写《广东厅的“压台戏”》，叙述江泽民同志在人大会议期间看望广东代表团的情景，写出了总书记和蔼可亲、平易近人的形象；通过总书记的活动，生动地反映了党中央对广东的殷切期望。遗憾的是，围绕“人”来写的生动的人大新闻报道还不多。报道会议之外的、大量的人大日常工作和代表活动中，注意写“人”而且写得比较生动、深刻的新闻报道也比较少见。河源市人民广播站播发的一条新闻《邝代表打“假”记》，就是一篇围绕人大代表日常活动来写的报道。它通过河源市一位人大代表行使监督职权，积极参加“打假”工作取得成果这件事，说明人大代表的职责并非“代表代表，开会完了”。事实证明，在人大新闻报道中，写“人”的报道虽然难度较大，但大有可为。

文字要精炼——搞好人大新闻报道，文字功夫也是很重要的（这里主要就文字报道而言）。由于人大的工作和活动政治性强，程序严格，因此，反映在新闻报道中往往难以避开程式化、程序化的框框，要写得生动感人，不太容易。惟其如此，在深入采访的基础上，更加需要在文字上多下些功夫。这当然不等于卖弄文字技巧，而是在服从内容需要的前提下，注意文字和语言的锤炼，力戒空话、套话，力求自然生动。在采写人民代表履行职责和反映群众呼声的新闻报道时，应当以内容为依据，努力把人物写活。有些人大新闻报道中，写到人民代表或人民群众，往往是形象比较单薄，语言缺乏特色，或者所说的话内容语气与本人的身份距离较大，这就不能不削弱了新闻报道所应产生的作用和影响。文字精练，还意味着写作时要尽量去掉“水分”，能短则短。短小扎实生动的新闻，比冗长空泛一般化的新闻更能吸引读者，这一点在人大新闻报道中也不例外。

强化舆论监督作用，是搞好人大新闻报道工作不可缺少的一个方面。广东省人大常委会党组给省委的报告中提出：“坚持以正面宣传为主，但必要时也要对反面典型进行适当曝光，以强化舆论监督作用。”监督是人大的职责之一。随着社会主义法制的逐步健全，人大监督工作的日益加强，必然会揭露出一些违反法制、损害人民群众利益的事例。通过传播媒介，对此有重点、有选择地进行曝光，是人大新闻报道的一项重要内容，也是体现人大新闻报道特色的一个方面。在具体实施中，要采取既积极又慎重的态度。哪些事例可以曝光，何时曝光，如何曝光，都应当根据当时当地的具体情况，掌握好时机和分寸。在公开报道中，对于涉及的事实必须认真核实，做到准确无误。这样的舆论监督，才能收到应有的效果。

乔石同志在首都各界纪念人民代表大会成立四十周年大会上发表的讲话中指出：“根据国家总的形势和任务的要求，必须继续加强社会主义民主和法制建设，进一步坚持和完善人民代表大会制度，更好地发挥国家权力机关的作用。”人大制度的不断完善，人大作用的逐步加强，人大各项工作的进一步开展，必将对包括新闻报道在内的人大宣传工作提出更多、更高的要求，为搞好人大新闻报道提供更加广阔的天地和更加有利的条件。

1994年

勿忘“短、平、快”

——关于岭南新闻特色的一点思考

探讨新闻媒介的岭南特色，是一项长期课题，贯穿于新闻实践和新闻理论研究的全过程。“特色”的形成，离不开地区特点和时代背景。另一方面，随着新闻实践经验的丰富和发展及理论研究的逐步深入，“特色”的内涵也会有所变化和发展。在实践中形成的“特色”，还需要在实践中不断探索和完善。有的“特色”，最初只为个别传媒（或某一范围传媒）所独有，但逐渐被更多的传媒所认同（如“贴近生活，贴近群众”）。这在一定意义上说，也是“顺理成章”之事。关键在于，一旦明确了自己的“特色”之后，就要抓住不放，认真经营，不断完善，尽力突出，逐步深化，千方百计做到“人无我有”“人有我新”。只要真正是经过实践检验被认可的“特色”，就不要因为“别人也有”而轻易放弃，不再坚持和发展。因为“我有”和“人有”毕竟不是一码事，“你打你的，我打我的”。只要做到锲而不舍，精益求精，总能比出个上下高低来。

基于以上认识，提出一点思考：在探讨新闻媒介的岭南特色时，不能忽视一个重要内容——新闻报道的“短、平、快”。

“短、平、快”是借用打排球的术语。对于新闻报道来说，“短”和“快”不必多做解释；“平”，我认为主要是指在新闻传播过程中要平等待人，不摆架子，让受众易于接受，乐于接受。较长时间以来，“短、平、快”受到广东新闻媒介的重视，在实践中注意经营，积累经验，逐步形成特色。

一、在广东新闻媒介的实践中，“短、平、快”有其历史渊源

更远的暂且不说，可以先追溯到近40年前——《羊城晚报》创刊之初。从面世之日起，《羊城晚报》就十分重视新闻报道的“快、短、多、杂”，其内涵大体包括：

第一，新闻报道条数多，文字短。明确提出：要闻和地方新闻版，每个版每天一般不少于20条新闻。还专门开辟了天天见报的“五层楼下”专栏，刊出的消息每则只有三五十字。

第二，不板起面孔教训人，提出新闻报道要面向群众，服务群众。其内容应当充分考虑到读者的需求和爱好，为读者乐于接受，在“潜移默化”之中，达到“移风易俗，指导生活”的目的。也正是基于这一目的，要求新闻报道力争“多”和“杂”。

第三，重视新闻时效性，多发当天新闻。《羊城晚报》创刊当天（1957年10月1日），一版就同时刊登了北京和广州当天上午国庆游行集会的报道。1961年2月，《羊城晚报》成为中共广州市委机关报后，编委会提出“攻打新闻报道的‘新’字关”，其中一个重要内容，就是加强新闻的时效性。

二、广东新闻媒介“短、平、快”这一特色，党的十一届三中全会之后，在改革开放的新形势下，有了明显的发展

曾经在新闻报道中努力体现“短、平、快”这一特色的传媒，更加自觉去实践。还有越来越多的传媒，正在积极去探索。从广东新闻媒介的情况看，以下几个方面是值得注意的：

第一，辩证地处理“长”与“短”的关系，该长则长，能短则短，不搞一刀切，但比较自觉地多刊登（播发）短新闻，使版面容量更大，显得丰富多彩。在这方面处理得较好的传媒，对受众的吸引力就较强，因而宣传报道的效果也较显著。

第二，多为受众着想，做他们的知心朋友，设身处地为他们考虑，注意尽量满足他们的正当需求，从选材、主题到写作（拍摄）角度、语言、篇幅、版面等都是如此。这方面做得较好的传媒，在受众中就获得

更广泛的欢迎。

第三，在真实、准确和遵守宣传纪律的前提下，千方百计“抢新闻”，务求能在“第一时间”与受众见面。“重大突发事件就是命令”，成为越来越多的记者、编辑的自觉认识。

三、“短、平、快”三者之间，关系密切，互为补充

一条新闻、一个版面、一个节目，能做到“短、平、快”三者俱备，固然很好。如果能做到其中两点或一点，同样应当得到肯定。一张报纸、一套节目的报道内容和形式，在不同程度上达到“短、平、快”要求的多了，经常化了，也就从一个方面显示出自己的特色和优势——尽管不是全部，却不可缺少。这种特色和优势，对于扩大和加深传媒在受众中的影响，从而更好地完成本身担负的宣传报道任务，所起到的作用是不可低估的。这一点，已经为广东许多新闻传播媒介的实践所证明。

当前，强调在实践中对新闻报道的“短、平、快”特色给予应有的重视，有其不容忽视的现实性和针对性：

其一，在人类已经进入信息时代的今天，信息量迅猛增加，传递手段日新月异。新闻传播媒介在时效性等方面，面临着空前的竞争和严峻的挑战。在新闻报道上努力做到“短、平、快”，是在上述竞争和挑战中掌握主动权，从而充分发挥自己应有作用的重要手段之一。

其二，新闻传媒人员（包括领导层和编辑、记者）中，对于新闻报道“短、平、快”的重视程度不尽相同。当前的情况是，不少传媒人员对此在认识上比较自觉，并能积极付诸实践。例如，1996年11月7日上午，增城市新塘镇大敦村发生阻挠打假部门执法的严重事件，《羊城晚报》随行记者通过“今午增城新塘急电”的方式，把这一消息及时发回报社，于下午出版的当天晚报一版见报，不仅比日报（次日见报）快，也抢在电视（当晚播出）之前。其新闻效应是不言而喻的。但也不容讳言，忽视新闻报道“短、平、快”的现象仍然存在：或者认为“短、平、快”已经成为“人有我有”的“共性”，不值得再下功夫去认真对待，因之在实践中很少考虑；或者由于指挥管理上的疏漏、失当，工作

作风上的畏难、飘浮，因而对新闻报道的“短、平、快”掉以轻心，马虎应付，使得一些本来应当体现“短、平、快”特色的新闻报道，与这一要求相去甚远。有些新闻报道能快不快，该短不短，正可以说明这个问题。由于传媒本身的原因而漏发、迟发新闻的情况，时有发生。在新闻采编手段日益现代化的情况下，这是很难说得过去的，也是同形成和坚持新闻媒介本身的特色（“短、平、快”是其中之一）的要求背道而驰的。

为了坚持和发扬新闻媒介的岭南特色，使新闻报道的效果更好，影响更广，作用更大，请不要忘记“短、平、快”！

1996年

（原载《岭南新闻特色论文集》，广东人民出版社出版）

既当代表 又做记者

——参加党的十三大回忆

1987年10月，中国共产党第十三次全国代表大会在北京召开。作为广东新闻界唯一的代表，我有幸参加。

赴京之前，曾与报社同志议论过：大会期间，能否给《羊城晚报》写点稿？虽然有此想法，却又心中无底。首先，我是代表，必须根据大会安排参加活动，并无采访方便。再者，按照当时规定，像十三大这样的重大政治活动的报道，地方媒体只能采用新华社稿。我在当代表的同时，还要当“兼职记者”，谈何容易？然而新闻工作者、尤其是“羊城晚报人”的责任感鞭策我：盛会当前，机遇难再，不容错过！应当见机行事，尽我所能，有所作为。

抵京次日，我抽空去天安门广场转了一圈，深受首都迎接十三大召开的喜庆气氛所感染。回到住地，连同广东代表团抵京受到热情接待等情景，写成来京后的第一篇稿：《盛会前夕首都即景》，用电话（读稿）发回报社，次日在头版“报眼”位置，作为关于十三大的第一篇“本报记者北京专电”刊出。

10月25日上午，十三大开幕。进入会场前，大厅出现了一个热闹场面——代表们纷纷争购刚刚发行的十三大纪念邮票和首日封，我也跟着挤了过去。散会后，立即写了一篇小特写：《十三大代表喜购十三大邮票》，次日在《羊城晚报》刊出。

10月26日晚，在争夺24届奥运会足球赛东亚区唯一出线席位的决赛中，中国队以2比0击败日本队，实现了“冲出亚洲”的夙愿。看完电视直播，十三大代表、足球名将容志行便被广东代表团几位同志簇拥着前往天安门广场，把我也拉了去。广场上华灯齐放，人们从四面八方涌来，庆贺胜利的欢呼声和爆竹声响成一片……回到住地，大家兴犹未尽，聚在容志行的房间，听他对球赛进行评点。容志行说，中国足球健儿的拼搏精神，将会鼓舞人民群众为完成十三大提出的任务而奋斗。我连夜赶写了一篇通讯《夜访容志行》，27日凌晨发出，当天见报。

直到此时，发的三篇稿都属于花絮新闻。参加小组讨论之后，根据大家发言的内容和自己身处其间的感受，我决定写一篇《广东代表团讨论、拥护十三大报告》的报道。我把这个打算向十三大广东代表团团长、省委书记林若当面汇报，他表示同意。于是，我向小组请假两小时（大会期间唯一一次），中午未休息，一直写到下午。为了体现报告精神，结合广东特点，并尽量照顾到发言者的方方面面，我还是动了些脑筋。写完送林若同志审阅后（他只作了个别改动），请北京晚报社帮忙通过电传发回报社，于10月29日见报。

写完集体，再写个人。采访对象是当时的深圳市委书记李灏代表。因为他来自特区，对于十三大提出的坚持改革开放，建设有中国特色社会主义的要求，有着切身体会。“在十三大精神鼓舞下，站在新的起点上，努力攀登新的高峰。”——李灏侃侃而谈。《攀登新的高峰》也就成了我这篇访问记的标题。

11月1日，参加闭幕大会，和代表们一起投下选举党中央领导机构的庄严选票后，我便根据现场见闻和事前准备，围绕党中央领导机构新老交替的主题，着手写稿。次日上午，参照《人民日报》有关报道作了必要的核对，加上标题：《长征接力有人来——十三大代表选举中委、中顾委、中纪委速写》，和另一篇《十三大闭幕大会花絮》一起，送往北京晚报社电传，当天作为“本报特稿”刊出。

十三大期间，我共发稿8篇，其中“主干稿”3篇，花絮新闻5篇。虽然数量不多，质量也不尽如人意，但这些“兼职采访”的成果，毕竟给《羊城晚报》关于十三大的新闻报道增添了一些“人无我有”的特色。在我的新闻生涯中，也是一次有特殊意义的难忘经历。

11月3日上午，新一届中共中央领导人和邓小平等老同志，亲切会见出席十三大的全体代表。1900多名代表，一行行整齐地站在阶梯式的铁架上，排列成弧形。广东代表团十分幸运——排在整个队伍的正中间。我的位置“居高临下”，站在从上面数起第二排。此刻，一个紧挨一个站好的代表们心情都很激动。大家的眼睛都盯着大厅入口处，盼望着，期待着……

10时正，靠近人口处的代表队伍中间，响起了掌声。中共中央领导人和老同志来了！随着掌声越来越响亮，大家也看得越来越清楚：邓小平同志神采奕奕，满面笑容，走在最前面；跟在后面的是李先念、彭真、邓颖超、聂荣臻、乌兰夫等同志。他们和新当选的中央领导同志一起，朝着代表们走来，亲切地鼓掌、招手，向大家致意。

开头，我把相机挂在身上，和大家一起热烈鼓掌，向中央领导人和老同志致敬。眼看着邓小平等同志就要走到广东代表团面前了，这是一个多么难得的机会！尽管我是代表，而不是现场采访的摄影记者，但无论如何也不能错过这个珍贵的镜头！可是，我既要鼓掌，又要准备拍照，一时之间，真有点手忙脚乱。当邓小平等同志面对广东代表团走过来时，我迅速举起相机，拍下了第一张照片。当邓小平同志走得更近些，同站在前排的代表们亲切握手时，我把相机伸过前面代表的头顶，连拍了两张。中央领导人和老同志与全体代表合影之后，向大家挥手告别。这时，邓小平同志侧转面部、向着镜头，微笑着同身边的同志谈话。我抓住这一刹那，又按下了快门……

大约在10分钟时间里，我按了十几次快门，都是在固定的位置上拍的（因为我站在代表的行列里，位置靠后，移动不得），所以不能不有许多局限。无论如何，对我来说，这次拍下的镜头，都是毕生难忘的珍贵记录。值得一提的是，我在拍照的同时，也被拍摄会见场面的新华社记者摄入镜头。这张照片被收入中共十三大纪念画册，珍贵的画面永远留在我的心中。

2007年

三十年前第一课

我珍藏着一条绿色的绸签，上写“记者”二字，盖着“沈阳市卫生系统先进工作者评选委员会”的圆形图章。望着它，在我的脑海里，时光倒流三十年——

那是1956年夏天，刚结束了北京大学中文系新闻专业二年级的课程，我和一批同学，来到沈阳日报社实习。这条绿色的绸签，就是我以《沈阳日报》实习记者的身份，首次参加采访活动时佩戴的标志。

在学校里，老师带领我们参观过一些报社，也曾出过题目，让我们练习新闻采访和写作。我还是校刊的通讯员。但这些毕竟都不过是“课堂作业”或“课外练习”。身临其境、“真刀真枪”地以报社记者身份（尽管只是实习生而已）采访、写稿，这次实习才算头一遭。因此，心里既兴奋，又有点紧张。

果然，头一宗任务——采写沈阳市卫生系统先进工作者奖励大会的消息，不过七八百字，在报社记者的帮助下，六易其稿，修改十多次，才由政教组组长陈敏同志签发见报。时间紧，任务急，要求高——我开始尝到了与“课堂作业”或“课外练习”完全不同的滋味！

然而。更“浓”的滋味还在后头。

根据报社政治生活部政教组安排的实习计划，我要从报道市卫生系统奖励大会入手，进而采访一个先进典型王淑文（沈阳市第二医院小儿科主治医师）。事先看了几遍有关材料，又反复琢磨了指导我进行这次采访的记者王千同志的意见：“要多想一想，抓住主要问题。”可是，第一次采访归来的“自我感觉”却是：谈得不怎么深入，有时甚至不知道应该问什么。这样，写起来自然也就不很顺手。原因在于准备工作做得不够充分。在王千同志的帮助下，重新提炼主题，删除枝蔓，反复修改……直到写出第四稿，才交给组长陈敏同志审阅。隔了一天，原稿退回，认为“事实堆砌，不够生动”，还要再改，并且提出要求：应当写得“引人深思，发人深省”。我找到王淑文家中，再次进行采访，然后，重新改写。王千同志看了这第五稿，在肯定“比前几稿有进步”之后，指出了存在的问题：思想活动写得不够，“个人作用”的分寸要掌握得准确些，一些措词、标点也需斟酌……此外，在送审过程中，有关同志也提出了一些中肯的修改意见。这篇在版面上字数不足一千的人物通讯，见报时距离第一次采访已经20天了。在这个过程中，我不仅在采访写作方面受到了一次锻炼，更向报社有关领导和编辑、记者学习了严格、细致的好作风。

在采访活动中，还有两次可以一提。

一次是突击采访——组长临时布置任务，让我独自去采写沈阳市前国民党军政人员座谈台湾问题的消息，次日见报。参加座谈会的都是当地这方面的知名人士，包括宁武、刘多荃等。过去只是在报纸上见过他们的名字，却从未同这样的采访对象打过交道。消息的政策性也比较强，当时心里不免“七上八下”。好在有一位电台的记者也来采访，我们边听边商量边写，座谈会结束时总算把稿子赶了出来。

另一次是“外行报道”——采写足球赛消息。我本来不是体育“热心分子”，在学校里连当时的“劳卫制体育锻炼标准”都未达到，对足球更是外行。但实习计划里偏偏有一项“采写体育比赛消息”的任务，只好硬着头皮“上场”。那场球是旅大队对沈阳队。双方龙争虎斗，观众喝彩助威。本来“内行看门道”，我却是“外行看热闹”，但见输赢，不得要领。多亏报社安排周到，派了一位摄影记者一同前往，靠他的指点，我才抓了几个进球镜头，做了几句“文章”，写出一条不足300字的消息交卷。

写稿要花工夫，伤脑筋，组（改）稿，调查读者来信以及退稿（都是实习计划之内的任务）也不容易。为了去皇姑屯组一篇稿，单是等公共汽车就花了一个钟头，还挤得满身大汗。到了那里，因为要找的学校没有挂牌子，东寻西找老半天才“碰”上，可是组稿的对象——一位教师偏偏又不在；到他家里登门拜访，也吃了闭门羹。如此这般，一直拖到下午才终于见面，落实了组稿的事。谈话前后不过二十分钟，“跑腿”却花了三个钟头！至于处理退稿，则往往苦于提不出“恰如其分”的意见，因之抓耳挠腮，冥思苦想……但这种种“辛苦”并没有白费，它使我亲身体会到：编辑、采访工作包含着丰富的内容，其中每个环节，都是办好报纸所不可缺少的，都必须认真对待。

实习期间，除了在学习和实践采编业务方面很有收获外，报社上上下下那种一心一意扑在报纸上，不满足于现状，力求有所创新的精神，那种雷厉风行、严谨细致的作风，对我来说，都是难得的“身教”，印象深刻，得益匪浅。

我不会忘记。从报社领导到编辑、记者和其他工作人员，都有一股争分夺秒、奋力拼搏的劲头。一次，我吃过晚饭后，想趁休息时间找组长陈敏同志谈一件事情，谁知他并未下班，坐在办公桌前，右手握笔，左手抓着馒头，边啃边改稿。谈话只好改期，但这个情景却深深地印在我的脑海中，在以后的一段时间里，成为推动我克服困难、刻苦工作的一股力量。

我同样不会忘记政教组从领导到编辑、记者，对我们这些实习生像哥哥姐姐一样，既关心爱护，又严格要求。他们鼓励我：“不仅要多写，更要多跑，多看，扩大视野。”还提醒我：采访时千万不能爱面子，该问就大胆地问，一回生，二回熟，功到自然成。我至今还记得赵川同志风趣地向我们介绍她首次采访的情形：见面先鞠个躬，问声“您好！”然后“自报家门”……

转眼之间，30年过去了。我走上新闻工作岗位也快到30年。在大学新闻专业学习的课程，给我从事新闻工作打下了一定的基础。毕业后，通过新闻工作的实践，也积累了一些经验和教训。然而，这些都不能代替我在沈阳日报社实习的收获。我始终认为，实习生活虽然只有短短一个多月，却是我走上新闻工作岗位之前的一次有意义的练兵。在沈阳日报社，我上了新闻工作实践方面难忘的第一课。

1986年

点评与求疵（组文五篇）

情景交融意蕴深——《柯达“老爷机”趣拍两会全家福》浅析

广东省九届人大一次会议开幕式后，全体代表和有关人员按照惯例，在广州中山纪念堂广场合影留念。《羊城晚报》记者张洪潮、董育芳抓住这件“例行公事”，写了一篇新闻特写：《柯达“老爷机”趣拍两会全家福》。这篇特写“切题”巧，立意高，取材精，文字活，围绕现场拍照过程，及时、生动地宣传了大会精神。笔者作为当时参加合影者之一，读来倍感亲切。

“切题”巧

记者的笔触首先落在摄影师使用的照相机——特别是其中一架“年逾花甲”的柯达“老爷机”上面，点出它“机身十分破旧”，每次拍照还要人工上足发条。但这些描述是为了反衬出“老爷机”不平凡的资历：“它拍的‘全家福’，却是历届‘两会’的形象见证”；也为了烘托出拍照现场的气氛：在取景框里，“尽管千人千面，但喜悦的心情却是一样”。通过这些，把读者的眼光吸引到拍照现场，兴趣盎然地注视着这里发生的事情，亦即记者准备重点落墨之所在。抓住一架有特色的摄影机这个“切口”，“不露痕迹”地进入正题，此之谓巧。

立意高

仅仅写用“老爷机”拍“全家福”这件事本身，固无不可，甚至也能写出一定“趣味性”来，毕竟没有跳出“就事论事”的圈子。《羊城晚报》这篇特写的高明之处，恰恰在于它能够围绕拍照这件事，及时传达了刚刚开幕的省人大九届一次会议的有关信息，从某些侧面宣传了《政府工作报告》的精神，人民代表大会制度的不断完善和新老干部交替制度的深入人心。它提炼的主题与本次人大会议的主要任务扣得很紧，包容的内涵是丰富的，大大超出了“拍照”本身，此之谓立意高。

取材精

要通过拍“全家福”，阐明上述重要的主题，选材是关键。而拍照现场的情况是：场面大，人多，时间紧，不可能进行全面深入的采访；报纸有限的篇幅，也不允许罗列过多材料。这就要求记者眼光敏锐，目标明确，行动迅速，在最短时间内把有助于阐明主题的人和事挖掘出来。

记者抓住拍照前的空隙，现场采访了两位人大代表。一位是本届新当选的代表、广州师院党委书记，他谈的是刚刚听完省长作的政府工作报告的印象，突出了对“广东科技综合实力跃居全国第三位”的感受。另一位是不止一次参加人大会议的广州市市长林树森，通过他的谈话中所作的过去与现在人大作用的对比，说明人大监督作用明显加强，依法办事正在落实。

记者还捕捉到这样一个镜头：现任副省长汤炳权和老省长梁灵光愉快交谈。汤说：“广东有今天的好局面，真要感谢早年为广东改革开放奠定坚实基础的老同志啊！”似乎是为了把汤炳权话中包含的“新老交替”“承前启后”的意思加以延伸和深化，下文接着“推”出了另一位老干部，他“向记者明言，自己就要卸去现职”，并表示：“做官有上就会有下，而只有友谊是长存的。”话中透露的，又岂止是个人去留而已?

就是这么几个人物及其言谈，再加上穿插全篇的那位操纵“老爷机”的摄影师陈远昌，“撑”起了整篇特写，从不同的角度，较好地阐明了主题，选材不可谓不精。

文字活

这篇特写的文字明白流畅，紧凑平实，没有刻意的铺排或渲染，却又不乏富有现场感的趣笔，如：每拍一次，陈远昌都要给“老爷机”上足发条，“这情景，逗得包括省委书记谢非在内的大多数合影者都笑出声来”……

文章的首尾，也颇有意味：开头“昨天是照相的好日子”，虽只一句，却对全篇的内容起到不可缺少的提挈作用。结尾尤具匠心：把拍照背景的“天下为公”4个大字“推”到读者眼前。联系到本次人大会议及其代表所负重任，乃至整个人大制度的历史使命，人们怎能不认真掂量一下这4个大字的分量！称其为“点睛之笔”，亦不为过。

对这篇特写，也可以挑出某些有待斟酌之处。例如，假若能够通过代表之口，针对在跨世纪之交召开的本届人大会议承前启后的重大意义和作用，谈一点具体感受，则文章的意境就将“更上一层楼”。

关于人大的新闻报道，由于人大制度本身特点的要求，难度较大，不易写“活”。这篇特写的实践，无疑是既有意义又有成效的。

1998年

框框·胆识·新闻眼

8月21日凌晨，一名歹徒闯入著名粤剧表演艺术家红线女家中抢劫，红线女在与歹徒搏斗中负伤，歹徒被民警开枪击中擒获（以下简称“8·21抢劫案”）。次日，广州地区各报纷纷报道了这一新闻。

这条新闻是“通稿”。因此，多数报纸都是全文照登。文末除通讯员署名外，有的报纸还加上了本报记者的名字，但内容并无改动。只有《粤港信息日报》和《人民日报·华南新闻》，在基本内容与“通稿”一致的情况下，把“红线女遭入室抢劫”放在导语的首句。而其他各报刊登的“通稿”中涉及红线女的内容，则被放在最后一段，导语一字未提。

这条新闻的标题，见到的七份报纸中，《南方日报》的标题是：《广州警方快速反应（眉题） 抓获一名入屋抢劫歹徒（主题） 疑犯李伟拒捕被击伤后人赃并获（副题）》。《羊城晚报》《广州日报》《新快报》《南方都市报》的标题，与《南方日报》大同小异，看来均根据“通稿”原题。与此不同的，也只有前面提到的两家报纸。《粤港信息日报》的标题是：《红线女家中遇劫受伤（主题） 警方当场擒获劫匪（副题）》。《人民日报·华南新闻》的标题是：《红线女家遭抢劫（主题）疑犯李伟拒捕被击伤后人赃并获（副题）》。

一名歹徒入屋抢劫，如今已算不上什么特别抢眼的新闻。“8·21抢劫案”之不同一般，除民警反应及时、快速擒贼之外，还因为被抢劫的是知名人士红线女的家，而且红线女在与歹徒搏斗中负了伤。否则，公安部门可能也不会专门召开新闻发布会并发出“通稿”。既然如此郑重其事，自有其认为“有此必要”的考虑。因而，各报对“通稿”照登不误，也是顺理成章之事。问题是，新闻内文相同，标题是否也必须如现在这样，除个别报纸外，几乎千篇一律，而且没有标出最具新闻性的内容——红线女家被抢劫。换句话说，“红线女”三字可否在标题中出现？从这条新闻的内容看，不仅可以，而且必要。说它“可以”，因为有新闻事实为据；说它“必要”，因为“红线女家被抢劫”应当是这条消息中最引人注目的“新闻眼”。设身处地，作为读者，看到“通稿”原来的标题，不一定个个都立即引起特别关注，甚至可能一晃而过。看到《红线女家遭抢劫》的标题，则绝大部分人非看个究竟不可。因此，在遵守新闻宣传纪律·服从（配合）有关部门安排的前提下，对“通稿”原文（或基本内容）照登不误的同时，也不能不考虑到，新闻报道毕竟还有其自身的规律，在新闻编辑手法上大有发挥之余地，完全可以以新闻事实为依据，把标题尽量“做足”，使应该突出的内容得到突出。在“8·21抢劫案”新闻标题的处理上，《粤港信息日报》和《人民日报·华南新闻》已经这样做了，其新闻效应比之“千篇一律”的标题如何？一看便知。《广州日报》后来就另一条相关新闻，把标题做成双主题：《红线女勇斗歹徒　众民警快速擒贼》，可称不失“两全其美”。《羊城晚报》后来为一条相关新闻做的标题，也出现了红线女的名字。可惜这两条标题都是与案发时间相隔数日的“回顾”了。

看来，通过标题制作，达到既不违背“通稿”要求，又可提高新闻效应的目的，并非难事。而能否做到，主其事者能不能一切从实际出发，有没有敢于突破某些框框的胆识和果断及时的魄力，则是关键。

顺带提一下香港《文汇报》对“8·21抢劫案”新闻的处理情况：放在8月22日“中国新闻”版头条位置，主题是《红线女力抗劫匪受伤》（套红色），副题是红线女受伤及治疗情况。内文还“围”着一条标题：《劫匪被警枪伤就擒》。这种编辑手法，当然只供参考，但从中不也可以得出一些必要的启发吗？

2000年

一条新闻　三样写法

1997年4月下旬，由广东省民主党派主要领导人组成的调查团，就廉政建设和公安队伍警风建设问题，到东莞、深圳两市进行了为期6天的调查。6月18日晚，广东电视卫星台《全省新闻联播》节目播发了当天下午召开的关于此次调查情况汇报会的新闻，通过新闻播音员之口，“点”出了调查中发现的一些问题。由于是出自民主党派的调查结果，且比较具体，过去少见，因此颇为引人关注。然而，电视新闻只能一听而过（屏幕上则全是开会场面），欲作进一步了解，唯有求诸次日报纸。

6月19日上午，首先看到的是《南方日报》。上述新闻登在头版右上角，标题是：《加强监督搞好廉政（主题）张帼英等听取民主党派负责人汇报调查情况（副题）》，位置显著，篇幅也不算短（近600字），读后却令人失望！对于核心内容——民主党派负责人对东莞、深圳两市的调查情况，这条新闻只用了两句话作交代：“充分肯定了两市在廉政建设和公安队伍警风建设中取得的成绩，并对存在问题提出了意见和建议。”至于存在什么问题（电视新闻中已经“点”到一些），则只字未提。关键之处如此简略，非关键之处却不惜笔墨——全篇四段文字中，汇报会主持人和与会者的名单竟占了整整一大段。如果加上导语中出席汇报会的中共广东省委几位领导同志的名单，则几乎占了整个篇幅的一半。长名单中，既有现职的，也有非现职的。有些是一个人几个头衔，也照数全登。读罢全文，留下最突出的印象是一长串头衔和名字……

接着看到《广州日报》。相关新闻登在二版，标题的主题是《既要自律　也要他律》，副题与《南方日报》基本相同。篇幅比《南方日报》略短，内容却显得较充实。在报道调查团提出的问题方面，不仅指出“领导干部廉政自律仍然是反腐败三项任务中的薄弱环节”，而且有事例：“深圳市小汽车超标有回潮”，以及“深圳水务局居然在水源一级保护区内划地作为钓鱼台，造成污染”。在公安队伍警风建设问题上，则指出“警员素质低，警力严重不足”——关于后一点，还有东莞、深圳两市警力有关数字为据。新闻还报道了调查团建议的具体内容：要以法治腐，加强对国有企业领导班子的监督，防止国有资产流失等。《广州日报》这条新闻的另一特点是：名单从简。除出席汇报会的省委、省政协几位领导同志外，其他名单一概不登。这种做法可谓“大刀阔斧”。不过，把在会上代表调查团作汇报的省九三学社副主委的名字也一并省略了，似乎有点“过头”。

下午看到《羊城晚报》。相关新闻登在一版右上角，标题的主题是：《反腐倡廉要常抓不懈》，副题与两家日报大致相仿，篇幅与《南方日报》差不多。这条新闻对两个基本事实交代得很清楚：一是这次调查活动是省委统战部“首次组织”的；二是参加调查者都是“省各民主党派主要领导”（后者《广州日报》也提到了）。从而使这条新闻本身的报道价值得到应有的强调。不足的是，对于调查中发现的问题，只用“着重指出了一些存在的问题”一笔带过，没有像《广州日报》那样，具体点明。至于调查团的建议，写法则大致如《广州日报》。这条新闻也写了出席名单，但只用“省各民主党派领导以及调查团成员”这个“总头衔”就把一大串名字都“统”进去了。看来，写这种新闻，对应见报的名单用如此手法处理，还是较为稳妥的。

一条新闻，三样写法，各有短长。若问：作为读者，你觉得哪一条较合“口味”？回答是：《广州日报》的加上《羊城晚报》的，把这两条新闻“捏”在一起（当然要去掉重复内容），较有“看头”。原因很简单：同一条新闻，不同报纸的写法尽可以有别，但有一点要求应当是共同的：最主要、最基本，亦即读者最关心的内容，不能漏掉。读者希望知道而又应当知道的新闻事实，总该通过传播媒介尽可能地得到满足。

1997年

“国土部长买不起房”？

7月13日，广州地区几家报纸都刊登了一条内容相同的新闻：在国务院新闻办举行的新闻发布会上，新任国土资源部部长、国家土地总督察徐绍史回应房价高企难控等热点问题。各报对此消息的处理手法虽不完全一样，但不约而同都对“国土资源部长买房”一事作了比较突出的安排，单独做了标题。且看其中一部分：

《新任国土部长感叹买不起房》（《羊城晚报》A5版，主标题）；

《国土部长买不起房》（《新快报》A1版“导读”标题）；

《国土部长：我也买不起房》（《广州日报》“导读与索引”版标题）；

《新任国土部长：我也买不起房》（《广州日报》A7版，主标题）。

其中，《羊城晚报》A5版和《广州日报》A7版的大字标题，都分别占据头条位置。

一眼看到这些标题，似乎徐绍史虽然官至国土资源部部长，还不如许多普通公务员，连一套住房都买不起，其实非也！《新快报》在A18版刊登相关消息时，标题就与该报“导读”不同：《国土部长称买不起第二套房》。包括《新快报》《羊城晚报》《广州日报》在内，刊登的相关消息内文，都引用或部分引用了徐绍史部长的话：“我现在已经有一套房了，暂时还没有买房的考虑，恐怕也买不起第二套。”

与以上情况不同，《南方日报》和《南方都市报》在刊登相关新闻时，标题都如实标出：《我也买不起第二套房》（两报均无另作“导读”标题）。

同样一条新闻，为什么有些报纸的标题切合实际，中规中矩；而有些报纸的标题（尽管有的只是“导读”题）却没有能做到这一点，甚至难免有“误导”之嫌？《国土部长买不起房》之类的标题，也许会吸引读者的眼球于一时，一旦他们弄清真相（徐部长说的是“买不起第二套房”）之后，又将作何想？题文必须相符，这是做新闻标题的起码要求。求真务实，在做新闻标题（包括“导读”题）时同样不能忘记。

2007年

反映时代　彰显特色
——’97中国晚报新闻奖评析

1997年度中国晚报新闻奖评选，于今年4月在温州市举行。由中国晚报工作者协会主办的这一活动，从1994年度开始，至今已举办四届。具体负责评选工作的是中国晚协学术委员会。

全国共有115家晚报送来本届新闻奖参评稿543篇。在学术委员会会议上，按照原先确定的中国晚报新闻奖评选基本标准，即：“导向正确，题材重要，真实准确，新鲜及时，文字精练，可读性强”。首先对经过初选的424篇送阅稿（会前均经过学术委员逐篇审阅）进行综合分析和评议，确定了’97中国晚报新闻奖入选篇数，规定了字数限额（消息700字，通讯1500字，评论500字）。然后，对送阅稿集体逐篇过滤，筛选出特等奖和一等奖的入围稿共95篇。在这个范围内，按照已定的特等奖（15篇）和一等奖（60篇）入选篇数，再次筛选出正式候选稿75篇，由学术委员进行无记名投票，根据得票多少，选出特等奖15篇，一等奖60篇。整个评选过程严谨、公正、细致。

’97中国晚报新闻奖参评和获奖作品的质量，比过去几届有了进一步提高，涌现出一批时代感强、晚报特色比较鲜明的好稿。具体表现在以下五个方面：

一、及时、正确地报道了1997年在政治、经济等领域发生的重大事件

党的十五大召开、邓小平同志逝世、香港回归、长江三峡截流等大事，在参评作品中都得到及时反映，既有声势，又具特色。一些公众

关心、影响广泛的重要题材，如国有企业深化改革、下岗职工再就业、反腐倡廉、打假、扫除黄赌毒等，也得到应有的关注，视野广阔，焦点集中。

二、经济新闻报道有所突破，不仅数量增加，而且报道面较广，触及一些重要、新鲜、敏感的问题，是'97 中国晚报新闻奖参评作品的一个显著特点

新闻宣传应当围绕经济建设这个中心，晚报自不例外。如何结合自身特点搞好经济报道，使之在反映客观现实过程中，努力做到贴近生活，贴近群众，不少晚报对此进行了积极的实践和有益的探索。

《钱江晚报》的消息《冯根生，该不该持300万股？》，就是其中一篇。它通过杭州一家公司在实行“工者有其股”的过程中，为企业发展作出了重大贡献的厂长冯根生能否比其他职工持有更多股份这件事，提出了在贯彻十五大精神，进行深化改革中，一个必须重视和加以引导的问题（此事直到今年6月才得到圆满解决）。该稿获得'97中国晚报新闻奖一等奖。

假冒伪劣商品，为害极大，人所共愤。《西安晚报》的通讯《鞋岂能治百病》，用事实揭穿了吹嘘“鞋能治百病”、使一些群众受骗上当的“神鞋”老底，使其曝光于众目睽睽之下，为维护消费者的利益、建立正常的市场经济秩序立了一功。此稿获得特等奖。还有一些获奖作品，涉及企业兼并、商标被抢注、减轻农民负担等问题，也都有针对性和可读性。

三、关于社会主义精神文明建设的报道和多样化的社会新闻，继续占有突出的位置

这方面的报道，历来是晚报的强项，在'97中国晚报新闻奖的获奖作品中，又呈现出一派多姿多彩的景象，涉及面更广，可读性更强。

构架良好的生活环境、建立文明友爱的人际关系、关心青少年的健康成长，以及揭露、鞭笞种种与公德法治背道而驰的丑态罪行等，都被一一列入主题。《河西区98％楼道灯亮起来》（消息，《今晚报》，特等奖）、《救救我的中国丈夫》（消息，《新晚报》，特等奖）、《青海，你不能穷得连套书都买不起》（消息，《西宁晚报》，一等奖）、《一个错拨电话救了四条人命》（消息，《乌鲁木齐晚报》，一等奖）、《见义勇为误了回厂时辰　老板动怒炒了可敬青年》（消息，《珠江晚报》，一等奖）、《一口痰引发的震动》（消息，《合肥晚报》，特等奖）、《为劝父改邪归正一少年恸然留下绝笔》（消息，《扬子晚报》，特等奖）、《不给100元，这锁不能开》（消息，《大连晚报》，一等奖）等，仅从标题，便不难想见其引人注目、发人深省的内容。

四、选准独特的、读者喜闻乐见的“切入点”，巧妙构思，精心落笔，反映重要内容，深入挖掘主题，是加强宣传报道效果、体现晚报特色的一个重要手段

’97中国晚报新闻奖的一些获奖作品，都注意并且善于在这方面做文章。《一场迟映的电影》（《淮海晚报》，特等奖），是一篇短通讯。它通过电影放映员应农民观众的迫切要求，临时设法换片，放映描述邓小平同志光辉业绩的《百色起义》，以致电影晚上10时才开场，而观众一直安心静候这件事，生动地反映了邓小平同志逝世后，人民群众对他的深切怀念。事情虽小，阐明的却是一个重大主题。《十八万公务员冒雨上班》（消息，《羊城晚报》，特等奖），抓住香港回归、特区政府成立后首个工作日早上这一时刻，报道从政务司司长等高级官员开始，18万公务员冒雨准时甚至提前上班。通过这件看似平常、实不平常的事，令人信服地说明，香港回归祖国是人心所向，回归后各方运作正常。《孩子为什么这样懦弱？》（通讯，《沈阳晚报》，一等奖），写的是一位女教师为了保护学生而遭歹徒殴打，在场的7名初二学生却无一人敢于挺身相救或报警求援，揭示出当前一些学校重应试教育、轻素质教育造成的后果，提出了一个值得严肃思考的问题。此外，还有反对做表面文章的《“模特猪”被宰记》（通讯，《兰州晚报》，一等奖），反映做了好事反遭误解的《“找车大王”王双喜陷入困惑》（通讯，《鸭绿江晚报》，一等奖）等。

五、切实注意新闻时效性，千方百计，争分夺秒，突出一个“新”字

获得’97中国晚报新闻奖特等奖的作品中，几篇反映重大事件的报道，都是当天新闻。包括：《面对新世纪充满信心——中央政治局常委与中外记者见面纪实》（特写，《新民晚报》），上午11时40分开始会见，记者12时20分发稿；《万丈长缨今日缚龙》（消息，《武汉晚报》），上午8时57分大江截流开始，记者10时发稿；《十八万公务员冒雨上班》（消息，《羊城晚报》），写的是当天上午9时前后在香港发生的事。此外还有：《刘善忠上午被移交台湾有关方面》（消息，《厦门晚报》，一等奖），劫机犯刘善忠被移交的时间是上午10时45分；《沪宁高速路常州段今晨发生特大交通事故》（消息，《常州晚报》，一等奖）等，也是当天新闻。

新闻时效性十分重要，对晚报来说尤其如此。因为它是体现晚报特色、增强竞争力的一个重要手段。加强新闻时效性，不仅值得认真去做，而且是应当努力去做的。

’97中国晚报新闻奖的成绩令人鼓舞。再接再厉，刻苦精心，相信今后的中国晚报新闻奖必会有更大的收获。

1998年

量力而行做“老编”

做“老编”，是指我1998年离休之后，在一段时间内，继续从事与编辑这行有关的一些事务。其中，主要涉及老记协。现选取其中两宗，略加铺叙。

其一：2002年，是《羊城晚报》创刊45周年。羊城晚报老记协决定，编印一本会员自选作品文集，作为社庆献礼。为此，组成六人编委会，我是其中一员。

征稿启事一经发出，反响热烈。会员们纷纷行动，踊跃投稿。其中既有报社历届老领导，又有多年奋战在采访第一线的老记者和长期“为他人作嫁衣裳”的老编辑。

编委会成员分工逐篇仔细阅稿，对于部分不完全符合要求的，退回作者补充修改。最后，文集共收入会员作品245篇。其中，绝大部分曾发表于《羊城晚报》及其子报。

有两件事，费了一番斟酌：一是作者顺序如何排列？几经研究后决定，除杨奇（《羊城晚报》创办人之一，曾长期担任总编辑）和许实（《羊城晚报》复刊后第二任总编辑）两位排在前面之外，其余均按姓氏笔画为序。每位作者的作品前面，均刊登一张生活照片和一篇简介。

二是书名。在广泛征求意见的基础上，定名为《老记文存》。大家认为，这个书名既朴实无华，又具本身特色。

文集出版，得到羊城晚报报业集团的大力支持。时任集团社长许光辉为文集作序，认为此书是羊城晚报的“缩影”，对其中作品给予中肯评价。

《老记文存》全书46万多字。羊城晚报老记协会员们捧起这部厚达

663页的“巨著”时，十分高兴，亲切地称它为“大砖头”。

其二：2006年10月，是广东老记协成立20周年，理事会决定出版纪念特刊。编辑组成员7人，我是其中之一，并担任执行编辑。

理事会要求：这本特刊应在《广东省老记协10周年纪念特刊》基础上，更加丰富多彩。纵的方面，力求比较周详地记录省老记协20年来前进的足迹；横的方面，则争取尽可能广泛地涵盖各会员单位和广大会员。

根据这一要求，我和编辑组同志起草了特刊内容的大纲，并编成目录，经理事会同意后开始组稿。

特刊首篇《和谐温馨二十年》，由时任会长马镇坤执笔，全面回顾了省老记协20年来的经历，总结了在老记协工作中实践探索的体会。此文经集体讨论定稿后，以理事会名义刊出。

特刊的内容之一，是关于省老记协的基本情况，包括大事记、章程、理事会名录、会员名录，概括的时间较长，牵涉面较广，甚至比较“琐碎”。编辑组在处理过程中，力求做到详尽准确，使之成为比较全面、经得起推敲的资料。

特刊还专门辟有专页，把已逝世的名誉会长、会长和会员名单逐一列出，以示深切怀念。

特刊约请一些会员单位撰写“会员活动扫描”，配以相关图片，使广大会员参与老记协活动的情景得以展现。

林若等广东省历届老领导为省老记协20周年挥毫题词，杨奇等新闻界前辈撰写文章，都使特刊显得更为充实、厚重。

会员美术摄影作品选《彩笔快镜绘新图》，刊出几十幅佳作，琳琅满目，为特刊的“丰富多彩”增添了浓重的笔墨。特刊名称《传故启新葆青春》，是集思广益而成，并请时任中国记协主席邵华泽题字。由于我与邵老相识，便由我与他联系，提出题字请求（同时由省老记协另发专函）。邵老爽快答应，欣然命笔。

在省老记协20周年庆典之际，特刊如期面世。此时，经过编辑处理的各种原稿、校样等，已经积存了几大纸袋，与印刷精美的特刊一起，似乎在为编辑组付出的辛勤劳动作证。

除上述之外，我还参与了《新世纪抒怀》（广东省老记协编，2001年）、《与时代同行》（羊城晚报关工委、老记协编，2007年）等“老”字号书刊的编辑工作。

离休之后，再做“老编”，无非是根据有关需要，量力而行，略尽绵薄而已。另一方面，继续从事一些个人感兴趣、也相对熟悉的事情，可以使自己不至于完全脱离实际，也使离休生活得到充实。

随着年事日高，“老”字号工作担子终于完全卸下，我的再做“老编”生涯也告一段落。我期待着并且深信，一定会有更多、更精彩的“老”字号书刊继续呈现在人们面前。

2016年

Ⅲ 通讯·特写·散文

攀登新的高峰

——访十三大代表、深圳市委书记李灏

党中央的报告普遍地、全面地总结了十一届三中全会以来改革、开放的历史经验，明确肯定我们已经找到了一条建设有中国特色的社会主义的道路，并且号召全党和全国人民沿着这条道路开拓前进。——在出席十三大的广东代表讨论中，深圳市委书记李灏用这样概括的语言，表达了自己的看法。

这个看法是有根据的。9年来，尽管有人用自己的眼光看待经济特区，深圳还是在党的领导下，沿着建设有中国特色的社会主义道路，开拓前进。在坚持改革、开放的开拓者行列中，深圳占有突出的位置。

学习了报告，李灏对改革和开放的前景更加充满信心，他对记者表示，深圳要拿出加快和深化改革的措施来，那就是抓紧发展外向型经济。作为内部条件，还必须扎扎实实地搞好政治体制改革。

回顾深圳走过的道路，李灏的心情很不平静，他说，深圳经济特区从建立到1985年底，算是第一个阶段。这6年时间，打基础，搭架子，搞基建，形成了初步的良好投资环境。工业年产值从建立特区前的六千多万元，跃增至1985年的二十多亿元。

从去年开始，深圳又踏上新的台阶——进入建立外向型经济阶段。李灏说，这个阶段大体上需要五六年或更长一点时间，主要任务是抓生产，上水平，求效益，同时解决上一阶段的遗留问题。去年，深圳在经济领域着重抓了调整、整顿和理顺关系这件事。基建规模比前年压缩了

三分之一，18层以上的楼宇停建、缓建了51座。与此同时，增加了工业投资。

李灏说，在建立外向型经济过程中，深圳通过外引内联等手段办了许多工业，并且明确提出“依靠全国，服务全国”的方针。去年全市工业总产值比前年增长12.5%，今年比去年可望又有较大幅度增长。去年的出口总额中，本地产品占70%。工业产品一半以上出口。他说：照这样发展下去，到1990年，深圳的外向型经济将具有一定的规模。

李灏说，深圳在第二阶段要抓的另一件事，是通过改革把政治、经济、文化体制的框架树立起来。他指出，深圳的经济体制改革起步早、步子大，就其深度和广度来说，目前仍走在全国的前面。与此相适应的政治体制改革，也开始迈出步子。如今，深圳的机构比较精简，对下放权较多，党政分开也着手去抓，并且开始把竞争机制引进干部制度中来。包括所有权与经营权分离等内容的企业体制改革，也摆上了议事日程。

报告中关于要进一步扩大对外开放的广度和深度，不断发展对外经济技术交流与合作的论述，使李灏很受鼓舞。他认为，深圳的改革要深入下去，有必要首先明确这样一些问题：在加快和深化改革，建设有中国特色的社会主义的过程中，特区究竟应当扮演什么角色，占有什么地位，发挥什么作用，然后才能明确特区应当实行什么体制，被赋予什么权限，实行什么政策。李灏说，在加快和深化改革中，特区作为“基地”和“窗口”的作用，应该得到进一步发挥。怎样发挥？李灏认为，报告中指出：“经济特区的改革，可以有更大的灵活性”，“落实优惠政策，改善投资环境，使外国企业家能够按照国际惯例，在我国经营企业，以吸引更多的外来游资”。这对特区建设有着现实的指导意义。他说，深圳和香港在地理上连在一起，这个特殊地位是其他地方代替不了的，在世界上也很难找到第二个。我们应当充分利用这个有利条件，发展经济交流，借鉴外面经验，推动国内改革。

李灏还强调：在加快和深化改革中，深圳要把技术开发放在重要的位置上，起到“技术转移地”作用。深圳欢迎科技人员带技术来办企业，合营、独资、个人办都可以，也欢迎技术入股。这样的企业，目前已经批准了30多家。

在十三大精神鼓舞下，站在新的起点上，努力攀登新的高峰——这就是李灏和广大特区建设者们的共同心愿。

1987年

为“评功摆好”正名

——任仲夷同志一席谈

春节前夕，一个寒气袭人的上午，原中顾委委员、中共广东省委第一书记任仲夷同我们谈起了一个30多年前的“热门话题”——“评功摆好”。

任老是从《羊城晚报》谈起的。他说：“20世纪60年代初期，我在东北工作时，就爱看《羊城晚报》。1964年上半年，《羊城晚报》配合当时正在开展的‘评功摆好’活动，进行了不少宣传报道。我看后还把一些文章剪存下来，但‘文化大革命’中都被‘造反派’抄走了。”

年纪较大的人还会记得：与“学大庆”联系在一起的“评功摆好”活动，当年曾经广为推行。各行各业，尤其是工厂企业，都把“评功摆好”作为搞好政治思想工作的一种好方法。《人民日报》也曾为此发表社论，提出要广泛开展群众性的评功表扬活动。然而，过了一段时间，“评功摆好”活动却沉寂下来。到了“文化大革命”期间，“评功摆好”更成为一些领导干部“宣扬阶级斗争熄灭论”“推行修正主义路线”的一条“罪状”……

对此，任老记忆犹新。当年，他作为中共黑龙江省委书记（分管工业）兼哈尔滨市委第一书记，对于出自本省的大庆经验之一的“评功摆好”情况十分了解：它是在大庆油田进行总结评功活动的基础上发展而成的，并且逐步扩大到各个地区和行业。任老曾经亲自带领干部到大庆去学习考察“评功摆好”，并且积极推广；后来又为此挨了批评，在“文化大革命”中更吃尽了苦头。但任老至今不悔，他郑重地提出：“应当为‘评功摆好’正名！”

任老认为，对“评功摆好”要有一个全面的认识。通过“评功摆好”，把广大职工群众中大大小小的成绩和优点都摆出来，使大家受到启发和鼓舞。实践证明，这是以正面教育为主，让群众自己教育自己，把每个人的积极性充分调动起来的一种好方法。

“‘评功摆好’绝不等于一味说好话。”——任老强调了这一点。他说，正确的“评功摆好”，首先是实事求是的，同时又是一分为二的。每个人既有长处，也有缺点。“评功摆好”就是要充分肯定和发扬每个人的成绩、进步和经验；不但要表扬先进人物，还要鼓励为数更多的一般群众，甚至连少数后进者的点滴积极因素也不漏掉。这样才能更好地把大家团结起来，同心协力，为实现既定的目标而奋斗。对于领导干部来说，掌握辩证的分析方法尤其重要。任老说，从当年他在黑龙江、哈尔滨工作时的情况看，开展“评功摆好”活动的单位，绝大部分都收到了积极效果。

任老说，“评功摆好”与克服缺点没有矛盾。缺点不能回避，也需要进行批评，但最好让当事人自己去讲。自我批评应当是发自内心的。表扬，既是热情的鼓励，又是严肃的鞭策。一个人受到大家的表扬之后，往往更会感到自己的不足，更自觉地克服缺点。另一方面，表扬一些人的优点，可以促使另一些人在对比之中看到自己的短处。不妨这样说：在表扬背后，也包含了自我批评。

任老的话题又回到《羊城晚报》。他说，当年《羊城晚报》对“评功摆好”活动的态度是鲜明的，作了许多报道，不仅有新闻，也有文章，还刊登了陶铸同志的有关讲话。这些，都给他留下了较深刻的印象。

循着任老的提示，我们翻阅了1964年上半年的《羊城晚报》。这一期间的版面上，陆续刊登了许多单位开展“评功摆好”活动的报道，其中有：广州氮肥厂、广州造纸厂、华南缝纫机厂、广州中山五路百货商店等，以及一些学校；在“小论坛”等专栏，发表了若干篇关于“评功摆好”的文章，题目有：《从“评功摆好”想起》《鸣锣开道》《两分法的妙用》等。尤为引人注目的是，这年3月27日的《羊城晚报》，在一版头条位置，用通栏标题报道了中共中南局第一书记、广东省委第一书记陶铸在同广州重型机器厂“五好”集体、“五好”职工代表座谈时的讲话。陶铸指出，要大力表扬先进，在认真搞好“评功摆好”的基础上，广泛树立标兵，开展“比学赶帮”竞赛。他说，表扬为主，是一种最好的调动积极因素的方法。只要我们把先进人物作为旗帜，大张旗鼓地宣传，并且对每个人的优点都及时表扬，就可以因势利导，使大家自觉地克服自己身上的消极因素，化消极为积极。只有在表扬为主的情况下，批评才能起到应有的作用。单纯采取批评斗争，把人家搞得灰溜溜的，这就难以推动别人进步。4月1日的《羊城晚报》，刊登了中共广州市委召开40个重点工厂座谈会的消息。包括陶铸在内的中南局和广东省、广州市负责同志出席了座谈会，并在会上提出：要认真开展“评功摆好”活动，目前还未开展活动的必须立即搞起来；凡是搞得马马虎虎的，必须再搞深搞透。

任老感慨地说：一度广泛开展、并且产生了积极作用的“评功摆好”活动，当时不仅得到像陶铸这样的各地主要负责同志的重视和推动，而且得到中央分管工业的领导同志的肯定，首先在工业战线加以推广。后来，这个活动却突然沉寂下来，直至偃旗息鼓。“评功摆好”从褒义词一下子变为贬义词，甚至被说成是吹牛拍马。当时，来自上边的意见认为：“评功摆好”是“学大庆学走了样子”。甚至有人说：谁要是再搞“评功摆好”就是“反党反中央”！东北局一位负责同志也找任老谈话，要他“好好想一想”“评功摆好”这个问题。对此，任老曾经百思不得其解，直到“文化大革命”开始以后才恍然大悟：根本原因在于，“评功摆好”为当时已经日益泛滥的极左思潮所不容。在“阶级斗争要年年讲、月月讲、天天讲”的口号越喊越响，而且被当成统率一切工作的“纲”的情况下，开展“评功摆好”活动，并且不分先进、后进一视同仁，强调群众自己教育自己，在一些人看来，当然是“干扰了大方向”，甚至“唱对台戏”，不是“反党反中央”是什么？但是，任老至今坚持认为，30多年前学习大庆的好经验，开展“评功摆好”，并没有学走了样子，至少在他当年工作的地方是如此。当时每个单位，在社教运动中仅仅用半个多月的时间搞“评功摆好”，而且产生了积极作用，究竟有什么错？至于“文化大革命”中有人诬蔑在劳改犯中也搞

“评功摆好”，说什么是“给牛鬼蛇神涂脂抹粉”，任老说事实并非如此。当时只是对犯人中那些确有悔改表现者给予适当鼓励，与“评功摆好”完全是两回事。任老认为，学习大庆经验当然不能生搬硬套。“评功摆好”也要结合本单位的具体情况，从实际出发。对某些人确实存在的比较严重的缺点和错误，群众很不满意，就不应当为他文过饰非，甚至“评功摆好”。在当时的大环境下，加上各单位情况不同、水平不一，“评功摆好”活动也难免出现过某些缺点，如有时不够实事求是等，但从总体来看，它起的作用是积极的。任老明确地指出：“‘评功摆好’不是贬义词，应当为它正名！”

任老意味深长地说：“评功摆好”这个词由“褒”变“贬”的过程，只是极左思潮泛滥造成的无数恶果之一。党的十一届三中全会以后，对“文化大革命”作了全面否定，但“评功摆好”尚未平反。今天提出要为“评功摆好”正名，是要把它的来龙去脉讲清楚、弄明白，还以本来面目，全面理解，明辨是非。作为一种方法，希望它能对改进工作、转变思想作风有所帮助。同时，还要通过这件事，看到极左思潮流毒之深广，要彻底清除它，仍然任重而道远！

1998年

（本文与容洁如合作，关国栋执笔，收入《1997—2007羊城晚报新闻作品精选》）

幸福全凭双手创

一见面，谭庄华就伸出黝黑的、有些粗糙的双手，和我紧紧相握——就是这双看来很平常的手，做出了许多不平常的事情：这双手把高粱和水稻嫁接在一起，还让形形色色的水稻种子互相杂交，培育出数以百计的优良品种；在这双手的辛勤栽培下，一株番茄结果两千多个；一株油菜结荚八千六百多个；一株芝麻结荚八百多……

像许多为社会主义事业作出了可贵贡献的人一样，这位怀集县冷坑公社农业科学站站长、曾经三十多次当选为劳动模范和先进生产者的共产党党员，一提到自己的成绩就十分谦虚地表示："试验研究的时间还不长，成绩也很少……"但他一一介绍自己的试验研究成果时，就越谈越兴奋，越谈越起劲，真是"如数家珍"。

不当"伸手派"

谭庄华正式搞起农业科学试验研究，是1958年"大跃进"中的事。那一年，他去汕头专区参观，在那里看到很多水稻良种。回头来再看看自己的公社，却年年都得伸手向外边要种子，费事费钱不算。许多外来种子往往不能适应当地条件，还影响了生产。

他决心自己动手培育良种。

"万事起头难"，最初试验杂交的一些品种，大部分没有成功，但也培育出了具有穗大、粒大等优点，过去却不受人们重视的"爱莲粳"；用嫁接方法培育出来的"高粱谷"，也初获成功。

有了这些经验，谭庄华去年便大搞特搞起来。为了寻求一种理想的水稻品种，他把各种不同类型、不同特点的水稻拿来杂交，两年来已经培育出来五十多种。其中可以肯定有推广价值的品种，都共有穗大、粒多、抗倒伏力强、产量高等优点。

他还特别留意搜集那些“野生”品种——自然变异种。看见地脚田基有什么特别高、特别矮，或是穗特别大的稻谷，从不放过。现在已经育成了二十多个品种。

外来的种子，他也细心对待，哪怕只有一粒谷、一条穗，也要想办法让它们落地生根，发芽成长。两年来他选出来的外来良种已经有一百五十多种。其中像“广场13”等已经在全社推广，增加了粮食产量。

处处动脑筋

谭庄华的脑筋并不单只用在水稻上。

冷坑公社以产土烟闻名，但是过去亩产不过一百二十斤上下，每株不过一二两重。谭庄华很不服气，去年，经过反复摸索，他抓住了人们过去不大注意的增产关键——分枝、分蕊，亩产一下子提高到三百一十五斤，并且还培育出每株重达一两斤的“烟王”来。

有些作物，像油菜、马铃薯等，当地过去都是“十种一收”，谭庄华也觉得没有道理。果然，又被他摸到了门路：在提早播种、精心管理之下，他培育出来每株结荚八千六百五十个的“油菜王”；马铃薯的亩产量也超过当地一般产量十倍以上。

那些当地从来未种过的作物。谭庄华也要试一下。他从别的地方拿来一些番茄籽，种了十几畹，细心地培土、剪枝，不但生长良好，还出现了每株结果两千多个的“番茄王”！

他还搞了各式各样的嫁接试验：有的上边长番茄，下边生马铃薯；有的一条藤上既生番茄，也长矮瓜……

谭庄华的试验研究，强烈地吸引着其他队和其他社的人们。当他们看到谭庄华培育的穗长一尺半的“高粱谷”之后，许多怀疑派不但心服口服，还纷纷责问自己的队长为什么不这样做。有些人甚至在参观时“不告而取”，把好的谷种悄悄拿走了一些……

爱场如家

“爱场（体检场）如家”，谭庄华当之无愧。

早上，社员们还没起床，他已经下到田里施肥、剪枝。晚上，社员们都收工了，他还留在田里，仔细观察作物生长情况。下雨天，别人都不出工，他还是照样下田，因为这时观察作物的变化更方便……

他的家离试验场不远，但却很少回去。一次，他有个孩子病了，妻子找他回去请医生，他刚刚要走，突然大雨倾盆，马上转身又奔向试验场，抢救作物。

对那个“内容丰富”的试验场，他已经产生了感情。他说：“一天不去心里都不舒服！”

“你来广州开会又怎么办？”我问他。“当然有办法。”原来，在孜孜钻研的同时，他还培养了不少徒弟和助手。一个年方15五岁的高小毕业生，不到一年工夫，已经跟他学会了嫁接等许多技术。至于那些队长，更是他的得力助手。

一往直前

在向农业科学进军的道路上，谭庄华并不是一帆风顺的。

他最初搞一些杂交、嫁接，屡试不成的时候，有些好心人劝他：“算了吧！何必枉费心机！？”有些人挖苦他：“孙悟空才七十二变，你比孙悟空的变化还多！”个别坏分子甚至偷偷地破坏他的试验研究成果。

谈到这些，谭庄华语重心长地说：“失败，是早就想到的事，这正说明工作还做得不够，只有下更大的决心，重新做起。”

的确，这位共产党员从来没有动摇过。

他相信党。从解放后参加土改，带头组织互助组起，党叫怎么做，他就怎么做。党指出：良种对于实现大面积高产有着特别重大的意义，是农业生产上一项非常重要的长期性的基本建设工作。他就按照党的指示，千方百计地去寻求良种。

他相信实践。一次不成，再来二次；越摸索越熟悉，越熟悉劲头越大。同时，他也挤出时间来学习一些农业科学技术书刊。这个只念过三年小学的人，几年前连什么是嫁接都搞不大清楚。现在不但搞出了许多试验研究成果，在红专学校里，他还能把农业技术课讲得头头是道。

但是，谭庄华能够在向农业科学进军的战斗里取得一些成绩，更主要的是由于认真执行了“八字宪法”。

繁育和推广良种，本来就是“八字宪法”的重要组成部分。谭庄华在试验研究过程里，又处处都应用了“八字宪法”——特别是土、肥、管三个字。“番茄王”“芝麻王”“水稻王”……都是多培土、勤施肥的产物。至于精心管理，那更是项项试验都离不开了。

党指出了奋斗的方向，“八字宪法”是打开困难之门的钥匙，在不断的实践中又积累了越来越多的经验，剩下的只是一个字：干！

谈起了今年的雄心大志，谭庄华显得有些激动了：

今年，要培育出五百种水稻良种，要更大规模地进行水稻和各种薯类、瓜类的杂交、嫁接试验……

到现在为止，他又已经培育出新的水稻杂交品种十三个，其中包括水稻同高粱、南瓜、金瓜花粉杂交。这个品种的特点，将是穗大粒也大。

谭庄华还告诉我：为两年后水稻更大面积丰产所做的准备工作——塘埔矮、矮脚南特等优良品种，都已经开始繁育了！

道别的时候，我再一次紧紧握住谭庄华黝黑的，有些粗糙的双手——我完全相信：这双看来很平常的手，一定会创造出比从前更不平常的事迹！

1960年

“粮食卫士”徐生

徐生带我来到粮仓。

早就听说，徐生在保管、检查粮食方面有一套过硬功夫。他走进仓库，用鼻子一闻，就知道仓里的粮食有没有问题；用手一摸，就知道粮食是否在“发烧”；用耳朵一听，就知道粮包里是否有害虫捣蛋（在害虫较多的情况下）；用口一咬，就能断定粮食水分大致是多少；甚至用脚一踩，也能察觉出粮食的温度是否正常……

可是，眼前这位广州市东区粮仓保管员同志，一切都很平常。他个子本来不高，在宽敞的仓房、高大的粮堆这些“背景”映衬之下，更显得矮了。只是，那眼神很亮，说起话来，声音也很响：

“我们这一行，琐碎，辛苦，责任重……”

这话一点不假。“头辈子不孝爹娘，这辈子打入粮仓”——一些人对粮食保管工作就是这样看的。

1952年，徐生和一批人从其他单位调来粮仓。十二年过去了。数得清的岁月冉冉流逝，数不清的粮食进进出出。有的人觉得“工资少”闹情绪；有的人借口“制度严”改了行。徐生却始终坚守在自己的岗位上。是什么使他如此热爱这份工作？是什么使他对这一行从一窍不通到样样皆通的呢？

“学习嘛！”他回答得很简单。

这些年来，为了帮助徐生提高工作能力，领导上花了不少苦心。他自己也下过一番功夫。每一次保管业务学习班，他几乎都有份参加，而且都带着优良成绩回来。学习打开了他的眼界，使这个只读过几天书的人逐渐明白了：粮食保管原来是牵涉到气象学、昆虫学、微生物学、物理学、化学等许多门科学的、十分复杂细致的工作，而绝不是像他（还有不少人）当初想象的那样：只不过看看探温计，抓抓扫把，端端米筛，围着粮堆转转而已。

可是，同徐生一道学习过的人不止一个，有些人的经验甚至超过了徐生，却偏偏做不出徐生那样的成绩，这又是为什么？

“手脚勤点就是了。”果然不出所料，徐生只是谦逊地说了这么一句。

似乎为了证实自己的回答，徐生带我爬上粮食堆。这时，仓外吹着凉爽的东南风，气温不超过摄氏三十度。爬到粮堆上面，却已经微微冒汗了。徐生平静地告诉我：“粮堆越高，堆顶靠仓顶越近，气温也越高，就越容易出问题。”他仅仅说了这些，再也没说什么。但是，人们都知道：就是他，每当酷热的夏天，堆顶温度超过四十度，打赤膊上去也感到闷热难忍的时候，不顾领导的劝阻（他曾患有慢性病），仍然坚持爬上去仔细检查。每次下来，都是大汗淋漓……

他没有说过的事情，何止这一件呢！夏天，为了防潮，他入仓检查也要关门闭户，次次都是汗流浃背。半夜，暴风雨突然袭来，他照例起身察看，常常淋得周身湿透……他的勤恳，他的细致，早就在自己心里成了习惯，在别人口中传为美谈。

检查粮食是有仪器的，徐生也使用它。但他并不是一切都靠仪器。每次，探温计插进粮包之后，要等几分钟才能拔出来。他就利用这个空隙，到处去转：眼看、鼻闻、手摸、脚踩。往往就在这些时候，发现了仪器难以立即察觉的问题。

有一年端阳前夕，一批名贵品种糯米入仓，表面看来情况正常，用仪器检查也没有发现问题。可是，徐生并不因此就放下心，他继续反复观察，转来转去，果然在地面捉到四只米象（害虫）。他马上动手逐包检查，终在四包糯米里找到了“敌踪”，其中最严重的，每公斤米竟有害虫三百三十一只。由于发现及时，这批糯米才被挽救下来。

粮食是有生命的机体，南方气候又潮湿多变，保管时间一久，绝对没有问题是不可能的。关键就在于能不能及时发现，把损失减少到最低程度。徐生恰恰做到了这一点。一百多万斤散装大米局部有一点发热，三千包黄豆里混入了一包发霉的地脚黄豆……全都瞒不过他的眼睛。

所有这些，既要靠一套功夫，更要凭一个“勤”字。

然而，仅仅这些，似乎还不能够把问题全部解释清楚。为什么有些人的功夫也“有一套”，就是工作起来懒洋洋？为什么有些人也算勤快，却又不能坚持长久？

谈到粮食，徐生充满了感情。谈到成绩，徐生又十分谦逊。唯独谈到自己身世的时候，徐生忽然提高了声调，愤愤地吐出了几个字：“我是隶仔！”

他努力控制着自己，向我解释：所谓“隶仔”，就是奴隶——像《桃园堡》里何奉那样的奴隶。在地主眼里，他们比贫雇农还要低贱：过春节不能贴对联，娶媳妇不准吹喇叭，死了人没有祠堂祭……

徐生十四岁，父亲一病不起。叔伯们受不住压榨煎熬，相继亡命海外。只剩下寡母拉扯着徐生这个独生子，相依为命。他的家乡——三水清塘，全是每年只收一造的低塱田。就是这一造，也常常被水冲掉。千辛万苦侥幸打下一点点粮食，地主早就算进了自己的荷包。有一年大旱，徐生母子俩全靠吃竹花、野菜才挨了过来。

苦日子实在挨不下去了，徐生千方百计“求人靠面”，跑到广州学手艺：做锡箔、打手饰、做鞋、在茶楼洗碗，什么都干过。在那些凄凉惨淡的日子里，他亲眼看到：阔太太用雪白的大米喂狗，资本家囤积的粮食多到发了霉。而他自己，还有千千万万穷弟兄，却依然家无隔宿之粮，甚至常常揭不开锅盖！

粮食——解放前在徐生眼里“可望而不可即”的粮食，那时候。就是拼死拼活勉强得到一点点，又有哪一粒不饱含着血和泪！今天，党和人民却把大批大批粮食交到自己手里，这是多么巨大的变化！徐生懂得：这是光荣，更是信任。应该怎么办呢？——还是听听徐生自己的回答吧：

“1956年我入党的时候，曾经举手宣誓：‘为共产主义事业奋斗到底！’从那一天起，我就经常在想，为了共产主义，我应该做什么？

“……党和同志们帮助我找到了答案：‘人是铁，饭是钢’，到了共产主义，也得吃饭。而且，随着生产和生活水平提高，人们对粮食质量的要求也会越来越高。我为共产主义事业奋斗，就是要把粮食保管好！”

多么朴素而又崇高的思想！当一个人真正认识到工作的意义，把它同人类最壮丽的事业——共产主义联系在一起的时候，还有什么能够比这使人信心更足、干劲更大呢！在这样的人面前，“琐碎”缠不住他，“辛苦”吓不倒他，责任越重，他就越能够自觉地把它挑起来！徐生在不为众人注目的粮仓里，埋头苦干，十二年如一日，经手保管了二十多亿斤粮食，从未发生过重大责任事故，他凭的不正是对共产主义事业的一片丹心吗？

谈到这些，徐生却又不好意思了：

“每次去开先进代表大会，我都觉得很惭愧。别人一发言，就是增产多少、节约多少，我又做了什么吗？……”

二十多亿斤粮食不出问题——徐生做的事情难道还少吗？当然，他还能够做得更多，也一定会做得更多。因为他的思想里有着闪闪发光的两个大字——革命！正是革命化的思想，给了他无穷无尽的力量！

1964年

水下尖兵

两杯酒 不同滋味

招待广东省1963年度工交战线五好代表大会代表的宴会，正在热烈进行。

中共中央中南局首长举着酒杯，来到一位五十开外、身材矮壮的代表面前，亲切地招呼他："梁老树同志，你们潜水员个个都能喝。来，咱们干一杯！"

广东省打捞疏浚公司潜水员梁老树忙把酒杯高高举起。酒未落肚，一股暖流已经流遍全身……

酒，对于这位水里钻、浪里滚，干了几十年的老潜水员来说，简直太熟悉了。过去没有潜水装备，光身下水的时候，为了抵御风寒，潜水工人喝酒比吃饭还要紧。解放前，每逢下水，老板照例准备两斤水酒，皮笑肉不笑地叫大家"饮多一杯"。梁老树心里明白：喝下这杯酒，就要给老板付出巨大的代价——甚至生命。小小的杯里装的不是酒，而是自己和吃这行"卖命饭"的穷弟兄们的血和泪！

梁老树永远忘不了第一次给老板卖命的遭遇。那是梁老树头一回正式下水——和另一个工人给老板打捞一只沉船，讲明工钱五十元。他们喝过酒，光身下到河底，发现船里已经淤满泥沙。那时根本没有抽泥沙的工具，老板硬叫他们用铁棍把船窗打破。碎玻璃刺得梁老树手臂鲜血直流。费了九牛二虎之一力，才把泥沙清出，用钢绳把沉船捆好。一切就绪之后，不料老板脸色陡然一变，说什么事先不知有这么多泥沙，现在浪费了人工，亏了本，工钱不给啦！梁老树刚要争辩，老板把手一挥，喝道："想要钱吗？到巡警局去要吧！"巡警局，那是"入门三级石，出门万重山"的阎王殿。两手空空，无依无靠的梁老树怎敢乱闯呵！只好"打落门牙和血吞"，弄到连买二两熟烟敷伤口的钱也没有！

那时候，梁老树和许多靠潜水为生的穷弟兄一样，被老板蔑视地称作"海底扫把"。他们不分寒暑，都是赤条条地光身子下水。多少人下水之后，再也没有上来，连尸骨都找不到！就是这种卖命功夫，也并非天天有得做。平日为了糊口，在水里捉虾捞鱼，也常常因为"捞过界"被恶霸流氓抢个精光。上岸卖青菜、做小工，又要遭伪警察拳打脚踢。躲在自己的烂艇里就平安了吗？不，收不完的码头租、壮丁费……常常逼得梁老树走投无路，只好像老鼠一样藏在舱底。

…………

如今——眼前是首长慈祥的笑脸，耳边是同志们热情的祝愿。在这种亲切、欢乐、团结的气氛中，梁老树怎能抑制住自己的激情？他举杯昂首，一饮而尽。本来就暖融融的心里，更像要沸腾起来似的。

一片心　勇涉艰险

梁老树那颗心，打从解放那时候起，特别是参加国家的打捞队伍之后，就时刻在翻腾着了。发生在周围和他身上的变化，真是日新月异，层出不穷：过去，潜水员光身下水，生命毫无保障；现在，不但有了全套潜水装备，还有严密的保护措施——一个人下水，几个人在水面上"服侍"（供应空气，听电话）。过去，给老板卖命之后，连微薄的工资也没有保证；现在，除了工资，每月还有固定的营养津贴。单单这些，从前连做梦也梦不到呵！梁老树心里，千言万语在激荡。尽管他一不善说，二不会写，却找到了更好的表达方式：把深沉的感情化作巨大的力量，使出全副本领，不分日夜，到处奔忙。天寒水冷，风急波大，全不当一回事。

去年初，一个寒风冷雨的深夜。梁老树突然被敲门声惊醒——值班员通知他：一条载着三百包大米的木船沉没了，马上去抢救！

梁老树像每次一样，头一个回到队部，紧接着赶往出事地点。这时，空中冷雨飘洒，河面白雾迷蒙。他冒着严寒，忍受着急流冲击，在漆黑一片的水底走走爬爬，反复寻觅，终于发现了大米堆；又和起重工人一起，紧张地干了一天一夜，把大米全部捞起，沉船也打捞上来。

梁老树这股“召之即来，说干就干”的劲头，是显而易见的。然而，他还有更好的品质，却不是一下子就能发现的。

潜水员的工作场所深藏水底。水下的一切情况，全靠潜水员汇报。工作质量好坏，主要也靠潜水员的功夫。这就要求潜水虽必须高度自觉，认真负责，一丝不苟——这些，也正是梁老树一贯的作风。

从前，潜水工人只不过打捞一些不大的沉船。现在，外国人束手无策的万吨巨轮，在他们手里打捞上来了。多年来遍布障碍的航道，在他们手下清理干净了。潜水工作的范围越来越广，作用越来越大，不仅打捞沉船，还直接为工农业生产服务。梁老树就曾经多次打捞钢铁送给工厂，抢修水库，保障丰收……每当想到自己在为社会主义建设出力，他那种革命的自豪感就更加强烈，力量似乎永远用不完……

仅仅这，还远不足以概括梁老树的高尚风格。

斗风浪　忘我为人

潜水工作是高压低温作业，属于特种体力劳动，带有一定的危险性。多深入水下一米，身体就要多承受一分负担——到了六十米深的水下，身上每个手指尖大小的地方，就要承受六公斤多的压力。甚至多在水里待一分钟，也有可能在这片刻之间遇到生命危险。尽管现在有了完善的潜水装备和周密的保护措施，但是水底情况十分复杂，下去后有时仍然难免发生意外。在那千钧一发之际，不仅要考验一个人的技术优劣，更要考验一个人的风格高低。梁老树一次又一次出色地经肥了这种考验。

去年国庆节，潜水员卢有胜在电白县罗坑水库水底遇险——潜水服上的输气管和安全绳被吸进水库闸门的裂缝里，寸步难移，空气一度中断，生命危在旦夕。梁老树奋不顾身，光身潜入21米深的水里，终于把他拯救出来。当时困处绝境的卢有胜曾经这样想过：“这次只带来一套潜水服，被自己穿了下水，岸上又只有梁老树能光身潜水。可是，水这么深。十年前，他也许能下来。现在老了，还能下来吗？……”21米深，一座五六层高的楼房放下去也要没顶。别说十年前，就是再倒退十年，梁老树年轻力壮的时候，也从来没有光身潜过这么深。但是，这一次，年过五十的梁老树却毫不迟疑地把衣服一甩，跳下水去，而且不顾在深水高压之下头如针刺、鼻孔流血的痛苦，不顾自己也可能被吸进裂缝的危险，一连潜水三次！

救人、救船，解放前梁老树也曾多次做过。但是，在那个是非颠倒的黑暗时代，自己冒着生命危险，还要惹来一身麻烦。有一次，他在石围塘附近救起一个人，给伪“水上警察”碰见了，硬要拉他去“作证”，乘机敲诈勒索。如今，抢救了阶级弟兄和国家财产，却受到领导的表扬，群众的称赞。两相对照，多么鲜明！

然而，梁老树仅仅为了表扬才这样勇敢吗？

在担杆岛附近45米深的海底，一位潜水员遇险昏迷。梁老树和另一位潜水员立即下水，把他抢救上来。按照操作规程，下这么深的水，由于压力太大，上来时必须分段间歇，慢慢出水，否则就会引起疾病甚至危及生命。梁老树他们却不顾这些，忍受着突然增减压力的痛苦，抱着遇险者一口气迅速升上水面，从死亡边缘把阶级弟兄夺回来。事后，由于疏忽，表扬时没有提到梁老树的名字，他却毫不计较。

可是，一旦荣誉降临到他的头上，他反倒认真“计较”起来。当卢有胜在罗坑水库获救之后，许多人都说：“没有梁老树，卢有胜这条命算完了！”梁老树却不这样想。他认为：卢有胜和自己，以及所有阶级弟兄的命，都是共产党、毛主席搭救出来的。没有党，这把骨头早就不知漂到哪里去了！

正是这股暖流——纯朴深厚的阶级感情，不断提高的阶级觉悟，时刻在梁老树心里激荡，鼓舞着他不怕困难，不计得失。战胜一切风险，踏平万顷波涛，成为一名出色的水下尖兵。

1964年

心连心

—— 一位南澳女民兵炮长的自述

“我就叫林耀丹，找我谈什么呀？又是‘炮打竹竿’那回事？都讲过多少遍了，还有什么意思？三百公尺距离，一发炮弹把竹竿打断，其实也没有什么了不起的窍门，反正是勤学苦练呗！

“对了，提勤学苦练，倒有话可说。想当初我们妇女参加民兵的时候，闲话可没少听。有些老人家指指点点：‘大姑娘小媳妇，同男人一起滚滚爬爬的，像什么样子？’……闲话我们不理它，可是学习上的困难想躲也躲不开呀！我们几个连自己的名字都认不全，一上来就学打炮，别说什么测量、距离……一概不懂，就连数目字都数不清哩！偏偏部队派来的教员又是客家人，开头真是越听越糊涂。可那位教员就是有决心，不懂话，就用手比划，找人翻译，一个个着手教。认不清数字，他就告诉我们：一划后面加两个圈是一百，加三个圈是一千……连开会前的几分钟都不放过。老师这么认真，学生哪能偷懒？我们出工时把炮也扛到田头，一休息就练瞄准，收工回来还练操作，有时连衣服也顾不上洗，挨了妈妈不少骂，可也总算把打炮的技术初步学会了。

“头一回实弹射击，我心跳得要命，连‘准备完毕’的报告都说不成句了。我悄悄地问部队首长：‘不报告行不行？’首长说：‘一定要报告！’我又问他：‘操场上也这么正规？’他马上严肃地说：‘操场就是战场！’我的脸‘唰’的一下红了，努力定下心来，说也奇怪，这下子倒不慌了，镇静地报告、发射，头一发便打了个‘优秀’！直到现在，我们打了十五次实弹射击，十四次都是‘优秀’，只有一次‘良好’。你说这成绩值得好好写上一笔？可我们倒觉得，头一功应当记在解放军同志的名下！

“我们这些刚学会打炮的‘小兵’，还教过‘大将’呢！有一天，我们茎园生产大队的干部们来学打炮，有个队长边学边抽烟，我叫他熄掉，他说：‘操场上何必这么认真？’我马上理直气壮地回答：‘操场就是战场，一定不准抽烟！’——那天晚上，说梦话我还直喊：‘不准抽烟’哩！

“就这样，我慢慢懂得了：要当一个好民兵，就一定要像解放军战士那样锻炼自己！我对解放军同志的感情，也越来越深、越来越亲了！——你让我讲得具体点？好，就说说去年秋天那件事吧。

“去年秋收时候，我忽然发现住在村里的新战士张派树几天没有露面，一打听，原来他脚上生了疮，不能下地。连忙跑去一看，只见他的右脚肿得像个馒头。卫生员说，上了几次药还不见好。我转身就去找会采草药的老农曾伯。曾伯正在吃饭，听我一说，立刻丢下饭碗提起竹篮上了山。曾伯采来药，我赶紧煲好给张派树吃，怕他嫌苦，又把家里的白糖放了进去。我还根据曾伯的嘱咐，摘桃树叶煲水给他洗疮口。每天收工回来，都是先煲药、煲水，再煮自家的饭。忙是忙些，只要他能早点好，再忙我也甘心……

“张派树好了之后，对我可亲热了，把我当成亲姐姐一样——他和我弟弟同岁，去年参军时才19，初次离家来到海岛，不大习惯，有点想家，这也是人之常情嘛。正因为这样，就更应当多多关心他，对不对？

“你先别急，这才讲了一半！今年元旦，我到潮安去，顺便探望了张派树的爹妈。他们见了儿子写的‘介绍信’，亲热地拉着我说：‘见了你就像见了派树一样！’老母亲还说：‘你真是我儿子的救命恩人！’我慌忙拦住她：‘解放军才是我们大家的救命恩人！’两位老人家你一句我一句，问长问短：‘派树在家一点胆都没有，连夜路都不敢走，现在敢去站岗吗？’‘怎么不敢？有首长和同志们在一起，派树的胆子越练越大了！’‘在家里出门是平地，南澳岛到处是高山，派树走路不辛苦吗？’‘岛上早就修起大公路啦！’‘过年部队有加菜吗？’‘我要是不来这里，今天就去同他们会餐了。’……她姐姐晚上放工回来，和我一床同睡，也是问个不停：‘你真敢打炮吗？’‘当然敢打！你呢？’‘连摸都没摸过哩！’……谈着谈着，她忽然把嘴靠在我耳边悄悄问：‘你为什么对派树那么好？……你有对象了吗？’我怔了一下，忍住笑，故意说：‘还没有……’好在同去的一个伙伴揭了‘底’：‘她早就有啦！’要不，这出‘戏’还不知道怎么演下去哩！

“‘你为什么对派树那么好？’——看看她问得多有意思！派树是解放军嘛，我为什么不对他那么好？对解放军那么好的，又怎止我一个人？别的地方不说，我们茎园乡自从和解放军联防以来，真像一家人一样——不，一家人还难免有脸红的时候，我们和解放军比一家人还亲！他们帮我们插秧、收割、防洪、抗旱、修水库、挖鱼塘、搞卫生、学文化……我们帮他们‘包’搞副业生产、抢运弹药器材……这些都暂且不谈，反正彼此都是按照‘有求必应’四个字办事，我们有困难，就向他们开口；他们需要我们帮忙，也不客气。可是，单单‘有求必应’，那还算不了什么，我们同解放军的关系，早就超出这个范围啦！

“去年9月28晚上，突然起了大台风，刮得天昏地暗。风越来越大，我们心里也越来越急——解放军同志还住在山顶草棚里呀！大家冒着大风三三两两跑到大队办公室要主意。支书老蔡搔了搔头皮，一声令下：‘草棚肯定保不住了！马上动手把祠堂收拾干净，准备给战士们住！大家七手八脚打扫完了。又从家里担来禾草铺在地上，还点起了明亮的汽灯。刚收拾完，解放军派来联系的人到了——他们的草棚果然被风吹倒，坑道也进了水。他看见我们已经准备得妥妥当当，连滚热的姜汤都烧好了，一句话也没说出来，只是抓住老蔡的手摇个不停……

“你先别忙夸奖呵，同志！这点事又有什么了不起的？解放军千山万水、南征北战，来到这里，以岛为家，我们不把他们当成自己人，还成什么话？不信你去问问我们南澳岛的老老少少，谁不明白这点道理？

“要说我们同解放军一点‘矛盾’都没有，那也不是老实话。特别是逢年过节，总难免出点‘问题’——不是我们送礼去他们不收，就是他们请吃饭我们不去。实在没法子，我们只好要点‘花招’：送东西都送劏净、煮熟的，推让几回，就要变味了，他们只好‘被迫’收下。前些日子我结婚，知道请他们吃饭一定不会来，便由我们公社武装部长老李打了个电话给崔指导员，请他‘准十二点下来开会’。他来到一看，才发现场面不对头，可是想走也走不掉了！

“嘿！真是‘说曹操曹操就到’，你看，老崔又带着大队人马来啦！昨天他们就打电话来，说要帮我们割禾。我们说剩下不多了，部队不容易碰上个假日，好好休息一下吧！谁知他们偏偏又来了！这同志从来就是这样，你说有什么办法？既然来了，我当然得去招呼一下，咱们只好先谈到这里咯。依我说，你也不妨一起去走走，亲眼看看解放军和我们到底亲热成什么样子——单靠我讲，磨烂了嘴皮也难说清呵！”

1962年

“百菜园”四季常青

五花八门 四季常青

珠江河畔、赤岗塔旁，几条种满荔枝的基围围着一块方圆数百亩的地方，地平似镜、埂直如线、沟渠交错、道路成网，绿油油的蔬菜、黄澄澄的稻谷、粗壮的甘蔗，丰满的木瓜……组成了一幅秀丽的图画。“画”面上，有一处特别引人注目：一畦畦平整的土地上，密密麻麻地种满了五花八门的蔬菜、豆类。有的刚刚出苗，有的正在开花，有的已经结实，有的匍匐地面，有的攀枝附架“扶摇直上”……

这里就是广州河南（旧称，海珠区）园艺场蔬菜试验组的园地，人们称它“百菜园”。其实，这里的菜何止百种：按照不同品种细分，现在就已经有两百种以上！一眼看去，番茄地里似乎清一色全是番茄，实际上这里一共有来自天南地北的八十多个品种。白菜地里，也有大白菜二十四种、小白菜十五种……苏联椰菜、保加利亚豌豆、日本刀仔豆、美国甜椒、丹麦番茄、印度南瓜、泰国豆角……都在这里安家落户。至于来自祖国各地的品种，像洛阳青瓜、杭州豆角、长春水萝卜、山海关大白菜……更是琳琅满目、数不胜数！

为了让人们吃到更多更好的蔬菜，试验组大量引种国内外各式各样的品种。他们像沙里淘金一样，通过长期、反复的试验，先后从引种和自己栽培的数百个品种里选育出“华南462番茄”、“59号抗病玉豆”、大荚荷兰豆（豌豆）、早椰菜、洛阳青瓜等优良品种，推广到许多地方。

有些外面不易见到的“细菜”，像枝叶生得好似小柏树的芦笋（石刁柏的嫩芽）、没有辣味的西蒜、一棵两斤多重的九叶葱等，都已经在这里试种成功，并且开始繁衍后代。

虽然已经是初冬了，那些本来在夏天上市的黄瓜、苦瓜、丝瓜……却在欣欣向荣地生长着。“适时播种、不违农时”，是千百年来的老规矩，试验组却打破常规，进行非季节性生产试验。高温多雨的夏天，他们收获了应该在秋季上市的椰菜、白菜、芥蓝、芫茜……现在，为了让人们在元旦和春节吃到黄瓜、丝瓜……他们又在下功夫、动脑筋。目前，试验组已经做到叶菜类的白菜、椰菜、芥蓝等全年都有收获，胡萝卜等也能经常登市。

有谁见过三四尺长、手杖那么粗的豆角吗？这种巨型豆角原名印度丝瓜，别号蛇瓜——因为它又粗又长，像条蛇一样。试验组从北方拿来三粒种子试种结果，发现它很适合在广州生长，一年到头都开花结实。这种大豆角平均一条就有三斤多重，够几个人大吃一餐！他们还培育了一株25斤重的姜（普通只有一两斤），正在培育巨型的沙葛、参薯、槟榔芋……

在“百菜园”里，还进行着较大面积的高额丰产试验。1958年，试验组创造了番茄亩产六万九千多斤的纪录。今年的单一品种和多品种丰产试验，也已经取得了可观的成绩。

细致的劳动　复杂的学问

种菜是辛勤细致的劳动，也是一门复杂的学问，要打破常规，就更非易事。尽管广州比起其他地方有着四季如春等许多得天独厚的优越条件，可是蔬菜试验组有许多试验还是要经过几个月、一年甚至几年才能获得初步成果。由于摸不准引进品种的脾气，或是发生了自然灾害，长期反复试验之后仍然一无所获或是功败垂成，也并不是稀奇的事情。

认真执行“八字宪法”，是试验组能够战胜困难、取得成绩的首要关键，特别在“管”字上，他们更是费尽了心机。不仅每个品种都有一套“田头档案”，详尽地记录了作物的整个生长过程，而且还有许多特殊措施。譬如：要让椰菜、白菜等提早在夏天上市，首先就得把精选过的种子送进冰箱里短期寄居——进行春化处理，让种子在适宜的温度下发芽，然后才播到土质优良，又经过深耕细作的地里。这些菜怕热，就要同黄瓜、豆角套种，让高架作物替它们遮阴。有时，还得专门替它们搭“凉棚”。至于施足肥料、合理灌溉、及时灭虫，就更不在话下了。“冬菜夏种”既然要求这样细致的工作，“夏菜冬种”当然也不省事。这几天北风乍起，试验组就赶紧搭盖草墙，为冬种黄瓜等御寒。

要打破常规、创造奇迹，还必须敢想敢干。试验组不断用各种各样的方法探索蔬菜生长的秘密。

一些外来品种引种之后，显示出不同的特性：有的比较粗生，但结实不大；有的产量较高，却又“娇生惯养”。试验组便通过杂交、嫁接，取长补短，千方百计地培育优质高产的理想品种。他们发现：来自保加利亚和阿拉斯加的荷兰豆，具有早熟、矮生的优点，但结实小、产量低，便把它们同自己培育的“大荚”等高产良种嫁接。将来这项试验成功之后，不仅可以把上市时间提前，由于矮生不必搭架，在管理上也将省去许多麻烦。此外，个头大的北京“菜果青”番茄同产量高的“华南462番茄”、爽脆的山东银瓜同香甜的苏联香瓜……都在这些“巧手红娘”的“穿针引线”之下，结成了“良缘”。他们还进行了一次种多次收的试验：当芹菜长到一尺多高的时候，就把它的茎叶割掉，留下根部，过些时候又会长出新的茎叶来。

百折不挠　誓攀高峰

我国有悠久的种菜历史，《诗经》上提到的蔬菜就不下二三十种。选种、催芽、嫁接、套作等栽培技术，在后魏贾思勰所著的《齐民要术》一书里，都有详尽的记载。利用温室栽培蔬菜，至迟在汉代已经被人们掌握了。然而，历代的封建帝王只会享受别人进贡的奇蔬异果，最大的本事，也不过像隋炀帝那样，以抵触讳号为理由，褫夺了公元前二百年汉朝张骞出使西域时引进中国的“胡瓜”的本名，把它改称“黄瓜”。所有栽培蔬菜的经验，都是劳动人民世世代代在生产实践中创造、积累起来的。但是，由于社会制度的限制，在分散、个体的小生产里身受重重剥削压迫的农民，几千年来栽培蔬菜大都墨守成规。对自己的经验也往往秘而不宣。

只有在解放后，特别是在农村合作化和人民公社化之后，当家做主的农民把苦干和巧干结合起来，蔬菜栽培的经验越来越丰富，奇迹也层出不穷。为了让蔬菜鲜美可口，四季常青，许多人长期在农村辛勤劳动、刻苦钻研，贡献出全部力量和智慧，做出了显著的成绩。河南园艺场蔬菜试验组组长杜见好，就是其中之一。她十年如一日地安心农业劳动，勤恳结实，虚心求教，从事各种试验研究。困难，她不低头；失败，她不气馁；嘲讽，她不理会。终于同试验组的成员一起，先后引种了六百多个国内外的蔬菜品种，从中培育出“华南462番茄”“59号抗病玉豆”等优质高产的品种来。她自己也从一字不识的文盲和种菜的外行人，成长为有相当经验的试验组长，从普通的农村姑娘成长为共产党员。

在天南地北、四面八方，到处都有像杜见好这样有革命志气、远大理想的人，百折不挠地攀登蔬菜优质、高产、多品种的高峰，让五花八门、四季常青的蔬菜，把祖国的锦绣江山点缀得更加美丽，使广大人民的需要得到越来越大的满足。

1960年

拉网

三月的海，烟雾迷蒙，只有当它前呼后拥地扑向岸边时，才猛然间扯开灰色的面纱——依然是波涛澎湃，汹涌奔腾！

浪花闪处，飘出一只小艇，还未靠岸，便把从大海深处牵出的一条巨绳抛在沙滩上。转眼间，巨绳被缠上了一条条短索。短索的另一端，绑在两排头戴“铜鼓帽”的人们腰杆上。结实的腰杆向后仰着，粗壮的两腿用力蹬着，强劲的双手紧紧扯着，把绷得笔直的巨绳缓缓拉出大海。海滩另一边，另一队人，也把一条条短索缠绕在另一只小艇抛出的另一条巨绳上。……两队人像拖拉机上的两条履带，循环不息，井井有条：每个人拉了一段，便解下短索，跑到前面再拉。眼看着有人落到最后了，转瞬间他又出现在队伍最前面。紧跟着，他的前面又出现了另外一个……

拉哟！拉哟！巨绳好似没有尽头。又像是大海深处有一只看不见的大手拼命地扯住它，同岸上的人“拔河”。人们稍一松劲，它便挣扎着想溜回海里。浪涛在巨绳周围，张牙舞爪，裂开大口，想把巨绳拦腰咬断！人们却像不大在意，依旧循环不息地拉着，谈笑着，推测着这一网的收获。有人在打“保票”：“今天东南风大，保险有大鲛！”有个男子汉笑嘻嘻地插了一句：“不见得！这一网有妇女拉，说不定一场空欢喜！”话声未落，便被一个结实高大的妇女顶了回来：“‘三八’刚过，你又调皮啦！”响亮的笑声伴着海风掠过沙滩，飞向大海……

拉哟！拉哟！巨绳还是没有尽头。突然，远远的海面上出现了一个小黑点，在翻滚的浪涛里随波逐流地飘浮着，一个、两个、三个……黑点连成一条黑线，黑线又变成一个弧形的大黑圈，黑圈敞开的大口朝着岸边，慢慢收拢……终于，巨绳的尽头露出了渔网，它迫不及待地想挣脱海浪的纠缠。大海的巨口一张，它便趁机向岸边一窜。大海被激怒了！巨浪从四面八方扑向渔网，拼命想把渔网拉回、咬断、撕烂……一批退下去，又一批涌上来。人们不再谈笑，手扯得更紧，腿蹬得更直，腰挺得更硬，循环往返得也更快——刚刚轮到后面，马上跑步上前！越跑越快，越跑越近，终于和大海"短兵相接"了！海浪企图吞噬他们的脚，咬断他们的腿，他们毫不在乎，三下两下便把浪花踢得粉碎。海浪仍不甘心，继续纠缠。他们干脆丢开短索，几十双手牢牢抓住湿淋淋的渔网，把它从咆哮着、厮拼着的大海嘴里硬夺出来……突然，一个赤着古铜色背脊的壮汉纵身闯进浪涛，大喝一声，双手把网底兜起，就像海浪的脖子一下子被紧紧卡住，它无可奈何地呻吟着把整张渔网吐了出来……

刹那间，海滩成了闹市。两队人马汇到一起，把沉甸甸的巨网拉出水面。送饭来的妇女们一面喝阻着孩子们（他们早就钻进人堆里去了！）自己也跟着跑上前去……网打开了，一个小伙子伸手一捞，便捧出一条大鱿鱼，通身碧绿，像块翡翠，瞪起两只黑白分明的大圆眼，朝着周围欢笑着的人们发怔。网里，一条两尺长的大鲛暴跳如雷，溅起了一片水沫。光着背脊的壮汉手疾眼快地捉住鱼尾，一转身就把它甩在沙滩上。大鲛仍然在窜跳着、翻滚着……最后，把长着两排利齿的尖嘴一张，吐出一个小鱼头，两眼绝望地瞪着大海，直挺挺地躺在沙滩上。这一场"垂死挣扎"的表演，并没有引起人们多大兴趣。他们只管围着渔网，用手捡、用兜捞、用筐装，清理着收获。连那些光着屁股的孩子们，手里也都攒满了银光闪闪的小鱼……

唯有大海余怒未息，依旧奔腾着，咆哮着，只是不知为什么，把灰色的面纱拉得更低、更低……

1962年

附：又见拉网

39年前，初访海陵岛，在海边目睹渔民拉网捕鱼，那场景，那气势，历历在目。

39年后，再到海陵岛。当年“一道长堤接翠微”（陶铸诗：《访海陵岛》）的美好描绘，已变成可四车并行的平坦大道，把海陵岛与阳江市区连在一起。渔民们住进了陆地上的小楼。正当我为遍地新颜、旧踪难觅而感叹之际，不期在“十里银滩”海边，又一次见到拉网。

依然是奔腾汹涌的大海；依然是一张“门”字形的长网，在波涛起伏中时隐时现；依然是分成两列的渔民，各自把腰间的短索缠在渔网的粗绳上，用力把网拖上岸边。拖了一段之后，轮到最后的人，便解下短索，跑到最前面，与后面的伙伴一起再拖……如此循环往返，渔网被一节节拖出水面。这一切，让我仿佛回到了39年前。

拉网的渔民，也似当年：头戴竹帽，肤色古铜。仔细看看，也有变化：时已初冬，他们不像当年那样一身“短打”，甚至赤膊上阵，而是穿了各式各样的外衣，有运动衣、干部服，还有西装。有几位渔民腕上戴着手表。

在众人齐心合力之下，渔网的横面终于越露越多，越来越近。只见最前方有个渔民，站在齐腰深的海水中，正奋力把渔网托起，方便身后还有一段距离的伙伴拖出。他浑身湿透，一个浪头扑来，只是斜身一闪，双手依然紧抓渔网，用力拉扯，勇敢地同大海展开争夺……

渔网越来越近，两支拉网的队伍也越靠越近，形成“合围”之势，一把、两把、三把……长长的渔网终于被粗壮的手臂从大海的怀中全部夺出，甩在沙滩上。大家一拥而上，把网中的鱼拣出来。几辆摩托车及时开到，那是收购鱼货的贩子。

一阵喧闹过后，两个竹箩被抬过来。上前一看，禁不住有些失望——里面大多是些小鱼。有几条带鱼看上去银光闪闪，只不过尺把长，十分单薄，却已算得上此中“佼佼者”了。据渔民估计，两箩鱼重量不超过100斤。我分明记得，39年前那次目睹拉网收获的鱼货，一网有好几百斤，其中不少大鱼，还有几尺长的马鲛、通体晶莹的鱿鱼……

大海奔腾不息，潮涨潮落，不可能让渔民每一网都获丰收，这是正常的。如果大海老是像今天目睹的这样“吝啬”，那就不正常了。现实却是，这种不正常现象，正在逐渐变得正常！当地一位负责人一语中的：“目前的海洋业资源状况，相当于20世纪70年代的林业资源状况。”那时的林业是个什么样子，众所周知。

大海的胸怀最宽广，你善待它，它绝不会亏待你。对此，渔民兄弟应当很清楚。只要尊重规律，循序而为，就不愁网中的鱼不会越来越多，越来越大——我真诚地祝福他们！

2001年

凤江新曲

凤江水，日夜流，
两岸百姓千般忧，
今日水淹明日旱，
拼了五年才三收！
凤江呀！
年年灾祸何时休？

在《饶平新志》上，翻到了这首民歌，禁不住回首窗外—— 一条大河静静地流着，绿荫夹峙，白堤护岸。被夕阳镀上了一层金光的河面，驶过几艘帆船，又飘来几条竹筏……河边，一群赤条条的孩子伴着一群高冠长颈的狮头鹅在嬉水。纵目远眺，更见涵闸巍然高耸，桥头熙来攘往……

凤江！这就是你吗？

回过头来再翻开那本被虫蛀得百孔千疮的旧《饶平县志》，其中有一部分是《灾祥篇》——其实哪有什么“祥”？除了“雹大如拳”之类的记载外，触目皆是“河堤溃决、田舍尽没”“春旱大饥、斗米千钱”等令人心悸的字眼！这些用血泪写成的字眼，都是你酿祸兴灾的记录呵，凤江！你夹带着大量泥沙，奔流直下，从北到南，贯穿饶平全境。雨稍大，你便狂涨；天略旱，你也干涸。多少年来，你何曾有过一刻老实？下游大片埭田，每年更是非旱即涝，甚且旱涝交加。仅仅1935年到1949年这14年里，失收或颗粒无收的就有13造！“七年收三冬（造），米瓮日日空！”——人们无可奈何的悲歌，你可曾听到？

解放后，尽管不断兴修水利，但是还没能一下子就把你征服。你依然是桀骜不驯，变化无常。有时，人们下午还在河床上挖井抗旱，晚上突然又不得不转入防洪。“凤江水，竹筒溪，三天不下雨，穿鞋好过去，一朝下大雨，洪水冲崩堤！”——你依然在威胁、折磨着人们……

但是，时代毕竟不同了！当两岸人民已经成为自己土地的主人的时候，怎容得你再横行无忌？一场驯服你的决战开始了！

堵溪、砌堤、筑闸、修桥……从上游到下游，战斗全线展开。最激烈的场面，要属主战场——汤溪水库堵明渠的搏斗。

明渠——水库主坝建成前的临时排洪道，只有把它堵住，主坝才能拦住上游水流——你才能被拦腰截断，听从摆布。当时，正是雨季将临的汛期，给堵口带来巨大困难。经验吗？几乎没有！据说，从来还没有过这样大的工程在雨季将临的时刻堵口。

不堵吗？大雨一来，你便会像一匹困兽，横冲直撞。那时，经过千辛万苦才筑起的大坝便会前功尽弃，克服重重困难才建成的巨大压力水管便会毁于一旦！

堵，还是不堵？人们通宵达旦地反复研究，对气象水文情况作了仔细的科学分析，终于作出决定：堵！

那是多么热火朝天的场面呵！时刻刚到，司令台一声炮响，万人争先！分段攻坚，轮班作战。参谋部——气象站、水文组日夜观察、分析、报告；“装甲兵”——拖拉机来往奔忙，碾压、运输……千万人高呼着一个口号：“与春雨争先，和洪峰比高！”——能不能把你征服，就看这一仗！

你这匹就要被关进牢笼的困兽，哪肯在人们手下俯首帖耳？加上刚下过雨，你闹得更加凶狂，一浪扑一浪，打下的木桩被你冲得吱吱作响，摇摇欲折。两百多斤重的沙包推下水去，马上被你冲走……

你以为人们会被吓住吗？错了！担负截流堵口的尖兵，是地处下游的农民们。多少年来，他们吃够了你的苦头，如今，干劲也最大！他们有勇——两百多个壮汉争先跳下激流，用身体把你堵住；又有谋——想出了“从弱处先下手”的办法，步步为营，各个击破。就这样，渠道里的水越来越细，终于，你不得不屈服了，乖乖地躺在水库里，变成一片大湖……

但是，你并没有就此甘心。刚过了五个月，你又趁着饶平历史上罕见的狂风暴雨，企图借机挣脱牢笼了。你从上游直泻而下，拼命想冲过大坝。你借着雨势，一分一秒地向上爬。在最紧急的时刻，副坝还差两厘米就要漫顶……

人们再一次紧急动员，从四面八方赶去——钱东一千六百多人翻山越岭步行60华里赶去；浮山两千多人冒着狂风暴雨、闯过激流赶去；解放军官兵两小时四十分钟跑完42华里（超过急行军速度！）赶去……

当一条31米宽、1米深的排水沟终于挖成的时候，你那爬过大坝、冲向下游大片田园的妄想破灭了——你最后一次的挣扎失败了。

于是，便像我们看到的那样：在巍然高耸的大坝后面，是一片浩瀚的大湖——那就是汤溪水库，电船跑了一个来钟头，还没转完一半。三十多个小岛——昔日的山头——错落分布。远看，这些岛和周围的山头一样，都是葱葱茏茏。近看，才晓得各有名堂。我们登上了“柑岛”，一排排的柑橘树层次分明，依山而上，树下间种着番薯，周围又有松树镶成的墨绿色的花边。“柑岛”对面是“菠萝岛”——听说，这里山地的土壤特别适宜种水果，现在已经种下了几千亩柑橘、菠萝、柿、桃……去年光是菠萝就收了十二万斤。此外还有“羊岛”——羊养得野了，未免难抓，开枪打死一条，有七十多斤重。当然，更有人岛，绿树白墙，瓜菜遍地，鸡猪成群。岛上的人们，老家已经变成湖底，现在又建起了新家。这些，都是看得见的。还有“看不见”的——湖里的鱼，谁知有多少？反正溢洪道一开，它们便争先恐后地“自投罗网”，今年上半年便抓了八万三千多斤，最大的一条三十多斤重，小孩子都抱不过来……

这些，都还不算是最主要的。

最主要的是，从此你再不能横行无忌了，凤江！

且不说从上游到下游其他几十宗大小水利工程，单单一个汤溪水库，就使五万多亩土地永远摆脱了旱涝灾害。水库建成不过两年多，已经拦蓄了八次洪水。前面提到的那次饶平历史上罕见的暴雨，如果不是近一半雨量、一亿七千万立方洪水被汤溪大坝拦住，那后果怎堪设想？

旱，也再无法施其技了！就算天旱得“出火”，你那被加宽了一倍以上的河床还是满满的，按照人们的需要，顺从地去浸润饥渴的土地。那些“七年收三冬（造）”的埭田，从此变为“一年收三冬”的沃土。今年上半年的雨量，比著名大旱的1943年还少，但丰收的喜讯却从你的两岸频频传来……

听呵，凤江！人们用豪迈高昂的调子，唱出了一支多么动听的新歌：

凤江水，滚滚流，
全民动手把河修，
千年祸害今低首，
万亩良田庆丰收！
凤江呀！
从今岁岁永无忧！

1962年

瑶山处处金

金色的群山，一路伴送着我们来到连南瑶族自治县的瑶乡南岗，此时已是暮色苍茫了。

眼前又是一座屏风般的峭壁。崎岖小路从峭壁旁边左盘右绕，通向瑶排——那是依山而建的一片房子，鳞次栉比，从山脚铺到山巅。黑瓦红墙之间，飘起几缕轻烟，冉冉升高，渐渐扩散，融进蒸腾在山谷间的云雾里。

回头望去，千山万壑都已隐没在云海之中。只有附近山坡上那几块梯田，像叠放在绿绒毡上的一叠金砖，喷射出火焰般的光彩，冲淡了迷蒙的暮霭。

几位身穿枇杷襟黑上衣、阔脚黑短裤的瑶胞，从身后小路鱼贯而来，个个挑着装满新谷的布袋（这里不用谷箩），都是沉甸甸的，却又健步如飞，很快便赶上我们，擦身而过。突然，耳边响起一声呼唤："伙记！"（这是瑶胞对朋友的爱称）原来，走在最后那位头缠红布、发插白翎的壮汉，发现了与我们同行的县委干部老邓。于是，这两个熟朋友便扯谈起来。他们谈得那么亲热，那么兴奋。只见那壮汉拍拍绑在扁担两头的谷袋，又指指坡上金色的梯田。可惜他们说的是瑶话，我们一句也不懂。不过，有三个接近客家口音的字，却接二连三、清清楚楚地送进我的耳朵里，那就是："大丰收"……

一阵"咚，咚"的舂米声，从瑶排隐约传来。越近，听得越清楚。那一对老朋友眉飞色舞的神采，那一阵舂米声悦耳的节奏，使我们精神一振，喘口粗气，抹把汗水，朝着山腰那几间黑瓦白墙的楼房攀去——那里，就是南岗公社所在。

今年，连南瑶族自治县在战胜严重干旱之后，夺得了1961年以来连续第三年丰收。在粮食产量占全县三分之一的“连南三角洲”——汉区三江公社，我们见到了成片成片穗大粒实的稻禾。可是，在这僻处深山大岭的瑶区，情况又是怎样呢？这样重的灾情，到底顶得住吗？……尽管从县委获得了一些数字，一路上也看到了若干迹象，但我们还是迫不及待地想身临其境，先睹为快。

当晚，睡在办公室。一觉醒来，房间里灰灰暗暗。打开窗子，一片轻烟般的云雾夹杂着雨丝迎面扑来。定睛细看，四周茫茫一片，连那尖峭挺拔的“屏风山”也不知去向了。

公社党委郑书记安慰我们：“别急嘛！山里的天气就是这样，说变就变！”可他的心情一点也不比我们轻松：“这鬼天气！要雨的时候它不下，不要雨它又偏偏来！”尽管这样，他还是稳住心思，热情招呼我们，详细介绍了这个瑶区公社比去年增产粮食四十八万多斤的过程。四十八万多斤，这个数字不算多。但是，它产生在这样的地方：这里，山高水冷，“地无平圹，田不方井”，自然条件一向较差；这里，“刀耕火种”的日子过去得并不太久，耕作技术水平一向较低；尤其是，这里今年自然灾害接二连三：空前大旱，早春寒潮四次袭击，中、晚造病虫害严重……知道了这些背景之后，“四十八万多斤”的分量，在我们心里一下子变得比四百八十多万斤、四千八百多万斤都更重了。不过，郑书记谈得却那么安详，那么沉稳，只是讲起南岗十六队瑶族队长唐介吊的时候，这位扎根深山，为瑶胞的美好生活贡献了巨大力量的汉族老党员，才抑制不住激动的心情，越谈越兴奋起来。

且从今年6月说起——

已经半年多没下过透雨了。最近两个多月更是滴水未落。正在县里参加三级干部会议的唐介吊，肚子里像塞了一团火，人在会场，心却飞回了几十里外的山村：天旱成这个模样，中造秧插得下去吗？……他越想越坐不住。一散会，他马上背起挂袋，大步流星奔回家去。五十里山路，平时要走四个多钟头，这回不到三个钟头就到了排脚，一看自己队里那几块田，不由得脑子里“嗡”了一声：还有三十多亩没插下去，犁耙过的田土干裂得像一堆砖头。他跺一跺脚，吐口唾沫，恨不能插翅飞上排去，问它个水落石出……

当天晚上，在唐介吊家里的火塘边，展开了一场辩论。开头，有几个人同副队长唐大口挤在一堆，唉声叹气。唐大口一再主张："反正已经插不下了，大家都去种番薯算啦！"那几个人便也跟着随声附和。种番薯，的确是一条比较容易的出路。但是，唐介吊却牢牢记住了县里的号召："能插一亩，就插一亩，力争不丢荒"，坚持要把禾全部插完。他掰着手指，细致地算了一笔增产收入账。"水呢？那一点点水，大家全都指望它，够给谁用？"唐大口颇有理由似地提出了一个新问题。唐介吊有点生气了："你们天一黑就回家守老婆，不精心照管好，水再多有鬼用！"一句话说得唐大口再也张不开嘴，空气顿时沉寂下来，只听见几支烟杆嗞嗞作响。唐介吊眼珠不眨，果断地宣布："明天大口带十二个人去看管水圳，不要放过一滴水。剩下的人给玉米追肥，准备好抢犁抢插的事情。我去找水源……"话声未落，只听见谁"啪嗒"磕了一下烟杆，跟着一个苍老但却洪亮的声音应道："我也去！"众人回头一看，原来是不知什么时候坐到门口的唐占卑二公。

当汩汩的清泉流进田里的时候，唐介吊又带领大家，杠犁牵牛，开到田头——八天八夜的抢插战斗打响了。

恰好这时下了一阵雨，更给这场战斗增添了紧张、火炽的气氛。一班人把田犁好，另一班人马上接着插秧。一宵又一宵，虽然茅寮就在田头，唐介吊却几乎没有进去过。闪光的眼睛发红了，清亮的喉咙沙哑了……换来的战果是：除了五亩无法灌溉的"望天田"之外，全部插了下去。

这时，已经是夏至后十天，比通常季节迟了半个月。唐介吊懂得：收多收少，全靠田间功夫粗细。他拿出当年打破旧习，带头挑粪桶的精神，天天领着大家多施肥、勤耘田。禾苗茁壮地生长着……

中造收获了。在有些条件较好的队也不过争得保产的情况下，十六队却传出了"比去年中造增产四十四担"的喜讯。至于番薯呢？——请放心，唐介吊动员人们，大种十二天之后，一点也未落人后。

大堆的粮食，使大家心里有了底。立秋之前，晚造秧全部如期插完。在瑶区，晚造产量一般是不如早造的，有些地方更干脆"有就收，无就丢”。今年，唐介吊狠狠抓了一个“肥”字，除了绿肥、家肥，又从县里挑回几十担国家贷给的化肥。有些人担心“肥多谷空”。事实却是，出现了“晚造超早造”的“反常”现象：根据十分落实的估算，今年晚造将比去年增产一半。在早、中、晚三造稻谷和玉米、番薯（这两种杂粮在瑶区粮食生产中还占一定比重）全面增产的生动事实面前，那些曾经被自然灾害吓慌了的人，也不能不暗地里跷起了大拇指……

谈来谈去，郑书记才揭开了“谜底”：唐介吊原来就是我们昨晚碰见的那个头缠红布、发插白翎的壮汉。

雨，不知什么时候已经停了。我们立即邀郑书记上排——找唐介吊去。

沿着又陡又滑的小路，我们登上瑶排，直抵排顶。放眼四望，数不清的大小山头好似波涛起伏，蜂拥脚下。几条云带横在远山半腰，高高的山顶直插进云海里。近些山头，却一个接一个显露出来。山谷间云腾雾绕，变化万端。那座一度“失踪”的峭壁，也在云雾中若隐若现，依然是那么挺拔，那么威严。天顶灰蒙蒙的云彩，像被一只看不见的巨手片片撕开，越撕越薄，越撕越碎，终于露出一块蓝天，蓝得那么明净，那么晶莹。

在我们眼里，这只不过是一群山峦，一片云海，一幅壮丽的自然美景。然而，在郑书记口中，它却变成了一幅更加激动人心的人间画图：南岗几千瑶胞，就分散在这一片崇山云海之中。昔日，他们栖居深山，身陷苦海，“铜线吊米也难得，铁线吊盐也无缘”。天上那迟出早落的太阳也难得照到他们。今天，他们用勤劳的双手把这一片“穷山恶水”变成粮多猪肥的好地方。在罕见的旱魔侵扰之下，他们不再求神问卜，不再惊惶哀泣，而是更坚定地昂起头颅，挺起胸膛，滴水不失，寸土必争！这一片大小山头，到处印遍了他们寻找水源的足迹，到处洒遍了他们开荒扩种的汗珠……随着郑书记充满感情的叙述指点，我们仿佛看见：每一座山都像一群瑶族同胞巍然屹立。在这样坚强的人民面前，任何困难都只不过像飘荡在山谷间的云雾，终究会消散！

我们入神地看着，听着，想着。忽然，眼前一亮，太阳出来了！万丈金光射透千重云雾，天地间顿时增加了无限光彩。天更碧蓝，山更苍翠，树更葱郁。块块梯田，从云雾里渐渐显露出来，层次分明，金光闪闪。近山脚处一块田里，有几个黑影在移动。郑书记说，那可能就是唐介吊他们。于是，我们迎着阳光，穿过云海，奔向那铺满一片黄金的地方……

1963年

南海二日

结束了在南海县的两天走马观花，一路陪同的县委办公室老邹像作“小结”一般郑重宣布：“南海一共有16个镇，你们才走了4个——也就是四分之一！”

一点不错。尽管“马不停蹄”，我们足迹所至，只是官窑、南庄、九江、平洲4个镇，而且并非它们的全部。但是对我来说，这短短两天却非比寻常。

一向填籍贯，我都是写“广东南海”。但作为故乡，南海的形象在我心目中并不那么清晰。为了谋生，父辈早年便离乡背井，从西樵山下远徙渤海之滨——那时，人世间还未有我。直到大学毕业后，我才头一回踏上广东的土地。尽管住在紧靠南海的广州，除了数得出来的几次，由于工作偶而前往，匆匆来去之外，对南海并没有更多的接触，更深的认识。

这一回，与几位同事兼同乡专程走访南海，心中油然而生的，是一种“寻根”之情。限于时间，“根”并没有寻成。通过匆匆一瞥的所见所闻，给我留下的是若干虽然粗浅却颇鲜明的印象。

——我感受到一种勇于开拓、锐意改革的宏大气魄。

世代沿袭的稻田、蕉基、鱼塘，提醒人们：南海是珠江三角洲的鱼米之乡，现代化的厂房、机器和五花八门的产品，又从另一方面告诉人们：这个鱼米之乡正被注入崭新的内容。在昔日主要靠农业谋生的地方，一座座厂房拔地而起。一间乡镇工厂年产值几千万元并不稀罕，年利润动辄数百万元……

九江玩具制衣厂的大厦11层高，乍看上去有点像广州花园酒店。顶层那个好像旋转餐厅的大厅，不仅陈列着本厂琳琅满目的样品，还有一个摆满中外名酒的小酒吧，让客商能够边品酒边谈生意。这间靠引进25台衣车起家的工厂，现在已经拥有面积2万多平方米的厂房，员工4600多人——绝大部分是来自四面八方的女工。

如果说，九江玩具制衣厂是合资经营的来料加工企业，有一定的特殊条件，那么，南庄镇的兴发铝合金型材厂纯属镇办独资企业，同样办得红红火火，有声有色。全厂300多人，去年人平均产值16万元、人平创税利2万多元。这个厂生产的轻型铝材，由于适销对路，质量过关（在不久前举行的广东省46家铝材厂质量评比中名列前茅），畅销全国20多个省市，客户达500多家。我们在这里看到，运货的汽车排在成品车间门外，有货立即运走，根本不必进仓库……

与陶都石湾隔河相望的南庄镇上元陶瓷厂，面积达5万多平方米，车间高大宽敞，一行行吊扇排列笔直，吹拂着在一排排机具旁紧张操作的工人。这个厂生产的“马赛克”（陶瓷锦砖），是供不应求的热门货，质量全省同行业评比第二，荣获省优质产品称号。厂长霍根华，成为当代中国优秀农民企业家之一。

还有平洲镇平西村大片郁郁葱葱的柚子林，西樵山下布匹店鳞次栉比的“卖布街”……展现在人们面前的，是一片用开拓进取精神换来的兴旺、繁荣景象。

——我认识了一批有胆有识的“南海新人”。

这些新人，本是土生土长。他们衣着普通，谈吐朴实，名片上印着厂长、总经理等头衔，昔日全都是“耕田佬”。如今，经常挂在他们嘴边的是：厂房设备、资金利润、企业管理、技术革新……他们不仅走南闯北，门路多、联系广，有些人还堂堂正正地在北京举行过新闻发布会，为本厂的产品鼓吹。说他们是新人，因为他们有胆有识，高瞻远瞩，按照十一届三中全会路线指明的方向，勇敢地摆脱“左”的桎梏，开拓新天地。他们说，许多事情过去不敢想，想了也不敢做，因为做了就“出错”。现在，有了党的政策做靠山，乘着改革和开放的春风，他们才得以宏图大展。

九江镇兰昌实业公司是村（原生产队）办企业。总经理陈海初，8年前牵头贷款3千元，利用猪舍、草棚当厂房，借来一吨马口铁作原料，使用借来的简单工具，办起了兰昌制罐厂。去年，这个厂纯利达201万元。他们制作的各种包装铁罐，质量上乘。因为"焊缝"问题解决得好，甚至被誉为"天衣无缝"。广州、佛山、湛江等地的许多厂家纷纷订货。时近中秋，一些饼家催要月饼盒订货的电话，更弄得陈海初应接不暇。其实，老陈的心思已经不仅用在铁罐上。如今的兰昌实业公司，新办起保鲜设备厂、拉丝厂、遥控设备厂。老陈正在组织力量，开拓新产品。作为一村之长，他对农业也没有放松。"万元户"在这里并不稀罕。每家农户在乡信用社都开了账号，发工资统统只拿支票。

这些"南海新人"的另一个特点是：不忘精神文明建设。

官窑是个千年古镇，又属老区，过去比较贫困，有"南海第三世界"之称。如今面貌大变，镇办工厂企业有70多家，全镇人平均收入比9年前增加七八倍。富裕之后，官窑人想到的是发展教育事业，丰富文化生活。镇办中学从一所变成三所，还盖起了包括文娱室、陈列室在内的文化中心。

渴求知识，推崇科学，尊重人才，正在成为越来越多的"南海新人"的鲜明标志。他们懂得，离开人才与科学，开拓就缺乏坚实的基础。因此，"求才若渴"是他们当中一种普遍的心情。

兴发铝合金型材厂的产品供不应求，厂长罗苏对此心中有数：决定产品质量的关键之一是管理，而加强管理需要科学技术。所以，他不惜代价多方搜求人才：大学毕业生、星期六工程师、退休技师……一概欢迎并委以重任。

九江镇大同村经济联合总公司党支部书记程树根则从基础抓起——由公司拨款100万元，把村里原来较破旧的小学拆掉，重建一所园林式的学校。

针对一些农民在分配水平提高以后，让子女弃学就业去"捏钱"的"近视"做法，南海县农村的许多地方，采取了不到一定年龄不安排工作的硬性措施。对于读初中、高中和大学的学生的费用，则分别给予补贴，以解除他们的后顾之忧。有的大学生入学后，费用由村里全包。大同村那位程树根的做法更干脆："不管学生毕业后分配到哪里，在校期间的费用我们一律负责到底。”

不满足现状，着眼于未来——这正是“南海新人”高明之处。

归途经过新落成的平洲宾馆。夜幕中，闪烁的霓虹灯好像在同我们打招呼：“再见了！欢迎你们再来！”

我会再来的，不仅为了弥补对家乡印象的“空档”，更为了深入认识南海的过去、现在与未来。

1987年

石狮探新

初到石狮，突出的印象除了那座昂首挺立的雄狮和满街满巷的服装之外，要算风驰电掣的摩托车和骑士们娴熟的车技了。就在那铺连铺、摊挨摊的狭小空间里，在熙来攘往的人群中间，骑士们驾车左穿右插，旁若无人。有时两车狭路相逢，眼看就要相撞，只见其中一辆车头一扭，车身打斜，顿时有惊无险……

这些摩托骑士当然不是来兜风的，他们或来了解行情，或来“斟盘”交易，或来取货付款……因为号称“服装和小商品的世界”的石狮，确实有它的吸引力。这个方圆不过数平方公里（不含其他三个乡镇）的闽南著名侨乡，历史上就是服装和小商品集散地。改革开放，更使它成了一个“有街无处不经商”的地方。目前，仅石狮镇就有六条服装街，一座商业城，6000多个体工商户，还有一批私人或集体、合资的企业。每天进出的客商和游人数以万计。记者来到石狮，已是下午，街上人不太多，但不时可以见到三三两两或单身的客商走街串铺，观察比较商品，与档主讨价还价。南腔北调，说明他们来自四面八方。

兴旺的商品交易，频繁的内外交往，给石狮带来了经济的繁荣，也带来了另一方面的问题：贩黄、走私活动曾经泛滥，甚至一度成为以录像带为主的黄色物品集散地之一，使石狮在另一种意义上“全国知名”，给这颗“闽南明珠”蒙上了一层污垢。

去年一月，《人民日报》刊登了一封题为《向石狮人进一言》的读者来信，列举在石狮目睹的一些令人不安的现象之后，呼吁：“我们期待着石狮市能成为传播文明新风的窗口”。这封信在当时刚组建不久的石狮市委和市政府领导班子中引起震动，在福建省和泉州市（石狮属泉州管辖）领导的直接过问下，站在腐蚀与反腐蚀、渗透与反渗透、演变与反演变的高度，发动群众，开展了一场“扫黄打丑”的专项斗争。在这场斗争中，端掉一批（重点打击取缔），吓倒一批（一些贩黄分子投案自首）、倒掉一批（一些贩黄分子被迫把无法出笼的淫秽物品自己毁掉）。个别领导干部出了问题，同样坚决查处。初战告捷。石狮市委、市政府继续抓好综合治理，巩固“扫黄打丑”的战果，组织和发动群众投入“建设社会主义新石狮”的活动中去。

物质文明和精神文明建设这两手都要抓，不能因为在发展经济过程中出了一些问题，就因噎废食——在这一点上，石狮的干部群众是有所认识的。在注意宏观调控的基础上，他们紧紧抓住侨（侨乡）、台（与台胞关系密切）二字，发挥自身优势，继续发展有“侨”字特点的、多种经济成分的商品经济。同时注意在外向型方面做文章。建市一年多，新办中外合资企业80家。对于在个体工商户中占大多数的守法经营者，政府注意执行有关政策，这些个体工商户同政府签订了《合法经营公约》，放手做生意，使石狮这个全国著名的服装、小商品市场依然繁荣兴旺，去年的商品零售额比前年增长二成多。

在石狮，大多数个体户守法经营，也还有人不按正道牟利。同行一位女士在一家服装档买裙子，女店主以旧充新，企图鱼目混珠，便是一例。对此，当地各级领导心中有数：面临改革开放和发展商品经济过程中难免出现的种种问题，关键在于能否正确对待。泉州市委一位主要负责同志是这样看的：出了问题，不能惊慌失措；问题得到解决，也不要认为从此天下太平。思想上决不能松懈自满。一定要看到问题的复杂性和斗争的长期性。譬如黄毒，经过一轮扫荡，受到沉重打击，但不等于斩草除根。一旦它又冒出头来，继续狠狠打击就是了。

离别之际，回眸街口，只见那座花岗岩雕成的巨狮全身披满阳光。“叮叮、当当……”打石师傅正在对它进行细致的雕琢。这声音好像在告诉人们：经过一番风雨和锤炼，石狮将以崭新的面貌屹立在闽南大地上！

1990年

从山海关到嘉峪关

“东起河北山海关，西到甘肃嘉峪关”——这句对万里长城宏大规模的概括形容，尽管不那么准确，却早在做小学生时就已印入脑海。说得远些，在此之前，通过长辈的“启蒙”，我便朦朦胧胧地感受到了这句话的分量。

山海关和嘉峪关，都久已藏在我的心中，只不过，一个是实的，一个则是“虚”的，直到不久以前。

已经离开30多年了，但生我育我之地——山海关，那巍巍的燕山，浩瀚的渤海，雄峙的关城，至今仍牢牢地嵌在我的心坎上，没有什么力量可以轻易把它移开。

曾记少年时，站在“天下第一关”上，极目眺望，视野紧随着蜿蜒的长城攀上燕山余脉的角山之巅，腾越北去。我天真地边看边想：有朝一日，踏着这巨龙的“脊背”，一步步向西北走去，直到它的“终点”——嘉峪关……

半个世纪过去，当我终于来到嘉峪关前，心情却意外地宁静。是因为年事已长，感情的涟漪不再那么容易掀动，还是由于被眼前的景色所震慑？也许，两者都有。

从侧面望去，矗立在戈壁滩上的嘉峪关城，仿如一艘游弋于大海之中的艨艟巨舰。两座高耸的城楼像舰上的指挥台，整齐的城墙好似舰舷。朝阳给这艘巨舰镶上一圈金边，使它平添了几许威武和壮观。“天山巉削摩肩立，瀚海苍茫入望迷”——林则徐当年对嘉峪关地理环境的描述，从眼前景象，依然可以得到印证。

处于明代长城防御体系东西两端的重要位置，山海关和嘉峪关有不少地方相似（或相近）：两座城关的修建年代大体相同——山海关的年龄比嘉峪关年轻9年。在嘉峪关的长城历史展览室里，还陈列着一块山海关长城的巨砖。

两座城关都有内城、瓮城、罗城和城壕。嘉峪关正门（罗城）门顶城楼，曾悬有“天下第一雄关”匾额，与万里之外的山海关东门城楼上的“天下第一关”匾额一字之差，东西遥对。可惜嘉峪关匾额已经毁于战乱，遗迹难寻。

山海关长城，以关城为中心，南抵渤海，北越燕山，扼守进出东北华北要道，形成“两京锁钥无双地”的险要形势。嘉峪关则处于祁连山和马鬃山之间狭长咽喉地带的最窄处，南北两面的长城就像两只铁钳，卡断了东西通道，成为河西走廊西端的“第一隘口”。

此时此地，像山海关一样，嘉峪关对我来说，终于也成为“实体”——不仅在眼里，而且在心中。只有当我的双脚实实在在地踏上了嘉峪关，“万里长城”才真正在我心中形成一个完整的概念（尽管还算不上精确的科学概念），也才进一步感受到长城不同一般的分量。

在长城脚下生活过的人，对于它的分量，也许感受得更为具体。就说山海关，那里的长城，在中华民族最危险的时候，经受过血与火的洗礼——在日本侵略者的铁蹄下，“天下第一关”成了鬼门关。也就是通过包括“天下第一关”在内的几个关隘，人民解放军直捣平津，挥师南下，解放全中国。联系到这些记忆犹新的历史，这样一座关城，如今岂止是供人观赏凭吊而已？

从山海关到嘉峪关，穿越九省、市，绵延万余里，哪一处长城（只要有迹可寻）不是历史的见证？

长城，一头接着历史，一头连着今天。今天，长城虽然已经成为历史的陈迹，断断续续，但它同中华民族，同我们的祖国是切不断、分不开的。看到它，就会想到祖国的昨天，也会想到为建设祖国的今天和更美好的明天所应肩负的使命。这，就是长城丰富的内涵。长城，属于整个中华民族，属于每一个愿为祖国的繁荣昌盛多作奉献的炎黄子孙。

正因为如此，山海关和嘉峪关，如今对我来说尽管都是关山重隔，不在身边，而我却时时感到，它们仍然沉甸甸地在我心上，并将永远在我心上！

1989年

中国县城里的俄国打工妹

我国东北一些邻近俄罗斯的城市，近年来相继雇请俄国劳务人员从事服务行业工作。不久前，我们同俄国打工妹邂逅，是在一个普通的县城——黑龙江省宁安县。

清晨，在宁安县供销宾馆餐厅一角，6位俄罗斯姑娘正围在一起吃早餐。桌上摆着牛奶、面包和几样小菜。通过翻译，在寒暄中得知，她们来自俄罗斯远东滨海地区城市符拉迪沃斯托克（海参崴），是通过劳务部门正式签约应聘到这家宾馆当服务员的，合同时间一年。姑娘们原来各有本行。胖乎乎的维佳，年华双十，是她们当中最小的，中学毕业生。身材高挑的达戈莉娅，则是环保工作者。她们来中国之前，都经过一年的职业培训。正说着，这帮打工妹的领队列娜也过来了——她原来是个会计师。

据说，这些俄国姑娘的家境都不错，有的家里还有别墅、汽车。问她们为啥要到中国来打工？回答是：要了解和体验一下中国的生活，同时学习中文。还有一条她们没说出口的，那就是赚点钱。对这些俄国打工妹的工作和生活，中国有关方面安排得很周到。她们每人月薪人民币500元，扣除上缴劳务部门等费用，个人实得350元。这个数字如果折成卢布，是颇为可观的。此外还有小费收入。膳、宿和工作服则由宾馆提供。宾馆的伙食花样较多，她们感到满意。更使她们感兴趣的，是中国的市场。五花八门、琳琅满目的商品，对她们很有吸引力。每逢假日，她们就到牡丹江市等地采购。有些姑娘大部分工资都用来买了衣服。难怪问起她们来中国之后的感受，回答几乎都是“很好”。根据合同规定，在中国服务满半年后，每人还有15天假期。听说她们正为如何利用这个假期而“伤脑筋”——回俄罗斯看望家人，还是到中国一些地方去旅游和购物?

对于雇请俄国打工妹，中国有关单位自有一番打算。改善经营、吸引顾客是一个方面。俄国打工妹来到宾馆后，许多客人感到新鲜，纷纷光顾她们所在的餐厅，因而促进了营业。同时，还借助这些都有相当文化程度的俄国姑娘，培训目前甚为紧缺的俄语翻译。此外，聘用单位还有更深一层考虑：为将来到俄国去办合资企业建立联系，打下基础。当然，这最后一条是需要假以时日的。

俄国打工妹在宾馆的上班时间，是中午和晚上。当我们入座吃早餐时，宾馆方面破例安排达戈莉娅参与接待。她身穿一套工作服——白色长袖衬衣，深色长裙，胸前佩戴贴有照片的名卡，端庄大方，举止得体，端稀饭，送点心……有条不紊，似模似样。忙过一轮后，就背手伫立桌旁，随时准备再为客人服务。在宾馆领导的建议下，她以汽水代酒，举杯向客人致意，还用不大标准，却很清晰的中国话致“祝酒词”：“祝愿俄中两国人民友好……”

1992年

此地曾囚张学良

湖南郴州市东郊的苏仙岭上，有座苏仙观。作为历史见证，它记下了张学良将军西安事变后的一段流徙生涯。

从苏仙岭下乘坐空中索道，缓缓“飞”过丛林幽谷，在山顶平稳着陆，一座庙宇矗立眼前。时光倒流67年——1938年初，张学良和夫人于凤至在军统局特务队及宪兵的监护下，从江西萍乡转移到苏仙观时，这里却是另一番景象：垣裂壁颓，梁折柱斜，荒凉破败，院中杂草丛生，室内积尘逾寸。经过一番打扫清理，才在东侧厢房勉强安顿下来。

苏仙岭虽不算高，但山势险峻，仅南面有一条1760级的石板路可达山顶，地形易守难攻，又靠近郴州城，交通方便。这些，也许是军统局选择苏仙观作为蒋介石食言扣押张学良的第五个居留地的原因（前面四个是南京、奉化、黄山和萍乡）。

住进苏仙观后，张学良的日子表面上过得平平淡淡，但他的内心深处却无法平静。当时抗战已经进入第二年，日寇长驱直入，国土大片沦丧，民众陷于水火。作为守土有责的爱国军人、正值壮年的血性男儿，张学良怎甘袖手？他不仅在随身携带的地图上，根据报纸消息标示战局发展变化，还曾要求重披战衣，再赴疆场，却毫无回音，只能在辗转流徙之中，消磨岁月。他的郁闷、焦虑和愤懑，可以想见。有两件事，流传下来：

一是壁上题句。张学良在苏仙观居室的墙上题过字，其中有：“恨天低，大鹏有翅愁难展”之句。据说修复苏仙观时尚在，今已无存，只有一幅拓片挂在“囚禁室”墙上。“张学良题”四字中的“学”是简体字，看来此题款是拓者所加。

二是枪击桂树。张学良曾用看管人员的手枪，向居室外一株桂树射击，以泄满腔怨愤。这株桂树至今依然枝繁叶茂，树身上斑点依稀，据说是当年弹痕。

某些情节确否待考，但它所反映的人们对张学良当时处境的关注和同情，却是真切的。

在苏仙观看管张学良的军统局特务队，共约30人。队长刘乙光，湖南人，黄埔军校四期生。从大陆到台湾，在张学良几十年的囚禁生涯中，他一直不离左右。表面上，特务队对张学良开口“先生”，闭口“副座”，看似“客气”。实际上外松内紧，警戒森严。山上设卡放哨，任何人不得随意走近苏仙观。山下还驻有一个宪兵连。张学良偶尔下山，特务队则兴师动众，前呼后拥，把他与群众隔开。张学良的信件、电报（当时山上不通电话）往来，都受到严格检查和监控。连他身边一名副官写给亲戚的平安家信，也被派驻郴州县城邮局的特务查扣。最后发现，此信是由特务队一名随队男护士带交邮局的。这个护士不久便被逐下山，以“泄露军事机密”罪名判刑。

更加“惊动”特务队的，是一桩“突发事件”。一日，张学良下山到郴州城内浴池洗澡，走在大街上，一名佩戴炮兵中校领章的军官迎面而来，突然向他立正敬礼。张学良镇静自若，既未还礼，更不答话，径自走开。刘乙光当时随行，十分意外，立即调查了解，获悉刚调防到郴州的炮兵旅中，有几名军官原是东北军的，包括那个敬礼的中校。他当时认出了张学良。这一情况，使特务队非常紧张，担心张学良在郴州的消息，一旦在他的东北军旧部中传开，将会产生不堪设想的后果。于是，在打电报向军统局反映和请示的同时，马上准备转移。两天后，便把张学良匆匆搬到郴州邻县永兴的一所小学。不到一月，又奉军统局之命，迁往湘西沅陵凤凰山。

如今，张学良曾经幽居之所，成为纪念地和景点。入门处，陈列着一尊张学良半身塑像，凝望着前来凭吊的人们。旁边墙上是一幅大画，张学良、杨虎城两位将军身着戎装，四目相视。两间房都不大，分别为“囚禁室”和陈列张学良生平事迹的展览室。“囚禁室”里有一张床和普通桌椅。桌上孤灯一盏，让人陡然想起当年与之长夜相伴，“恨天低，大鹏有翅愁难展”的主人公……

2005年

在皇家游艇上作客

10月18日傍晚，广州黄埔新港码头的灯光，把停靠岸边的英国皇家游艇“不列颠号”照得通明。英国女王伊丽莎白二世和王夫爱丁堡公爵在这艘游艇上举行告别招待会。

来宾们通过铺着红地毯的舷梯登上游艇。在舱门口，一位身穿雪白制服的海军军官举手敬礼，两名水兵肃立迎宾。

招待会在游艇中层的两间厅房里举行。伊丽莎白女王和爱丁堡公爵站在入口处，满面笑容，同来宾们一一握手。

应邀出席招待会的客人有：国务委员兼外交部长吴学谦和夫人、广东省省长叶选平和夫人、广州市市长朱森林、香港知名人士霍英东，以及中外各界人士共200多人。厅房里熙熙攘攘，宾主互致问候，亲切交谈，气氛热烈、愉快、轻松。侍者托着盘中的饮料和点心，在人群中灵巧地左穿右插，殷勤递送。

宾客到齐之后，英女王和爱丁堡公爵走进厅里，来到人们中间。英女王穿一身红色衣裙，挎黑色手提包，在以穿深色服装为主的人群中，颇为醒目。她仪态端庄，大方亲切，周旋在宾客之中，既注意倾听对方的谈话，又不时得体地发表自己的见解。

叶选平来到英女王面前，对她和爱丁堡公爵举行这样隆重的招待会表示衷心感谢。英女王说，我也要感谢你和这么多的各方面人士出席招待会。叶选平风趣地说：“今天的天气帮了忙！”因为根据气象预报，受台风影响，广州今天有中到大雨。但是直到此时，除了偶尔一阵小雨之外，天气还算是好的，使女王的访问活动得以顺利进行。所以叶选平说，“天气帮了忙”。

几位穿西装的中年人站在英女王附近，叶选平指着他们向英女王介绍说：“这几位是广东省几家最高学府的负责人！”

英女王看见其中一位——华南农业大学校长卢永根教授佩戴着一条黑红两色相间的领带，便问他：“您这条领带是英国的吧？”卢永根用英语回答英女王：“是的，这是我不久前访问贵国时，苏格兰议会赠送的礼物。”英女王听罢高兴地笑了。

叶选平把红线女介绍给英女王认识，说：“这是我国一位著名的粤剧表演艺术家！”英女王和红线女围绕戏剧话题亲切地谈了一会儿。她对红线女说：“我发现你们中国人的音乐感很强！”

当英女王同笔者交谈时，我向英女王说明了自己的工作单位——羊城晚报，并且告诉她《羊城晚报》正在连载一篇介绍英女王生平的长篇文章《伊丽莎白二世》，在读者中间引起了广泛的注意和浓厚的兴趣。英女王流露出关注的神态，笑着说：

“这很好！”并且随即问道：“在中国，日报多还是晚报多？”我回答说，日报比晚报多，但晚报也有不少家，读者很多。英女王听了微笑点头。

招待会继续进行。人们的谈兴正浓，都围绕着一个主题：友谊。一位英国军官来到我身边，用汉语打招呼：“你好！”并且自我介绍：他是英国驻华大使馆的武官，已经是第二次奉派来中国工作了。他说：“我有三个孩子，其中一个是中国孩子——在香港收养的孤儿，很可爱。我们全家都喜欢中国！”

“不列颠号”皇家游艇上这个愉快的夜晚，再一次生动地告诉人们：英国女王的这次访问，在中英两国关系史上谱写了新的篇章。相聚虽然短暂，友谊地久天长！

1986年

附：一次不能用笔和拍照的采访

在我的记者生涯中，有过一次不能用笔和拍照的采访。

那是1986年10月18日傍晚，英国皇家游艇“不列颠号”停靠在广州黄埔码头。英国女王伊丽莎白二世于即将结束访华行程之际，在皇家游艇上举行告别招待会。根据事先安排，所有记者都不能上船采访。我当时担任羊城晚报总编辑，是以来宾身份应邀登船参加招待会的。

我原以为，这是一次礼仪性活动，不会有什么特别的新闻，因此只打算顺便了解一些现场情景，供不能上船的本报记者翌日发消息时参考。谁知事情出乎预料，我的打算便也随着情况的改变而改变了。

招待会的形式与想象不同，没有事先安排席位，也没有什么仪式。人们聚集在不太宽敞的船舱里，三五成群，手持饮料，自由交谈，气氛轻松。伊丽莎白女王和丈夫爱丁堡公爵周旋于宾客中间，寒暄酬酢，彬彬有礼。英女王的红色裙服，在以深色服装为主的人群中，十分醒目。她走到哪里，哪里便成为交谈的中心。

英女王同广东省省长叶选平交谈时，我刚好站在附近。记者的职业本能使我提醒自己：这样“巧”的采访机会岂可失之交臂！尽管当时一不便用笔记录，二不能拍照留影，但是可以凭眼睛和耳朵，尽可能多捕捉一些现场素材，把它记在脑海里。我见叶省长笑容可掬地对英女王的盛情招待表示谢意，可英女王的答话却因为翻译的声音不大，听得不清楚。经站在前面的一位朋友“传话”，才了解她说的是：“我也要感谢您和各方面人士参加这个招待会。”

接着，英女王又同广州几家大学的校长们交谈。他们讲的是英语，可惜我的英语不过关，尽管比较靠近，仍然听不懂他们对话的全部内容。正在暗自焦急，忽然发现，与英女王交谈得最热烈的原来是我的一位熟人——华南农业大学的卢校长。等他们的谈话结束，英女王转到其他人群中时，我便把卢校长拉到一旁，问他：是什么话题使你们谈得如此起劲？卢校长指了指胸前的领带说：“就从女王问我这条领带的来历谈起的。”原来，英女王看见卢校长佩戴着一条黑红相间的领带，便问他：“您这条领带是英国的吧？”卢回答：“是的，这是我不久前访问贵国时，苏格兰议会赠送的礼物……”

当粤剧表演艺术家红线女来到英女王面前时，围聚的人更多了。叶省长把红线女介绍给英女王，她们两人便亲切交谈。由于人多，我不便挤过去。好在红线女我也认识，等她与英女王交谈完毕退到一旁时，我趋前请她介绍刚才谈话的内容，得知她们谈的是戏剧艺术方面的话题。英女王对红线女说："我发现你们中国人的音乐感很强！"

由于并非为采访而来，我本来没有作同女王交谈的打算。然而，招待会上的气氛感染了我。为了使在"意外"情况下得到的采访机会收获更加充实，我萌发了争取直接同英女王打交道的念头。灵机一动，想起了《羊城晚报》正在连载一部介绍英女王生平的作品《伊丽莎白二世》。如果以此为话题，同英女王交谈几句，岂不是可以给这次"意外"的采访增添一些特色吗？于是，我抓住一个空隙，来到英女王面前，首先通过翻译说明了自己的工作单位——羊城晚报，然后告诉她：一部介绍英女王生平的作品目前正在《羊城晚报》连载，受到读者关注。英女王注意地听了我的介绍，笑着说："这很好！"接着饶有兴味地问道："在中国，日报多还是晚报多？"我回答说，日报比晚报多，但晚报也有不少家，拥有很多读者。英女王听了点头微笑。尽管时间短暂，对话不多，但它已经把英女王同羊城晚报直接联系在一起了。

招待会快结束时，一位英国海军军官来到我身边，主动用汉语打招呼："你好！"并且"自报家门"——他是英国驻华大使馆的武官，已经是第二次奉派来中国工作了。他说："我有三个孩子，其中一个是中国孩子——在香港收养的孤儿，很可爱。我们全家都喜欢中国！"这位英国朋友表达的对中国的友好感情，使我的采访内容又增添了一支动人的插曲。

招待会进行了一个多小时。在不能用笔和拍照的情况下，我抓住可以利用的机会，尽可能地进行了一些采访活动。当晚回家后，通过回忆，把采访的素材和当时现场的情景一一整理出来，连夜写成了一篇现场特写：《在皇家游艇上作客》，刊登在次日的《羊城晚报》一版。

2001年

Ⅳ 域外屐痕

飘拂的白发
——菲律宾纪事

我们中国新闻代表团一行从马尼拉经宿务，到达菲律宾南部的滨海城市三宝颜访问。当晚，出席了市长克利马科的欢迎宴会。

席设二楼大阳台。雨后的夜空，挂着几颗星星。清凉的海风，拂去了白天的燠热。

市长偕同夫人来了。他中等个子，身材粗壮，穿一件菲律宾常见的服装——“巴隆”。最引人注目的，是那一头长长的白发，披散到颈部。菲律宾天气炎热，男人留这种长发的不多，老年人中尤其少见。而他……还是菲律宾朋友帮我们解开了这个“谜”。据说，克利马科市长是为了一个既定的政治目标而蓄起长发的。他曾经表示，不达到这个目标，决不剪短头发。

宴会上，市长热情爽朗，谈笑风生，除了向我们这几个中国客人表示欢迎之意、表达发展中菲两国友谊的愿望之外，他的政见、抱负以至家庭生活等，都是谈话的主题。他说话声音洪亮，喜欢打手势，说到激动处，便站起身来，挥动两臂。这时，长长的白发便随着头部的摇晃而颤动。有时，几缕白发还被夜风吹得飘拂起来。

餐毕，我们向主人告辞，以为同市长打交道到此为止了。不料他却宣布：“明天早上如果不下雨，我请你们到郊外去野餐！”

翌晨，天气晴朗。我们乘车前往野餐目的地。克利马科市长自己驾着吉普车，在前面引路。驶到一个路口，交通阻塞，车辆排成长龙。只见他敏捷地跳下车，掏出一只哨子，“嘟，嘟，嘟”地吹了起来，边吹边打手势，指挥车辆进退，不大工夫，便把道路疏通了。过往行人，纷纷同他打招呼，就像熟悉的朋友。

野餐地点是个小山头，四周山峦环抱，可以俯瞰市区。在铁皮顶盖下面，有几排用木板搭成的桌凳。设备虽然简单，食物却颇丰盛。加上这里空气清新，风景宜人，更使人食欲顿增。经过昨晚的相处，市长同我们已经熟起来了，不时开上两句玩笑。当我们为这顿可口的野餐对市长表示感谢时，他故作正经地说："如果你们不把桌上的东西全部吃光，这顿饭就由你们付钱！"话音刚落，自己先哈哈大笑。那一头长长的白发，又跟着颤动起来。

野餐快要结束的时候，市长用餐刀敲了敲杯子，站起身来，面向在座的几位当地华人，缓缓地说道："我把你们请来，不单是为了吃饭。这座山头现在还没有很好地开发利用。我希望你们也能够出把力，协助市政府把它早日开发出来。到那时候，我要把它命名为'中国山'。"这时，我们当中的一位插嘴说："最好叫'中菲友谊山'。""好，就叫这个名字！"市长爽快地答道。

中午，当地华侨在"乡村居"餐厅招待我们。"乡村居"餐厅是半露天式的，中间以一棵枝繁叶茂的大树做柱，用竹子搭成一个大棚，下设竹桌、竹凳，连盛食物的盘子都是竹编的。大棚四周无墙，环绕着椰树和蕉树。

我们刚刚坐定，克利马科市长又出现在眼前。这一餐吃的是手抓饭。市长率先行动，把盘子里的米饭和菜用手捏在一起，送进嘴里，吃得津津有味。忽然，他发现我们这些中国客人似乎面有难色，便笑着指指桌上备用的刀叉说："请便！"

饭后，市长一挥手，又把我们带到市政府院子里，指着一棵高高的椰子树说："我请你们喝椰子水！"跟着便要人上树砍椰子，谁知那人还未来到。市长嘟囔了两句什么，转身跨上一辆摩托车，"突突突"一阵响过，便无影无踪了。过了片刻，又是"突突突"一阵响过，只见他已经回来，摩托车后座上，坐着一个手持大砍刀的小伙子。

转眼间，小伙子像猴子般敏捷地爬上了树顶，手起刀落，圆圆的椰子一个个掉到地上，"咚咚"有声，用刀破开之后，市长亲自把乳白色的椰子水倒进杯里，一一递给我们。大家把杯子高高举起，站成一圈，用不同的语言，共祝中菲友谊不断发展，祝愿68岁的老市长健康长寿。这动人的场景，当即被摄进了镜头。彩色的照片，已经收藏进我的相册。然而，谁曾料到，时隔不到一个月，11月15日，他却不幸遇刺身亡……

我的眼前，仍然是那一缕缕飘拂的白发。

1984年

千杯少
——日本偶拾

在日本访问那些日子，每逢吃“和式料理”（日本餐），心情多少有点儿矛盾：既觉得新鲜，又有几分“怕”——除了要硬着头皮吃生鱼生虾之类外，还得从头跪到尾。没有这种饮食习惯的人，真是别有一番滋味在心头。

一天晚上，神户新闻界宴请我们这些来自中国广东的同行。听说地点是一家日本餐馆，心里不免又七上八下。谁知进得门去，疑虑顿消。原来，这一餐吃的是日本火锅，而且桌椅齐备，不必跪坐。

日本火锅同广东的“打边炉”差别不大。鱼片、鲜虾、牛肉、豆腐等，罗列满桌，任君选择，尽可以浸得熟透再往嘴里送。几双筷子同时伸进一只锅里，热气腾腾，闹闹哄哄，下午才相识的宾主双方，一下子好像成了老交情。

日本酒虽清淡，一杯又一杯，仍然发挥了它的作用。一个个脸上发烧，嗓门提高……我们身为客人，开头还较拘谨，渐渐也沉不住气了。只听得同行林君举杯祝酒：“酒逢知己千杯少，来，干杯！”日本朋友纷纷用生硬的汉语响应：“干杯！”于是，一只只杯底又朝了天。

有位日本朋友把手一招，叫服务员取来纸笔，请林君把“酒逢知己千杯少”这七个字写下来。林君一挥而就。日本朋友都识汉字，边读边赞叹。蓦地，有人举杯高呼：“千杯少！”——原来，那七个汉字日本朋友虽然认识，意思也懂，但若叫他们用汉语一口气读下来就为难了，虽经我们耐心“辅导”，仍然结结巴巴，念不成个句子。他们干脆来个“斩头留尾”，只要后面三个字：“千杯少”——一时之间，此伏彼起，不绝于耳……

“千杯少”自然带有夸张味道，而“酒逢知己”，在席间却不难得到印证。大家不拘礼节，热烈交谈，趁有纸笔在，还纷纷挥毫，互相签名留念。连那些塑料茶杯垫也派上用场，签满了名字。

日本朋友的名字，都用汉字（读音与汉语有别），有些从字面上看，也颇有意思。譬如，《神户新闻》的一位先生叫柴田耕司。我们望文生义，同他开玩笑说：“就凭你这个名字，可以当农业部长了！”他听了哈哈大笑，又干一杯。

杯盏之间，友情初建。彼此更深一层的了解，则是在两次参观访问神户新闻社之后。

第一次是“表敬访问”（礼节性拜访），只有一小时，主要听报社负责人介绍情况。从中得知：创刊于1896年、已近百年历史的《神户新闻》，每天分别出版朝刊（日报）和夕刊（晚报）。朝刊每份20至24版，日发行量约50万份；夕刊8至14个版，日发量约28万份。还出版一份《每日体育新闻》，发行30多万份。这些报纸都通过几百家“报纸小卖店”发行。报社现有员工1400人，其中编辑、记者约300人。

次日，再去报社拜访。这次安排了一个下午，先参观后座谈。

来到编辑部的一间大办公室（好像是“社会部”），只见几排办公桌一张挨一张，密密麻麻。一些桌子上放有电脑，有的编辑正在利用它组版。接着参观信息储存中心。据介绍，每天报纸出版后，所有内容便分别储进信息中心的电脑，以备随时检索。

转过两个弯，忽闻机声隆隆。只见一排印刷机迎面矗立，正在吐出一份份当天的晚报。这里，既有先进的胶印机，也有50年代后期的轮转机。还见到一位工人，俯身在版台前，手执“字钳”，对着“大样”，正在逐字修改。

过道上，摆着自动售货机，出售各种饮料。一杯茶售价100日元（约合人民币2元多）。旁边贴着报社警备课（相当于我们的保卫科）的告示：“行走间禁烟”……

回到会客室，神户新闻社的编集局长（大约相当于我们的总编室主任）田崎先生和论说委员上羽先生同我们促膝交谈，话题大都围绕着报社的“人”。

第一次拜访时就了解到，神户新闻社1400名员工中，妇女只有34名（编辑部占了11名）。座谈时，我们请教田畸编集局长，这种“阳盛阴衰”的现象如何解释？他说，主要原因有二：一是因为报社员工中有相当部分要上夜班，而日本法律规定，妇女一般是不能上夜班的；二是女职工婚后生小孩有五个月产假，再加上一年的无薪假期，这样一来，工作不可能不受影响。所以，报社老板对于吸收女职工不是那么积极。他也向我们问起中国新闻机构中妇女的地位。我们据实相告：每个新闻单位妇女都占有相当比重，除个别工种外，遍及各个岗位。她们当中不仅有许多是部门负责人，有的还进入了本单位的领导班子。至于产假等等，则按照有关规定，照休不误……田崎和上羽边听边点头。

在神户新闻社的办公室和车间里，张挂着一些引人注目的大小标语，上面写着：“争取年终增加奖金斗争胜利”。许多员工佩戴纸做的臂章，上写两个字：“团结”。当我们向田崎先生提起此事时，他用“司空见惯”的口吻说，这种由工会组织的、争取改善职工生活待遇的活动经常有。他还补充道：报社里部长（中层干部）以上的人员是不参加工会的。

虽然份属同行，毕竟国家不同，社会制度也不同，因此在许多地方是有差别的。但在另一些事情上，却又不乏相同或近似之处。

譬如，神户新闻社的员工，除公共假期外，每年还有一定天数的休假，但由于工作忙，不少人往往无法享受。在中国（起码是我所在单位），何尝不是这样？至于彼此之间的共同语言，当然还是有的，那就是：“酒逢知己千杯少”——它发自肺腑，充满感情，令人难忘！

1990年

“自由神”上说进退

——美国漫笔

爬呀爬，奋力爬，一步又一步，一个跟一个……

此刻，我身在耸立于纽约哈德逊河口自由岛上的自由女神像“腹”中，攀着又窄又陡的螺旋形阶梯，一步步迈向女神的冠顶。

走进这座重达225吨的巨型铜像的基座大门时，人人都可以有两种选择：乘电梯或爬上去。前者轻松，但只能到达女神像内第10层（共22层）的平台。要想登上距基座47米高的女神头部，领略“一览众‘楼’小”的滋味，唯有沿着阶梯，一步步地再往上爬12层。

考虑到我的年纪，陪同的朋友曾经劝道：“乘电梯到10层看看算了！”我却抱着“既来之，则上之”的心情，谢绝他的好意，加入了攀登者的队伍，从基座起步。

开头还好，阶梯较平且宽，加之前面人多，时有阻塞，我们爬几步停一下，说说笑笑，倒也不觉累。

阶梯渐高，渐陡，渐窄。抬头望望，女神顶部还高高在上，自己的双脚却开始觉得“分量”逐步加重了。此时，四面透明的电梯就在身旁，穿梭上下，比在大门口更具有诱惑力。此外，在每一个较大的转弯处，攀登者如果觉得难以坚持的话，都可以一步跨过，沿着另一条阶梯，下到地面。直到登上螺旋梯之前，上还是下？进还是退？仍有一次“最后的选择”。也确有少数“顶不住”的人来到这里向后转。然而，瞻前顾后，男女老少，“攀兴”正浓，于是，我也咬一咬牙，上！

登上螺旋梯，位置狭窄，仅可容身。前面爬得急，后面跟得紧，夹在中间的便只能前进，不能停顿，更无法后退了。

往上看，女神顶部遥遥在望，但还有一大段曲折、陡峭的距离。

往下看，才发现自己身在半空，而螺旋梯的护栏又不高，颇有几分险意。心脏不太健康者，最好不要下望。

往前后看，只见队伍中人表情不一，神态各异：有的从容不迫，谈笑自若；有的神色紧张，步履艰难；有的不仅自己攀登，还要关照身边的稚子……

同来的J先生，是个颇有分量的“大块头”，肥胖的身躯，挤满了螺旋阶梯他所占位置的有限空间。只见他微微喘息，但仍登攀不止……

同伴们互相招呼着，鼓舞着：加把劲，快到了！

终于，眼前豁然开朗——我们登上了女神像顶端。这里四面有窗，从窗口远眺，纽约这座“站着的城市”，矗立在水天之间，高楼林立，错落有致，气势不凡。再望望附近海面，乳白色的渡轮就像航海模型一般……

可惜，这里只能停留片刻，便须下去。此时此地，没有什么“自由”可言，也没有商量余地。因为地方狭窄，后面还有游客源源不断地上来。

不过，要说这里没有任何一点可以表现“自由”的东西，也不尽然。就在女神像顶部的横梁上，有几行用白粉写下的英文，歪歪扭扭，从文尾写的日期可以猜到，是“××到此一游”之类的“墨迹”。看来，有此“好”者，中外皆同！

1992年

"日不落帝国"阳光稀
——英国掠影

英国曾号称"日不落帝国"，这是它对昔日"鼎盛时期"，拥有的殖民地遍布世界各个角落的自矜。踏上英国本土，却发现这里的阳光并不那么充足。

11月上旬的一天，在靠近爱尔兰海的普林斯顿，我们参观一家印刷机制造厂出来，正准备去吃午饭，一位同事忽然有所发现："怎么这太阳已经偏西了？"看看手表，12点刚过。再瞧瞧太阳，倒真像广州下午三四点钟的光景。

初冬的伦敦，晴天时也是下午3点多钟太阳就"拜拜"了。转眼间一片朦胧，万家灯火。我们在伦敦逗留数日，遇到过两个晴天（包括晴间多云）。阳光下的伦敦，也不乏"耀眼"的地方。白金汉宫前广场上的胜利女神像金光闪闪，与列队经过广场的王宫"御林军"吹奏的铜管乐器相映生辉。著名的"大笨钟"钟面的时刻，在阳光下格外清晰。矗立在泰晤士河上的伦敦塔桥，由于阳光照射，更显得轮廓分明，雄伟壮观。空旷的海德公园也洒满阳光。这里见不到一个演说者，有的却是在湖面游弋的天鹅和湖边觅食的鸽群。忽然，两辆装饰华丽的马车驰进园门。除了车后各站着两名穿红衣的侍卫之外，还有挎刀的警察骑马护送。驾车的骏马，枣红色皮毛在阳光下熠熠发亮。据说，这是一位海军上将出来"散步"。

然而，就在这块土地上，起码当前这个季节，不仅昼短夜长，而且不时云遮雾罩，风雨交加。那天，我们乘船沿泰晤士河而上，寒风阵阵，冷雨霏霏，两岸的伦敦塔、圣保罗教堂等景点，还有一座座桥梁、一幢幢大厦，以及岸边的行人车辆，都被遮掩在迷蒙的烟雨之中……

为应付这种恶劣天气，许多当地人常常手不离伞，身不离“干湿褛”（风雨衣），顶风冒雨，四处奔波。在线路复杂的伦敦地铁站里，乘客们行色匆匆。即使是那些“白领阶层”，此时此地似乎也顾不上什么“绅士风度”了。酒吧是许多伦敦人消磨夜晚时光的去处，寒风冷雨之中，生意尤其兴隆。在以夏洛克·福尔摩斯命名的小酒馆里（据说小说作者当年经常在此喝酒，构思福尔摩斯探案的故事），座无虚席。人们三三两两，有坐有站，手持酒杯，或高谈阔论，或喁喁细语。室内有暖气，许多酒客都脱了外套，就在此时，外面街角上，报贩（大多是老年男子）在寒风中销售当天的晚报。附近的垃圾堆旁，也有衣着寒酸的人在翻拣……

无论在阳光下，还是在风雨中，总有一些事情给人留下“不一般”的印象。在伦敦地铁站，我们连续两天在两处碰到自动扶梯临时被封闭，旁边贴的告示写着：“这里发现炸弹，暂停使用。”离开伦敦之际，踏进希思罗国际机场大厅，迎面就见到一名警察手持自动步枪在执勤，目光扫视着来往的人群。一位同事在登机前检查行李时，被检查人员留下开箱查看。原来，皮箱里有一把折叠伞——检查人员把它当成了什么？看来只有他自己“心知肚明”了。

登机时，又不见阳光。

1993年

罗拔逊议员和他的资料夹
——澳大利亚印象

1996年11月，我随广东省人大考察团访问澳大利亚昆士兰州议会。州议员斯蒂芬·罗拔逊先生热情邀我们去他的选区——阳光岸区看看。

罗拔逊30多岁，中等身材，戴一副金边眼镜，斯文中透出几分干练。他先送给我们每人一个资料夹，里面是关于选区和他个人的文字材料，其中有些是中文的。原来，阳光岸区是昆士兰州华人居住比较集中的地区，选民中华人约占五分之一。罗拔逊很重视华人的作用，争取他们的支持。他还公开抨击过某些政客鼓吹的种族歧视言论。

从资料夹中的“个人简历”得知，罗拔逊原来在消防员工会工作，1992年作为工党候选人当选州议员，1995年连选连任。这叠材料中，有一份“告选民书”，是1995年罗拔逊竞选连任州议员时印制的，开头称呼是“亲爱的邻居”，然后写道：“1992年州议会选举时……我的承诺是，聆听你们的要求，忠实地在政府政策的层面反映你们的意见……当选后不懈地为本区争取到相当的资金，改善及增加本区的社区服务。”接着就此逐一举例为证，其中包括为当地学校争取到3000多万澳元的经费和津贴等，共有六项。罗拔逊在“告选民书”中表示，“本人将继续努力，为你和社区服务，无怨无悔”，“把你的意见带到政府去，为你争取合理权益”最后还呼吁，“在选举当日，要求各位再度给予支持”，投他一票。

资料夹里还有一张1996年的日历卡。与一般日历卡不同的是，上半部印有罗拔逊的照片以及姓名、地址、联系电话等。据罗拔逊说，这张日历卡分送给选区的各家各户，希望居民们把它贴在冰箱门上，在查看日历的同时，也能“见到”他。

在贴着中国剪纸，挂着有“吉祥”“福”等汉字竹刻的选区办公室里，罗拔逊以“告选民书”和日历卡为话头，谈起了自己“议员生涯”的感受。他说，阳光岸区是昆士兰州的富庶地区，不少居民属于富裕阶层。在这个地区，标榜代表工人和其他平民利益的工党，在竞选中获胜很不容易。面对这种情况，罗拔逊能够连续两届当选州议员（每个选区只有一名），他认为反映出一个问题：选民投票时不一定完全针对政党，更主要的是考虑选出的人对待选民如何，能不能真正为大家办事。

像其他州议员一样，罗拔逊是专职的。除去参加州议会会议外，其他时间他大都在选区，但不仅仅坐办公室，而是到区内的学校、医院、商店等各处活动，了解情况，听取意见，同选民们商量问题。他说，只有经常同选民见面，选民才承认你的存在，知道你在为他们工作。

书面征求意见，也是罗拔逊联系选民的手段之一。在资料夹里，有一张调查表。据罗拔逊介绍，每当有新居民迁来本区时，就会收到这张表。表上列出选区内有关教育、保健、交通、治安、环保等方面的内容，征询“新邻居”的意见和要求。选区办公室收到表后，就同填表者建立联系，并经常寄去有关资料。资料夹里还有一张“便民表”，上面印满了区内与居民关系密切的各种服务机构名称、地址和电话号码，通过广泛派发，使居民一“表”在手，一目了然，方便实用。当然，此表也没有漏掉印上罗拔逊的姓名和照片以及地址、电话等。

罗拔逊说，当州议会通过的议案与选区利益冲突时，作为本选区选出的州议员，如何妥善处理，尽量把两边的利益“摆平”，此事也非同小可，搞不好会酿成轩然大波，不仅有损选民权益，也直接影响到选民对议员的信任和支持。1995年，州议会通过一项议案，决定修建南布里斯班公路。它对改善州的交通状况有好处。但公路要穿过一片树林和选区内的一些居民点，不仅影响绿化，也带来噪音。环保工作者和一些居民游行请愿，坚决反对。罗拔逊一方面支持这些选民的要求，同时也做政府的工作，协助寻求解决办法，终于找到了既照顾选民的利益，公路又可开通的两全之策——由政府出资，沿公路修筑隔音墙，减轻居民区的噪音干扰；同时另拨土地植树，补偿绿化损失。由于此事处理得当，罗拔逊也赢得了选民的理解和支持，成为他连选连任州议员的一个有利条件。

参观新利班山小学，是罗拔逊这次邀请我们访问选区的一项重点活动。学校近千名学生中，五分之一以上是华裔子弟。五、六年级学中文。一些学生初到时不会讲英语，学校照样把他们编入正常班，在与其他同学交流的同时，由老师专门带教。当我们走进教室时，只见学生们分成几组，有的做作业，有的回答老师提问，气氛轻松活跃。谈起学校的情况，罗拔逊如数家珍。老师、学生，还有临时来校的家长，都同他很熟，无拘无束，几乎看不出他是校外人士。这些，似乎印证了罗拔逊对我们说过的一番话：“关心教育，是议会工作的重要方面。作为议员，要多到学校去，为他们做事情。”

1997年

两位“史先生”

——新西兰见闻

1996年岁末，在新西兰第一大城市奥克兰访问时，结识了市政会两位人士：一位是墨瑞·史密斯，秘书处主任；另一位是约翰·史特文斯，议员、市宣传委员会主席。参照中国习惯，不妨都称他们为“史先生”。

一

在市政会大厦，首先见到史密斯。握手寒暄之后，他把我们带进一间会议室。这位“史先生”身材高大，服饰整洁，开门见山自我介绍：“我不是政治家，是一名高级管理人员。我负责对外联络，同时照料市政会成员的工作。”接着宣布：“我们今天的讨论分成两节，第一节从现在（上午9时）到10时15分。”然后就站到一块白板前面，像个教师那样，指着板上挂的地图，开始“讲课”。他全面介绍了新西兰三级政府——中央政府、区域政府和地方政府的结构、职能及其“三位一体的网络式关系”，重点是奥克兰市的情况。奥克兰市是1989年新西兰实施地方政府改革后重新组成的。它合并了原来的11个市、区，人口30多万。奥克兰和其他6个地区，共同组成奥克兰大行政区（相当于中国的省），人口约占全国三分之一。

新西兰只有国家议会，而且是一院制。地方则不设议会。针对这个大家感兴趣的问题，史密斯告诉我们，作为市一级的地方最高机构，奥克兰市政会身兼二职：既是政府，又是议会。由全市公民选出的市长，兼任市政会主席。议员由全市10个社区分别选出。副市长（议员之一）

由市政会任命。市政会下设一些专门委员会（或理事会），负责相关领域的决策等工作。其中有些机构分工很细，如动物园、美术馆都有专门的理事会去管理。市政会还任命一位最高行政官，负责管理市政会日常工作及其1600名工作人员。我们很想知道：议会与政府“合二而一”，那么，“监督”与“被监督”的关系如何体现？对此，史密斯没有正面回答，只强调了一点：“所有的工作都必须在法律范围内完成。”

10时15分左右，服务人员推着小车送来咖啡和点心。史密斯停下来，邀请我们共进“上午茶”。在边吃边聊中，我们得知：这位“史先生”对中国并不陌生。原来，奥克兰与广州是友好城市。早在1990年5月，史密斯就到广州访问过。那次给他留下的印象之一是“太热了”，动不动就出汗。去年9月，他又一次来到广州，参加在那里举行的第2届亚太城市首脑会议。这次的印象比上次又有不同。他说：中秋之夜，在珠江边上的白天鹅宾馆赏月，天气很好，月亮又大又圆……

喝完咖啡，史密斯继续介绍，其中有两件与市长（市政会主席）直接有关的事：一是薪水。中央政府规定的原则是“与所在市人口成正比”——即所辖人口越多薪水越高。由于奥克兰是新西兰最大的城市，人口居各城市之首，因而市长可领取规定的最高薪水，具体数字则由市政会议员决定。目前市长年薪是8.3万新元（约合55万人民币），另有开销津贴。二是用车。市长有专车，但只在官方场合活动时才配备司机。其他时间，只好“贵客自理”了。

11时半，史密斯看了看表，说道：“今天就谈到这里。中午史特文斯议员请你们吃饭，我就不陪了。”然后，像教师那样，准时“下课”，握手道别。

二

另一位“史先生”——史特文斯议员请我们吃饭的游艇大饭店，坐落在风景如画的马尔纳港湾。从紧靠餐桌旁的大玻璃窗望出去，但见蓝天下，碧水中，帆樯林立，泊满了大小游艇。新西兰是个出名的“游艇王国”，据说全国共有7万多艘，看起来名不虚传。鳞次栉比的游艇后面，露出港湾大桥雄伟的身影。

史特文斯个子不高，十分健谈。一见面，他就对我们当中一位广州市人大负责人风趣地说：“新西兰有句俗话：‘人有两顶帽子’，您也有两个头衔。”原来，史特文斯最初看到“广东省人大常委会考察团”（我们此次出访的团体）这个名称时，并未意识到也有广州市人大的成员在内，直至收到传真发来的名单后，才知道那位广州市人大负责人也在其中，因此用了“两个头衔”作形容。他还说：“我过去不了解中国的人民代表大会有如此之多的层次。”接着，话锋一转，便向我们问起中国人大的机构、选举等有关情况，谈吐之间，颇为中肯，令人不禁想到，他是一位已在市政会工作了27年的资深议员。

如果说前一位“史先生”——史密斯给我们介绍情况时是侃侃而谈，这位“史先生”——史特文斯同我们交谈时则是娓娓道来。也许因为是在饭桌上，彼此少了几分拘束；还有一条——史特文斯同广东（尤其是广州）颇有一点“缘分”，“共同语言”也就多了。作为奥克兰市商务代表团成员或者负责对外联络交流的友好使者，从1988年至今，他已经去过广东四五次，曾在广州参观南越王墓，到番禺品尝葡萄酒，去深圳欣赏文艺演出……他觉得，广州这些年变化很大，很有意思。广州的餐馆酒楼，引起他的莫大兴趣。他说，对广州的正餐已经可以适应，但“早茶”还不大习惯。他认为：在新西兰要找中餐馆并不难，可要找具有“广州水平”的就难了。史特文斯写过一篇文章，列举世界上一些地方的著名餐馆，其中广州就有5家。

对于广州的“毛病”，他也直言不讳——马路拥塞，交通不畅。他半开玩笑地对我们提了个建议：当地官员应当少坐小汽车，多乘公共汽车，每周一天也好。“这样不是可以减轻一些交通压力吗？”他认真地问我们。

对于中国和中国人，史特文斯怀着友好的感情。去年10月1日，在中国驻奥克兰总领事馆举行的国庆招待会上，代表奥克兰市政当局致祝词的就是他。他对中国人的评价是：容易接近，有幽默感。不像有的国家的人那样——你同他讲笑话，他也笑不起来。史特文斯希望中国代表团多来访问，又不无遗憾地说：“可惜日程往往安排得太紧……”

我们欢迎史特文斯再来广州。他回答说：“希望下次去时，能看到广州地铁通车。”又补充一句：“通车典礼上，最好开新西兰香槟酒庆祝。早一点通知我，来得及装船发运！”——也许带点开玩笑，可毕竟“三句话不离本行”。原来，这位“史先生”除担任市政会的职务外，“本行”是当地一家连锁店公司的老板。

1997年

巡礼桂河桥

——泰国游踪

桂河桥，屹立在泰缅边境的桂河上。

桥上，游人熙攘，你来我往；

桥下，河水潺湲，静静流淌。

桥头，那颗巨大的炸弹模型，却陡然把时光拉回半个多世纪之前——

1942年冬天，太平洋战争进入第二年。日本侵略军决定在泰国境内赶修一条铁路，作为通往缅甸和马来西亚的陆上运输线。为此，包括英、美、澳、荷等国军人在内的6万多名战俘，还有大批劳工，被强迫集中在泰国北碧府的层峦叠嶂之中，在工程艰险、气候恶劣、生活条件极差的情况下做苦工。超负荷的劳动和饥饿、疾病的折磨，使10多万人为这条长仅4.5公里的铁路付出了生命，其中盟军战俘1万多人。这是一条人们称之为用尸体作枕木铺成的“死亡铁路”。细算起来，每条枕木下面，何止一具尸体！

桂河桥附近一个基座的顶部，雕刻着“死亡铁路”的线路图和参加筑路及为此葬身的人数。离此不远的大片墓地，埋的都是身死异乡的筑路者的尸骸。这一切，都在为当年的惨况默默作证。

桂河桥横跨在库奈和库雅两个山谷之间。“死亡铁路”从桥上穿过，通往缅甸。桂河桥建成之后，由于是日军军事运输线的要害所在，曾几次被盟军飞机炸断。现在矗立的拱形桥梁，是二战末期重建的，可能不久前刷过油漆，并不显得陈旧。桥面不宽，铁路是窄轨。上桥游人多时，往往摩肩接踵，甚至要互相侧身避让。不时还有一列小火车鸣响长笛，缓缓通过。但那只不过是历史纪念物，供旅游者乘坐观光，而且不再驶往缅甸了。

今日桂河桥上下，蜂拥着肤色不同、语言各异的诸色人等。他们大都来自天南地北，匆匆到此一游；不时有当年筑路死难者的亲友，到这里徘徊凭吊。桥头一带的摊档，出售的旅游纪念品和其他商品也是土洋杂陈，五花八门：既有泰国的工艺品（以大象为代表）和食品（榴莲糖之类最多），也有缅甸的玉石和烟。与欧洲、东南亚等地古钱币摆在一起的，还有孙中山、“袁大头”等图像的中国银元——至于真假则是另外一回事了。

桂河边，码头上，一艘艘游船在候客。这种游船方方正正，像一间木屋，三面无窗，由汽艇拖带而行。舱内很宽敞，备有桌椅，供应餐饮，还可以唱卡拉OK和跳舞。

登船时，恰值傍晚。圆圆的夕阳，挂在远山之巅，映照得河水金波荡漾。船走，夕阳也走，似乎依依不舍。船越行越快，夕阳步步紧追，渐渐落后，缓缓下坠，剩下大半个、小半个……终于完全隐入山后。本来晴朗的天空，霎时一片灰暗……

此时，船上灯火齐明。人们饱餐之余，兴致盎然，引吭高歌，翩翩起舞。旁边经过的游船，也传来阵阵歌声和欢笑。

只有桂河桥依然默默屹立。它莫非在倾听人们的欢声笑语？还是想提醒人们：在欢乐中不要忘记什么……

2000年

走近海参崴
——俄罗斯一瞥

2000年之秋，我有机会去俄罗斯远东地区最大的海滨城市符拉迪沃斯托克（海参崴）一行，来去三天，匆匆一瞥，留下了若干尚堪一记的印象。

一、和平日子里的炮声

“咚！”一声巨响，把人吓了一跳。循声望过去，只见几名年轻的俄罗斯士兵，正嘻嘻哈哈地离开山头的炮位。高昂的炮口还散发着袅袅硝烟。原来，我们听到的是海参崴每天中午12时鸣放的“午炮”。

这是和平日子里的炮声。在这座俄罗斯太平洋沿岸最大的港口城市里，带有军事色彩的东西不难找到。因为它同时也是军港，俄国太平洋舰队司令部驻地。

“午炮”炮位所在的地方，本身就是一座遍布明碉暗堡的军事要塞。各种火炮、坦克等分布山头，大多是二战期间的，只供参观。要塞的隧道，则是一个军事博物馆，陈列着俄罗斯军人的史迹。

一艘艘灰色的军舰，停泊在要塞附近的金角湾。岸上，陈列着一艘“英雄潜艇”——二战期间，它曾击沉17艘德国军舰，如今，默默地在这里任人观赏。当地一些青年人结婚时，也要在潜艇旁照张纪念像。

潜艇附近，就是太平洋舰队司令部的大楼。从正面望去，大门口似乎粉刷过。再从侧面看，则显得陈旧，有些窗口还贴着旧报纸遮阳。据报载，俄罗斯一位副总理视察太平洋舰队时，曾说过这样的话：“看来，太平洋舰队今年将度过一个没有燃料的冬天了。”太平洋舰队司令部的“门面”，是否也在某种程度上印证着这位副总理的话？

毕竟不是战争年代了。除了军事色彩，海参崴还有许多和平生活的镜头。最引人注目的，就是那个“英雄战士广场”——如今的农贸市场。从高处望去，熙熙攘攘，人声鼎沸。走近再看，大小车辆和摊档依次排开，成行成市。有些档主手拿扩音器，大声推销。人们摩肩接踵，挑拣选购。摆卖的东西以农副产品和食品为主，也有一些手工艺品。在出售面包、土豆、黄瓜等的摊档前面，顾客们（尽管不算很多）自觉地排队购买。大都很快“成交”，没见到讨价还价的。

二、斜路与礼让

海参崴给初到者的印象，是个比较有秩序的城市。

海参崴的马路不算很宽，因为处于丘陵地带，转弯多，斜坡多，比较“考”司机。交通秩序看上去却不错，汽车不少，但开得不太快，而且彼此注意“礼让”，见到行人横过马路时，也往往主动停车。

这里的人比较注意遵守公共秩序，除了行车礼让和农贸市场上购物排除之外，还表现在搭乘公共汽车上。据说，市内的公共汽车是免费的。但我们在公共汽车站所见，乘客们都是排成一行，依次上车，并无争先恐后、乱成一团的现象。

如果把“秩序”的范围扩大一些，谈到社会治安秩序，那就不是如此平静的局面了。当地的人提醒说：这里的社会治安情况并不好，尤其是晚上出门，更要多加小心。果然，我们到达的当晚，某旅游团的两名中国人就在街上遭劫，被抢去钱包，还要到警察局去“协助调查”，花去不少时间。

三、他们这样服务

在海参崴一些与外来人打交道的“窗口”，服务人员给人的印象是两个字：冷漠。

我们下榻的宾馆（据说在当地算是高档）的服务员，个个不苟言笑。楼层女服务员当门“坐镇”，见有客人进来，也不打招呼，甚至眼皮也不抬。有一次，我们来到楼层入口，玻璃门推不开，又没有门铃可按，只好用力拍门。此时，坐在里面的服务员才抬头望望我们，起身开门，仍是一言不发，转身落座。宾馆里基本上是自助式服务。要喝开水吗？请自己提着壶到开水房去打……

商店里顾客不多，售货员倒不少。他们有的“扎堆”闲聊，有的埋头看书，有的干脆扭过身去，以背对客。当然也有面对顾客的，只是面无表情，你问一句，他答一声。

导游小姐萨莎，23岁，自我介绍是海参崴远东国立大学汉语系毕业生。她的汉语说得还算流畅，只是发音欠准，一些字眼带有山东腔调——不知是否与她的“启蒙老师”有关？开头，她的服务也还“到位”。次日出行不久，却突然宣布：今天是母亲生日，下午要回家贺寿，因此“失陪”，请一位母校的“师妹”来代替自己。那位“师妹”（不知什么时候已经进入车厢）比萨莎还年轻，汉语水平也略逊一筹。她随口介绍了几个沿途景点之后，车子三转两拐，一下子又把我们带进了一家旅游品商店——而且是萨莎头一天带我们光顾过的。

2000年

V 杂文随笔

“后生”

1963年元旦，在全国政协招待七十岁以上老人的宴会上，周总理祝酒时说了这样一段话：

“四年前政协全国委员会曾邀集六十岁以上的老人举行了一个茶会，当时我刚好过了六十一岁，我也列入了老人的队伍。四年以后的今天，同七十岁以上的老人在一起时，我又变成了后生。”

“后生”这两个字洋溢着无限生机，它象征着青春、朝气、奋发向上、前途无量……也正因此，人们才说：“后生可畏！”“后生”是值得热爱和珍惜的字眼；更弥足珍贵的是，它出自一位“年逾花甲”的长者之口。这不仅说明了革命领袖的质朴谦逊，而且生动地体现出一种高瞻远瞩、胸襟开阔的革命乐观主义精神。它使我想起一支歌：《革命人永远是年轻》！

生活在幸福的新社会，“越活越年轻”已经是老一辈的同感了。但是，真正能够永葆青春、不断前进的，却只有那些把自己的全部生命同永不凋谢的共产主义事业融为一体的革命人！在大革命失败的危急之秋，冒着砍头的危险，以五十高龄毅然加入中国共产党的徐特立同志，就是生动的榜样。他——以及许许多多老而弥坚的革命前辈，尽管须发皆白，却仍然不愧是“可畏”的“后生”。

然而，也有那么一些后生：年纪不过三十，却偏偏喜欢摸着“偶有几根短髭”的下巴，愁眉苦脸，唉声叹气：“老了！”神情迷惘，声调空虚。他们也有“进取心” 但“进取”的“极限”常常突不破个人、家庭的小圈圈；他们偶尔也会“奋发向上”，但由于动力不足、动机不纯，往往难于坚持，遇到困难便徘徊踟蹰，甚至一蹶不振……

是力争做永葆青春、老而弥坚的后生，还是甘愿当徒具虚名、未老先衰的后生？当这新岁之首，瞻前顾后的时候，不是很值得深思的么？要想到了须发皆白的时候还能自豪地称自己一声“后生”那就趁年轻力壮的时候，尽最大努力先做一个名副其实的后生吧——站得高些，看得远些，想得开些，和同志们紧靠在一起，手拉手，肩并肩，昂首阔步，勇往直前！

别忘了，还要高唱那支歌：《革命人永远是年轻》！

1963年

接力赛跑

你见过运动场上的接力赛跑吧？——几个运动员编成一组，在规定的赛程中各跑一段，既要各自争先，又须通力合作，如果有谁稍为懈怠，全组便会名落孙山！

然而，接力赛跑并不一定都在运动场上举行。请看：一个男孩在马路上碰伤了。一位过路女青年急忙将孩子抱起；一位老婆婆抢过孩子便往三轮车站跑；一位骑自行车的中年男子见老婆婆跑得吃力，马上跳下车来，接过小孩，拔脚便走；正在这时，一位三轮车工人踩着车追了上来，扶着男子和小孩上车，向医院驶去……这场紧张的"接力赛跑"发生在广州越秀北路。它生动地体现了"一人有事，八方支援"的崭新的道德风尚，洋溢着新社会里人人关怀第二代的无限深情。

但是，你可曾想到：这种"为了下一代"的"接力赛跑"，又何止街头才有？不，它随时随地都在进行。你，就是"运动员"中的一个。

你是家长吗？——当孩子回家告诉你，"老师教我们不要乱花钱"的时候，你可曾撇一撇嘴："老子有钱，何必这么小气！"

你是教师吗？——当学生对你说，"妈妈嘱咐我，有东西要和大家一起吃"的时候，你可曾皱一皱眉："真啰唆！"

你是既非家长又非老师的"第三者"吗？——当你看到孩子们做了不该做的事情的时候（譬如攀折公共花木）你可曾耸一耸肩："与我何干！"……

如果你真的曾经这样，那么，在这场"接力赛跑"中，你这个"运动员"就没有跑好自己这一段——没有尽到对下一代应负的一份责任。

孩子出了意外，当然需要一场紧张的"接力赛跑"来抢救，孩子看来活蹦乱跳，又何尝不需要一场紧张的“接力赛跑”呢？——这场“接力赛跑”的“赛程”更长，“运动员”更多，能不能取得最后胜利的意义和影响也更大。

孩子们既然生活在社会上，受到来自四面八方的熏陶、影响，就更需要来自四面八方的抚育、培养——其中包括家庭、学校，也包括孩子们接触到的每个单位，每个人。环环相扣，人人负责。如果在哪一个环节上出了问题，没有千方百计诱导孩子天天向上，或是“事不关己，高高挂起”，甚至对已经露头的不良现象纵容姑息……又怎能期望孩子们真正健康地成长起来？

也许由于这场“接力赛跑”看起来既不像运动场上举行的那样引人入胜，也不像越秀北路发生的那样惊心动魄的缘故吧，有些人往往等闲视之，甚至根本忘记了这么一回事。但是，那些视社会主义于眼中钉的人却没有“相应”地睡大觉，恰恰相反，他们也在“分工合作” 加紧进行着“争夺下一代”的“接力赛跑”——不是有些“身在福中不知福”的“后生仔”，小小年纪却已经被资本主义世界的乌烟瘴气弄得头昏眼花了吗？如果我们再不清醒地认识到：对于下一代的成长，人人都负有不容推诿的庄严责任，像在越秀北路抢救孩子的女青年、老婆婆、中年男子、三轮车工人……那样，随时随地有“险”必救，更进一步防患未然，那么，在这场接力赛跑中，抢在前头的，就很可能不是我们！

王孝和烈士就义之前，写下了这样的遗书：“……今天我的任务已经告一段落，希望你们……不断地把革命进行到底，切勿把革命半途而废……祝你们向光明的道路前进！”——说得对！革命，就是万里征途上的接力赛跑。但是，你可曾想过：如果在“为了下一代”的接力赛跑里，“独占鳌头”的竟然不是我们，那么，在“将革命进行到底”这场范围更广阔、意义更深远的接力赛跑里，又靠谁把那光芒四射的火炬牢牢接过，代代相传呢？

1963年

“你有两只手……”

“……我只有一只手，我也要吃野菜，活着去见毛主席，到党中央报到。同志，你有两只手，更要活下去呀！”

这话，是当年长征路上一位老红军说的——他就是原成都军区司令员贺炳炎将军。虽然他只有一只手，却给有两只手的人做出了应当怎样“活下去”的榜样。

远在1934年，贺炳炎将军就由于负伤截去了右臂，凭着剩下的一条左臂，他仍然坚持长征、指挥作战；用唯一的左手到处找野菜……抗日战争和解放战争期间，他一直战斗在最前线，常常用一只手抓着缰绳，带病驰骋疆场……他用仅有的一只手，对革命做出了比一般人两只手更多的贡献。

但是，他从革命所取得的，却绝不超过一只手所需要的“标准”，不，甚至比这个“标准”还低得多。抗战期间，和他共同指挥一个部队的政委，恰巧是失去左臂的。于是。发手套时，两人总是合领一副，右手的给政委，左手的自己或。全国解放后，他的艰苦作风一如既往：一件旧棉衣直到三年前逝世时还在，补了又破，破了又补，左袖磨破了，就把右袖剪下来换上……

这是一只多么令人尊敬、引人深思的手！

不妨把我俩的两只手伸出来，和这一只手比上一比：

对待劳动，这两只手是全力以赴，干劲十足，还是挑肥拣瘦，好逸恶劳，甚至袖手旁观？

对待报酬，这两只手是不讲价钱，先人后己，还是斤斤计较，伸得高高？

有人说：我的“社会分工”只是坐机关，上下班——如此而已。就算果真是这样吧，仍然不妨一比：这两只手有没有尽最大的努力，发挥了最大的效能？还是只会做三件事，上班抓着茶壶——喝茶水，下班端着药瓶——喝药水；月底举着图章——领薪水？……

比过之后。也许你会“理直气壮”地表示：“我这两只手发挥了应有的作用！”但是，且慢，后面还有“文章”。贺炳炎将军并不满足于使自己仅有的一只手发挥两只手的作用，做到了“身残志不残”。他还千方百计努力促使自己的下一代（尽管他们的身体很健全）也做到“志不残”。举一个例：他虽然只有一只手，却一有空闲就领着孩子们种地，教他们捉虫、拔草、挑水……

这是何等远大的眼光！——它来源于颠扑不破的革命理想和坚忍顽强的战斗意志。正因为如此，他才时刻想到（并且努力做到），革命是千秋万代的伟业，仅仅自己“志不残”是远远不够的，还必须把下一代放在斗争中锻炼成为可靠的接班人，绝不能让他们空有两只手却马马虎虎地活下去。否则，下一代尽管身体健康，四肢齐全，却很有可能变成“身不残志残”的废物甚至障碍物！

在当年长征的道路上，“活下去”意味着生死存亡的斗争。今天，“活下去”已经是“不成问题的问题”了。但是，究竟怎样活下去——是苟且偷安，追求“庸夫总欲平平过”，还是发奋苦干，牢记“生活从来是斗争”？难道我们不应当严肃地问一问自己，也严肃地问一问下一代吗？

1963年

不欺己最难

话剧《霓虹灯下的哨兵》演到尾声。指导员宣布：童阿男被批准入团了！

好消息来得那么突然，岂止童阿男感到意外，观众们也不免惊讶——一个“开”过“小差”的“上海兵”，这么快就能入团？

的确，童阿男入团并非一帆风顺。一年之间，他写过三次入团申请书，又撕了三次；直到第四次，才把申请书交给组织。这三撕，撕得不简单！

有些人写下了入党、入团申请书，由于某些原因一时达不到目的，也会不分皂白，三下两下撕个粉碎。至于为什么一定要撕？却可能连自己也不甚了了。童阿男却不相同，他撕了三张申请书，张张都撕得有根有据。每张撕碎的申请书背后，他都写下了“批语”：“我忘了南京路的过去，我还不配成为一个战士”“我缺乏勇气，虚荣心，爱面子”“我还不像我们的排长，不像班长，更不像老班长……”每撕碎一张申请书的时候，他都清楚地认识到并且记下了自己的缺点。

知道了自己的缺点，又当如何？有些人讳疾忌医，躺在缺点上面，缺乏改正的决心和勇气，更糟的是以丑为美，明知故犯。童阿男却不相同。一旦发现自己还有缺点，还不够入团条件，就毫不犹豫地把申请书撕掉——他撕得勇敢，撕得坚决。他把自己身上已经发现的错误、缺点连同申请书一起撕掉，同它们一刀两断！

更重要的是，撕了之后怎么办？有些人马马虎虎，甚至为了“赌气”，撕了也就算了。童阿男却不相同。他有着明确的目的——一定要做个真正的战士。撕碎一张之后，就更进一步严格要求自己——否则，就不会撕了一张，又写一张，直到最后写出了："我要永远听毛主席的话，永远跟着党走，把我的青春、我的一生贡献给伟大的共产主义事业。"

一位革命前辈说过：不欺人容易，不欺己最难。童阿男做到了不欺己。他一旦认识到自己的错误、缺点，就绝不让步，毫不姑息。他要求进步，既是锲而不舍，又是踏踏实实，一步一个脚印。正因为这样，指导员在把三张撕碎的申请书交还给他时，才对他说："你应该把它们牢牢保存着，这是你一生中最有意义的记录！"

在争取进步的道路上，每个人都应该有一个"牢牢保存着"的"一生中最有意义的记录"——当然，不一定是撕碎了的申请书。关键在于：有没有勇气和决心！

1963年

吃亏小议

一、有与无

干革命吃亏吗？回答是肯定的。

为了革命事业的需要，牺牲个人、局部的利益，必要时甚至献出生命，这不是吃亏又是什么？

有人曾经用“算细账”等方法，试图说明“干革命”和“吃亏”之间不能画等号。然而，客观存在是改变不了的。

就说我们的边防部队指战员吧。他们英勇顽强，出生入死，个人的一切都自觉服从于戍边卫国这个神圣职责。对他们来说，献身疆场，或负伤致残，固属“题中应有之义”。即使在正常情况下，也还有形形色色的问题摆在面前：有的婚期一推再推，有的夫妻长期分居，有的子女入学困难……这些，对于个人，都是明摆着吃了亏。而且，在某些情况下，吃亏的时间不仅是一年半载，甚至不仅是一代！

承认吃亏，是为了正确对待吃亏，并且尽可能妥善地处理由于吃亏而引起的种种问题。

二、收与支

同样面对吃亏，态度各有不同：

有的，“精打细算”，在处理个人利益与“非个人利益”关系上，最好自己处处不吃亏，不要付出任何有“切肤之痛”的代价；实在躲不过去，不得不作出某些“牺牲”时，心里便像结了个大疙瘩，老大不痛快。

有的，算盘打得更“精”——只“收”不“支”。于自己有好处的事，绝不轻易放过；甚至为了一己之利，不惜让国家、社会、他人吃亏。至于要他自己吃一点亏么？对不起，“非不能也，实不为也”。

有的，则是自觉吃亏。他们用个人、局部吃亏的代价，换取了国家、社会、他人的得益。他们也打算盘，但“支”大于“收”，对他们来说是正常现象。必要时，他们甚至可以只“支”不“收”。英雄的边防战士，就是这方面杰出的代表。

你、我、他，属于哪一种？不妨“对对号”。

三、轻与重

为什么边防战士和许许多多自觉的人，能够正确对待吃亏？

一是因为他们思想境界高。“吃亏不要紧，只要主义真”。心头装着“主义”——理想，就使得他们浑身添力，可以摆脱由于吃亏而带来的本来难以避免的烦恼，勇往直前。

二是因为他们轻重掂得准。在我们国家里，通常情况下，个人的分量，再重也不过是十亿分之一。因此，他们心中清楚：从这个角度来看，个人吃点亏，不足挂齿。同时，他们又看到问题的另外一面：“亏了我一个，幸福十亿人”。把个人同全局正确地联系在一起，摆正二者的位置，那么，吃亏就超出了个人得失的范围，同国家、人民的命运紧密相关。为了正确的目的而自觉吃亏，重于泰山，意义深远。

“慷慨赴死易，自觉吃亏难”——这个对比虽然不一定十分确切，却道出了“自觉吃亏”的分量。有了这种自觉，才能有坚实的思想基础，才能够严格要求自己，正确处理个人利益与“非个人利益益”的关系，做到“一生吃亏为人民”。

1985年

假如我是孩子们……

“向前进！向前进！……”一队幼儿园的小朋友，手拉着手，边走边唱。尽管唱到后面便含糊不清了，仍然听得出来，唱的是《娘子军连歌》——电影《红色娘子军》的主题曲。

近几个月来，这支歌迅速流传，不胫而走，几乎人人爱唱，处处可闻。连我这素来同音乐无缘的人有时也跟着哼上两句。然而，当这支歌从这群孩子们的嘴里唱出来的时候，在我脑海里引起的却不是“共鸣”，而是——我忽然想到：假如我是孩子们……

假如我是孩子们，我就向教歌的阿姨说：您忘记我们多大了吗？要不，为啥把大人的歌儿拿来教我们唱哪？这支歌儿，叔叔、阿姨们和大哥哥、大姐姐们（还有您自己）都爱唱。我们唱了半天，唱得小脸红得像苹果，别说歌儿里面的意思不大懂，就连好多字音都咬不清楚——您也知道：我们顶大的才四五岁呀！

我们都喜欢唱歌儿。好阿姨，您为啥偏不教我们爱唱的歌儿呢？……

假如我是孩子们，我就向会编歌儿的叔叔阿姨们说：你们听见了吗？我们在唱大人的歌儿哪！我们要阿姨教我们爱唱的歌。阿姨说：不是不想教，就是新歌儿太少！是啊！唱来唱去老是“鸡公仔，尾弯弯”“小燕子，我问你”……我们早就唱够了！

叔叔阿姨们！你们编歌儿的时候，是不是把我们忘啦？……

孩子毕竟是孩子，他们还不懂得“畅所欲言”“各抒己见”。我这“旁听者”却有点沉不住气了。不避“效颦”之嫌，模仿《娘子军连歌》凑了两句：

加把劲！加把劲！

音乐家的责任重，孩子们的期望深！

1961年

漫步在通衢大道上

新年假日，漫步在扩建后的广州市交通干道之一——东风五路上，只见马路平整开阔，机动车与非机动车分行，熙来攘往，井然有序。面对这初步改观的通衢大道，令人不禁浮想联翩：从马路想到另一条“路”——通向四化宏伟目标的新长征之路。它们之间，难道不是存在着某些可以给我们以启发的联系吗？

东风五路扩建工程，几经寒暑，至今才算有了个眉目。这是修路工人栉风沐雨、辛勤劳动的结果。在新长征的道路上，这种脚踏实地、埋头苦干的精神，多么需要大力提倡与发扬！

在东风五路扩建过程中，人们曾经不止一次目睹这种令人痛心的现象：一段马路刚刚修好，没过几天又被拦腰挖烂，埋设管道之类。这种几个施工部门各自为政、互不配合的做法，造成了人力物力与时间上多大的浪费！在新长征的道路上，我们不是也碰到过那种各自为政、互不配合，甚至互相扯皮的情况吗？那么，认真总结一下经验教训，在工作中搞好统筹安排，树立全局观点，发扬“一盘棋”精神，尽量避免瞎折腾，显然并非多余之事了。

在扩建了的东风五路上，有一段时间，泥沙碎石、垃圾瓦砾仍然是这里一堆，那里一片，使得许多路段虽已铺好，却难以通行。直到元旦之前，省、市领导同志与干部、群众、人民子弟兵一起动手，清除了大批“障碍物”，马路才得变通途。在新长征的道路上，同样会有各种各样的“障碍物”，这不足为怪。关键在于领导者能否加以重视，像带头上街清除垃圾那样，亲自动手，发动群众，区别情况，妥善处理。果真能够做到上下一致，同心同德，又何愁种种障碍之不除？

今日的东风五路，严格按照“扩建完工”的要求尚有一定距离：少数应当拆迁的建筑物还未拆掉，有些垃圾余泥尚待清运……即使全部竣工了，也还有个如何维护、管理的问题。修马路尚且如此，在新长征的道路上，如果我们不能兢兢业业，奋发图强，或因小有成绩而松气，或因任务艰难而泄气，结果将会如何，那是不言而喻的。

为了挑起历史交付的四化重任，让我们像修路那样，脚踏实地，步步向前吧！

1981年

哭声·笑声·掌声

歌剧《十五的月亮》（广东白云轻歌剧团演出）出现在羊城舞台上，引起各方关注。关于此剧本身的得失，演出水平的高低，不属本文讨论之列。这里写下的，仅是从看戏时听到的哭声、笑声和掌声中产生的一点联想。

哭声，来自舞台上——刚从前线归来的记者吴安，在方小妹再三追问之下，终于把小妹的爱人袁少林连长牺牲的不幸消息告诉给她。噩耗被随后跟来的袁妈妈听到，她万分悲恸，搂住小妹放声痛哭……

笑声，发自舞台下——就在袁妈妈和小妹抱头痛哭之际，观众席上却响起了一阵笑声。准确一点说，是一部分观众的哄笑。从笑声里不难分辨出来：有些是少年儿童的，还有一些则是少年儿童的长辈的——此时此刻，他们的笑声令人心里格外不是滋味！

即使像《十五的月亮》这样一出主题严肃的戏，也不乏令人忍俊不禁甚至令人捧腹的笑料。那个善于逢迎拍马、不管百姓疾苦的房管所孙所长，不就以他的台词和表演，引来观众的阵阵笑声吗？当然，这是鄙夷的笑。

那么，在不应该引起笑声的悲痛场面，却偏偏响起了笑声，这又该作何解释？

对于孩子们的笑声，且不去说它（为父母、师长者，对于孩子们如何才能“笑”得好，负有循循善诱之责，这一点毋庸赘述）。值得玩味的倒是：孩子们的某些长辈，在不应该发笑的时候为什么居然能够笑得出来？

《十五的月亮》是一出反映现实生活的戏。舞台上袁妈妈、方小妹的不幸与哀伤，正是生活中“袁妈妈”“方小妹”的不幸与哀伤的艺术概括。对于亲人为保卫祖国而作出牺牲、甚至献出宝贵生命的生活中的“袁妈妈”和“方小妹”们，人们充满了由衷的感激和尊敬。面对着舞台上再现的这一场面，想一想千千万万边关将士及其亲属崇高的奉献精神，可以找得出许多条敬佩的根据，却实在找不出一条笑得出来的理由！

即或舞台上的这段表演确有需要推敲之处，作为有起码的文明礼貌修养的观众，尽可沉默以对，必要时，散场后再发表意见。这样既表示了自己的态度，又不至于影响其他观众看戏的情绪。有什么必要非得来一个“当堂哄笑”不可？

摆了一些耳闻目睹的现象，无须再多议论。因为，公道自在人心。这一点，歌剧《十五的月亮》演出过程中的掌声，就是生动的证明。尤其是英雄的指战员们并肩屹立在硝烟弥漫之中齐声高歌：“吃亏不要紧，只要主义真，亏了我一个，幸福十亿人！”此时，台下一片热烈的掌声，道出了千千万万人对于顶天立地的边关将士的崇高敬意。

这掌声犹如波涛，淹没了在不该发笑的时刻发出的笑声。但愿这掌声也能够惊醒那些在不该发笑的时刻居然笑得出来的人，进行一下对他们来说并非多余的思考……

1986年

愿教花城常姓“花”

花城广州为迎接和开好六届全运会而产生的可喜变化，如何继续保持下去，并且不断发展？越来越多的人关心着这个问题。它表明，人们对于维护广州这座祖国南大门的声誉，塑造花城更美好的形象，表现出强烈的参与感和责任感。

广州在市容、卫生、交通以及人们的精神面貌等方面的变化，固然可喜，但也必须看到，这种变化只是自己与自己比，今时同往日比。如果同其他先进地区对照，用发展的眼光衡量，其间的差距自不待言。只要头脑尚未混沌，便没有任何理由沾沾自喜，故步自封。相反应当珍惜来之不易的可喜变化，看到存在的问题，不忘任重道远。

唯其如此，保持和发展广州已经留在人们心目中的美好形象，就不是少数人或个别单位的小事，而是同各阶层群众、各个单位（部门）都密切相关、责无旁贷的大事。做好这件大事，需要大家的共同努力。大事由小事积累而成，不能离开从我做起、从本单位做起。

愿教花城常姓“花”——这个“花”，当然不仅是指公园广场、庭院街头的“花团锦簇”而已，它包含着以物质文明和精神文明建设成果为体现的丰富、生动的内容。把广州建设得更美好，既是一项需要长期奋斗的“系统工程”，又必须从眼前身边的“点滴小事”做起。寄语花城的主人们，不妨联系实际琢磨一下其中道理。一旦豁然开朗，便当身体力行。

1987年

还须“铁肩担道义”

“铁肩担道义，妙手著文章”，是中国共产主义运动的先驱者、伟大的马克思主义者李大钊同志留给后人的名句。它掷地有声，是用满腔革命热血所凝成的。

在北京香山附近的李大钊烈士陵园，矗立着李大钊的汉白玉雕像。雕像有一副端正的肩膀——看起来与常人没有两样，却是一副铁肩。正是凭着这副铁肩，李大钊自觉地担负起神圣的使命，带头“冲决历史之桎梏，涤荡历史之积秽，新造民族之生命，挽回民族之青春。”（引自李大钊：《青春》）这是因为，李大钊对中国人民的解放事业，对马克思主义的信仰和无产阶级的革命前途无限忠诚，充满信心。

时至今日，在改革开放和社会主义现代化建设中，同样需要“铁肩担道义”。时代对“道义”赋予更新、更深刻的内容，从而对共产党员提出了明确的要求：勇挑重担，多做奉献，发挥先锋模范作用，团结、带动广大群众，在改革大业中干出新战绩，闯出新局面。客观事实正是这样。近几年各条战线评选出的先进人物绝大多数是共产党员，就是一个有力的证明。

“铁肩担道义”，贵在自觉。当年李大钊等革命先驱是自觉的，他们以大无畏的精神，为开创和发展共产主义事业而英勇献身。在今天的改革开放条件下，要做到勇挑重担，力闯难关，开拓奋进，拼搏向前，同样离不开自觉二字。当然，谈自觉必须有的放矢。那些弄权渎职、违法乱纪者以及严重官僚主义者，他们“自觉”干的那些勾当，不在这里议论之列。但是，在我们队伍中间，确实有那么一些同志，对于承担自己在改革开放、建设社会主义现代化中应负的一份责任，还不很自觉，甚至很不自觉。当改革开放过程中出现一些难以避免的问题时，不是以主人翁态度，分忧解难，想方设法去解决，而是冷眼旁观，甚至指手画脚，“嬉笑怒骂”，不一而足，唯独缺少解决问题的积极态度和妥善方法。这样一种“超然物外”的境界，不仅无助问题的解决，而且有碍改革的深化，其不足取，自不待言。

“铁肩担道义”的革命精神，时刻不能忘。而且要不断提醒自己和周围的同志：你“担”了没有？“担”了多少？当“铁肩担道义”的精神越来越深入人心，并且化为越来越多的人的实际行动时，我们的改革大业也就有了越来越大的成功之望。这是可以预期的。

1988年

“人见人爱”？

近期出版的某电影画报，刊登了介绍一位年轻的“中国之星”的彩照专页。文字说明对这位影星作了一番概括性的赞美，最后一句是：“人见人爱。”

既是明星，自然有人喜欢，有人崇拜。但总不免被限制在或大或小的范围。“人见人爱”的明星有没有？笔者孤陋寡闻，未尝知之。就以这位被赐以“人见人爱”的“桂冠”的青年女演员为例，虽然她开始有了一点儿名气，却未必已经人尽皆知。况且，“知”并不一定等于“爱”。

同一期画报刊登彩照介绍的另一位女演员，说明词这样形容：“她就像一枝向阳的梅花，愈开愈烈，永不凋谢。”人们心中有数：永不凋谢的鲜花是没有的，这里无非是一种比喻。然而，运用比喻也要得当。用“永不凋谢”表达对一位演员成就的美好祝愿，固然可以理解。但祝愿总归是祝愿。像这本电影画报那样，用了“她就像……”这种肯定的语气，令人读了忍不住顿生疑窦：难道一位演员真的有可能“永不凋谢”吗？

有悖实际的赞誉，分寸失当的形容，不仅读者觉得倒胃口，被“赞”者如果头脑清醒，也难免皱起眉头，甚至会产生那么一点儿“逆反心理”。这一来岂不是弄巧反拙！

宁肯留有余地，切莫过犹不及——对人（当然包括演员）的评价，这一条岂可忽视？

1990年

难忘那双小眼睛

一双小眼睛低垂着，目光里包含的，是困惑，是忧伤，是期望，还是……

——尽管时隔数日，但那组题为《愧疚与企盼》的新闻照片中的一幅，镜头上那个被举起的女孩的一双眼睛，至今仍不时在我脑海里闪现。

至于那个举起小孩的人——戒毒所中的一名“受戒者”，他的眼中此时流露的是惭愧、后悔，还是别的什么，虽然由于背对镜头而看不到，却也不难想象出来，绝不会是轻松愉悦的。早知今日，何必当初？

“瘾君子”能够“上瘾”，其原因也许五花八门，但其后果却无一例外：不仅毁了个人，也坑了家庭。更有甚者，对集体、社会、国家、民族都带来严重的后果。如今，那些进了戒毒所（或已采取其他戒毒措施）的人，只要痛改前非，斩断毒根，不再重犯，前途还有可为。而对那些至今仍然深受“毒”害却浑然不觉的人，或明知吸毒犯法却依然以此为“乐”者，则应当给他们来个当头棒喝：再不悬崖勒马，改邪归正，得到的只能是法律的无情制裁！到那时，要想见到亲人，恐怕只能在“铁窗”之内。彼时彼刻，与孩子见面时的目光，和在戒毒所外又将大不相同了。

至于那些祸国殃民的贩毒分子，对他们必须狠狠地打击，打击，再打击！直到他们缴械投降，低头认罪。也只有这样，才能使孩子那双小眼睛里流露的不再是困惑和忧伤。

1991年

“敬辞花篮”赞

1月10日，《南方日报》“文化大观”版右下角的“文化风信”专栏，登了一条《李少芳接受金唱片奖》的消息。开头第一句：“为免浪费，敬辞花篮”。虽仅八个字，却使得这篇位置不大显眼的报道令人眼前一亮。

李少芳是否“敬辞花篮”者第一人，姑且不论。但这位著名粤曲唱家在接受金唱片奖联欢晚会上此举所体现的求实、崇俭、谦虚精神，无疑值得肯定。

对于那些形形色色的仪式、典礼上赠来送去的花篮，开头还觉得它色彩缤纷，可以起到一点烘托气氛的作用。但见得多了，就不免有千篇一律、缺乏新意之感。而且产生了问号。花篮价格不菲，祝贺某些有特殊意义的演出，送个把也还罢了（李少芳对此也都“敬辞”）。但有些商家、企业开张时所收的花篮，动辄十几二十个，甚至更多，在门口两边成行成列，一字排开，好不“气派”，有的还占据了人行道。这就不免令人生出感慨来了：如此这般的大事铺张，到底有多少实际意义？眼下，送花篮似乎已经成了许多庆典活动的“保留节目”。有些主办者甚至在其请柬上便已特别注明：“如蒙惠赠花篮，每个××元”，亦即交钱便可代办之谓也。

如此这般，一些庆典摆出的花篮越来越多，也就不难找到答案了。也许，花篮摆过之后还可由制作店家回收再用，但送花篮者的钱却已不折不扣地照付了。

像送花篮之类的繁文缛节，不仅大有改革之必要，而且完全可以做得到。譬如祝贺演出，以鲜花一束代替花篮，既不失大方，又显得亲切。至于开张剪彩等庆典活动，写封贺信或发个“电传”乃至打个电话，都是可供选择的祝贺方式。如能亲自参加，那行动本身就是祝贺，又何必非摆上个花篮“撑门面”不可？何况，不从实际出发大送花篮，终究是讲究排场、铺张浪费的表现之一。如果有更多的人能像李少芳那样保持清醒头脑，在交往应酬活动中不求夸饰，注重实际，抵制铺张，其结果又岂止节约几个钱而已！

1996年

提督像前钱一堆

在威海卫刘公岛，笔者参观了“中国甲午战争博物馆”（即清代北洋海军提督署原址）。100年前，驻守威海的北洋海军将士英勇抗击日寇的悲壮事迹，强烈地震撼着每一个有良知的人。然而，来到馆内的北洋海军提督丁汝昌蜡像前，却不禁一愣。

蜡像大小仿如真人，立于案后，右手持笔，昂首向天，表现了丁汝昌不屈不挠、视死如归的精神。史载，甲午战争中，丁汝昌统帅北洋海军，坚持抵抗日本侵略者，黄海海战受伤不退，威海被围宁死不降，于1895年2月12日自杀殉国。对这样一位誓死抗敌的爱国将领塑像志念，是完全应该的。令人意外的是，在丁汝昌大义凛然的塑像前，却堆满了花花绿绿的钞票，有人民币，也有港币……有些钱币还抛到了书案上，其中夹杂着几支香烟——据说，是代替香烛之用。这样一幅情景，与整个展馆庄严肃穆的氛围格格不入，极不协调。

在寺观庙宇的神佛像前，往往摆有“随喜功德箱”，专供善男信女们“布施”之用。这种当今并不鲜见的现象，作为善男信女们的一种“自愿行为”，似也无可厚非。在丁汝昌塑像前投放钱币者，其中有些人也许正是囿于上述习俗，在心目中把丁提督奉若神明，顶礼膜拜，或表达某种心愿祈求，因而掏出钱来照投不误。某些群众的这种“随俗”行为，尚可理解。但是，对于出现在甲午战争博物馆中、殉难将领塑像之前的“投钱”现象不加纠正，听之任之，就很难说得过去了。它令人感到别扭、刺眼，而且不能不“别有一番滋味在心头”！

退一步说，如果出于维持和发展事业的需要，博物馆打算适当搞些“创收”，那也应当讲究一点方式方法。譬如。公开号召参观者自愿捐助，并采取“刻名留念”之类的措施作为回报。或者，在适当的地方（当然不能是塑像前）放上一个“赞助箱”，写明缘由，以便参观者量力解囊，“随缘乐助”。这些，都比在提督塑像前乱扔钞票的后果好得多。

作为著名的历史纪念地和爱国主义教育课堂，需要的是表达崇敬缅怀之情的鲜花，而非满地乱丢的金钱。但愿有关人士在冷静思考之后，能够引以为戒。

1995年

下回又该轮到谁

报载广州东山区某居民家中自来水管道堵塞，万般无奈之下，求助于市政协主席陈开枝。陈当夜批交自来水公司从速解决。自来水公司立即派人上门检修，翌日水管就畅通了。看了这则据称曾在市政协会议上传的“佳话”，不禁想起1997年《羊城晚报》“晚会”版的一篇“夜谈”，题为《但愿别再惊动市长》，说的是广州人民北路一宿舍百多户人家，饱尝10年缺水之苦，最后在林树森市长亲自过问下，10多天问题便告解决。两宗关于自来水的区区小事，竟然是在分别惊动了广州市“五套班子”中两套“班子”的一把手之后才得以解决。时间相隔5年，情况何其相似！

不能说自来水公司每次都是等到高层领导过问之后，才去为民排忧解难。但上述事例证明，拖拉被动的情况确实存在。这说明，有些职能部门对于职责范围内应当及时做好之事，未能尽职尽责。此种情况，并非自来水这一行所独有。其他方面，传媒亦时有揭露。如广州有的肉菜市场外围“走鬼”猖獗，以致循规蹈矩在市场内经营的商贩生意大受影响，周边环境也越来越差，居民意见纷纷。出现此等问题，负责城管工作的部门又怎能辞其咎？

还有一种情况：由于管理职责分工不明确，以致形成出现问题“三不管”的局面，给市民生活带来不便。如广州东山口等处新建的人行隧道，由于管理没有跟上（至今未见公布由哪个部门为主去管），有的崭新的墙壁被涂上了“牛皮癣”，有的则成了流浪者的安乐窝，不少市民视为畏途，宁可冒险穿越车流不息的马路而不走隧道。

无论是“该管的不管”，还是“三不管”，表现形式不同，实质却无两样——都是有关部门、有关人员（首先是负责人）没有把自己作为“人民勤务员”的位置摆正，没有时时处处把百姓疾苦放在心头，以致视而不见、充耳不闻的结果。如果不下决心采取有效措施改变这种状况，那么，难免还会出现某些市民由于日常生活中碰到问题，循正常途径得不到解决，不得不惊动“五套班子”的局面——只是下回被惊动的不知轮到谁？

2002年

责任编辑的责任

一位老作家送我一本新著，书中夹着一叠纸，打开来看，既不是信，也非稿件，乃是这本新著的勘误表——密密麻麻三大张。数了数，此表共更正排印错漏一百二十九处，分布于该书第一页起到几乎最后一页。勘误表上还在当眼之处特别声明："本书排印错漏甚多，这里只把主要之处列表更正。"即是说，还有不知多少"次要"的错漏未列表上！

书刊排印错漏现象，尽管时下已经不算新鲜事，然而，面对着这一叠颇够"分量"的勘误表，却仍然无法不令人吃惊。这么大量的错漏都一一"过关"，呈现于读者眼前，此书的责任编辑干什么去了？（说来也"巧"，翻遍这本由江西省某出版社出版的长篇小说，硬是找不到责任编辑的尊姓大名）对一位老作家的著作尚且如此马虎随便，轮到其他作家（以及还够不上"家"的作者们）头上又当如何？

顾名思义，既曰责任编辑，理所当然地要对自己编辑的书籍、刊物、报纸负责，从内容、文字到编排形式都包括在内。这样一种工作的性质和要求，决定了它的从业者应当具备全心全意、兢兢业业、一丝不苟的精神，不求名利，甘居"幕后"，"为他人作嫁衣裳"。叶圣陶、胡愈之等曾经长期从事编辑工作的老前辈，在这方面足为后人楷模。

如今，且不说望前辈之项背，某些责任编辑连起码的责任心似乎也很难谈得上。他们经手编辑出版的书籍报刊，错漏，舛误，屡见不鲜，甚至触目皆是。有的事后更正、勘误一下，还算有个交代。有的却装盲作哑，当成没有那么一回事，以致不能不令人疑团顿生——这些编辑先生是否"虱子多了身不痒"？

把好文字排印关，对于责任编辑来说，固然十分必要，但责任编辑还有一项不容推卸的重要责任，那就是对自己编辑出版的书籍报刊可能产生的社会效果应负之责——奉献给读者的每一本书、每一份报刊，能否做到“开卷有益”，或者起码“开卷无害”，还是适得其反？这是每一个有社会责任感的编辑都不能不郑重考虑的严肃课题。实际上，远不是所有的有关人士都已经能够作出这种严肃考虑，否则，那些黄色下流、低级庸俗出版物泛滥成灾的现象，就难以作出解释了。

书籍报刊的编印出版是一项“系统工程”。责任编辑只是为完成这一工程而出力的一分子。一本有相当分量的书、一份经常出版的报刊，要做到没有一点纰漏，也非易事。有的问题，出在责任编辑的“辖区”之外，也不能把账都算在他们头上。但是，责任编辑所处的关键地位，却使他们起着举足轻重的作用，因而要求他们应当切切实实地负起自己的责任。如果每个责任编辑都能在自己的职责范围内（包括审稿、校读等），从内容到文字都一丝不苟地严格把好关，那么，不仅令人见之摇头叹息的勘误表之类有可能越来越少，书籍报刊的总体质量也将会逐步提高。在这一点上，作者、编者、读者应当是“心同此理”的。

1989年

笑了以后

星期天晚上，文化公园“相声晚会”台前观众云集。看面貌，男女老少皆有；听口音，东西南北俱全。节目不算多，但无论是新近创作还是传统“段子”，表演者是专业演员还是业余客串，说的是普通话还是广州话，都颇受欢迎。尽管从多寡、疏密不同的笑声、掌声中，可以看出欢迎程度有所区别，却依然能够说明：相声这门从北方传来的曲艺品种，究竟能否在广州站得住、吃得开，似乎已经成为“不成问题的问题”。在我们的生活里，怎能缺省健康的笑声？

话说回来，正因为相声还算是羊城艺坛上的一朵新花，因而在“逗人哈哈一笑”之后，并不就等于“万事大吉”……

一

“相声是语言的艺术”——这句相声演员的“口头禅”，颇有道理。语言是表达相声内容的基本手段，这手段又必须通过相声演员之口去运用。如果不能把话说得清楚明晰，甚至观众听了似是而非、莫名其妙，尽管内容再生动，又有何用？“相声晚会”的演出中，“似”“是”混淆、“丧”“商”难辨、“林”“灵”不分等发音不准的毛病，不仅业余演员有，某些专业演员也未能免。看来，力求把话说得“上口顺耳”的相声“基本功”，还是有大加锤炼之必要的……当然，需加锤炼的，并非仅此而已。

二

《一封信》（广东省民警总队文工团演出）的“逗哏”演员手持

信封上场，代替了惯用的折扇，可称新颖。但是，演完后博得的掌声，在全部节目中比较起来却还不算是最热烈的。究其原因，除了表演技巧尚欠熟练之外，相声内容也还有探讨余地。演员通过读信方式说出的大段“独白”（这也是对口相声之忌），其中接连出现“我是共青团员，应该……”、“坚决要求超期服役，保卫祖国社会主义建设……”（大意）等“壮言警句”，虽然听来慷慨激昂，奈何观众就是笑不起来！

诚然，在“为工农兵服务”红旗指引下的文艺大军行列里，曲艺是一支“轻骑队”，相声又可说是这支“轻骑队”的“尖兵”。但是，即使是“轻骑队”甚至“尖兵”，如果真的“赤膊上阵”，怕也“有所不便”吧？

三

“下一个节目是《探亲记》……”话声未落，一位小观众便对身旁的伙伴介绍道：“这个节目是‘一路唱到底’的！”一听，果然！小观众的话固然证明：优秀的节目，已经深入人心。但同时不也提出了一些值得认真思索的问题吗？

“相声晚会”的节目，有“对口”的也有“单口”的，有新创作的也有传统“段子”，但毕竟还不够广泛，真正“新”的更不多。像“绕口令”“对春联”之类的“旧瓶”，也并没有装进多少“新酒”。当然，优秀节目可以保留下来，一演再演——战士杂技团演出的《探亲记》，尽管不少观众已很熟悉，仍然博得满场掌声，便是证明。但是，如果仅仅停留于此，似乎便同相声的“轻骑兵”身份有所不合了。更何况，并不是所有节目都够“保留”资格的呢！

四

散场后，一位观众不无憾意地说：“相声内容再好，用广州话演总是不大像！”此话虽有理，却未必尽然。应当承认：广东曲艺工作者在力求相声“广东化”方面，是作了许多努力的。广东音乐曲艺团关心民、杨达两同志在“相声晚会”上用粤语演出《歪批三国》，较之过去又有了不少改进。——当然并不等于十全十美。譬如结尾处，既然已经说出："只有那赵子龙老迈年高"，"点"出了"哏"（"赵子龙卖年糕"），引起了哄堂大笑，后面那几句"无事生非"等话就大可不必再说了。

值得一提的是："相声晚会"上最受欢迎的节目，是用普通话演出的。这除了说明演出的效果如何，不单是语言问题，还必须考虑内容和技巧之外，难道不正是向广东曲艺工作者提出：能不能急起直追，把相声这个已经开始被广东观众热爱的曲艺"新"品种，演得使广东观众更加喜闻乐见一些？改编别人的现成节目，固然不失为方法之一（特别是在向外地艺术学习的初期），演得好也不难取悦于观众。但是，观众在"哈哈一笑"之后，却是并不满足于此的呵！

1962年

VI 缅怀追忆

他和我们一起上夜班
——忆陈越平同志

1969年9月的一天，我回到南方日报编辑部办公室，发现室内的人比平时多。座中一位，中等身材，赤脚穿凉鞋，似乎见过，却又有些陌生。旁边有人介绍说："这是陈越平同志，调来报社工作。"趋前握手时我打量了一下，原来是原中共广东省委宣传部部长陈越平。

此前，我没有在陈越平同志直接领导下工作过，只在大会上听过他讲话。这次，越平同志到南方日报社担任领导职务——革委会副主任（后任主任），直到1972年底调离。在这三年多时间里，我才有幸成为他的下属之一。

当时，我在南方日报社编辑部夜班值班室当编辑。报社领导班子成员每周轮流到夜班室值班，审阅见报稿件，签发付印大样，带领大家完成每天出报的最后一道编辑程序。越平同志来到报社后，也参加了夜班轮值。每逢值班，他都准时（晚上9时）来到夜班室，主持召开编前会，安排次日见报的版面内容，然后伏案审稿、签样。遇有重大事件或突发情况，虽非值班，他也常赶回来参加编前会，传达有关精神，提示注意事项。

越平同志工作作风严谨，一丝不苟。值夜班审稿和看大样时，认真仔细，作者编辑的一些疏漏之处，都难逃过他的眼睛，有时还提出问题与大家一起推敲研究。在当时极左思潮泛滥的大环境下，越平同志沉着冷静，对那些一味"跟风"的内容、夸夸其谈的词句，都注意把关，尽量使其少在报纸上出现。

刚开始一起值夜班时，由于越平同志专注工作，要求比较严格，工作之外的交流较少，大家多少有点拘谨。随着彼此逐渐熟悉，大家发现越平同志也很平易近人。忙碌之余偶有空隙，他会和大家聊聊天。吃夜餐时，常同我们一起，端着饭盆去食堂就餐。这时，我们已把他完全看作“夜班一份子”了。他对大家也很信任。由于白天常常还要开会和工作，晚上值班时，他拍板决定当天版面安排、审定准备见报稿件后，趁拼版过程间隙，有时去宿舍休息片刻。待版样拼好后，经过我们值班编辑仔细校阅，再去请他签字付印。他有时返回夜班室，有时没什么大问题，便在宿舍签字付印了。

与越平同志在工作中的接触，不止夜晚。1971年9月中下旬某日，时近中午，我值完夜班休息后返回夜班室，刚到楼梯口，见越平同志陪同一位穿军装的省革委会负责人走过来。他招呼我一起来到夜班室，简单询问了当天（前一晚）的出报情况后，叫我找来出报的校样，与那位负责同志逐版阅看，没有提出什么意见，只是叮嘱我：在编版过程中，一定要认真把好关，领导人的名字尤其不能够出错。我听了感到有点突然，但也不便多问。过了一段时间，才知道发生了“九·一三”事件。越平同志那天到值班室来，已经知道此事，但我们这一层当时尚未听到传达。他是用一种“特殊方式”督促我们：要打醒精神，注意把关。越平同志对待工作严肃认真、严谨细致，由此可见一斑。

还有一桩“趣事”：越平同志在南方日报社工作时，编辑部校对组一位同志恰好与他同姓同名，也叫陈越平。同事们有时调侃地称这位校对同志为“陈主任”“陈部长”。既然姓名雷同，又在同一单位，有时难免会产生点小误会，无伤大雅，一笑了之。有一次，报社领导陈越平收到一封写着“陈越平同志收”的信，拆开一看，才知道是寄给校对组那位陈越平的，便迅即转交，并表示歉意。

在越平同志领导下工作的时间虽然只有三年多，留给我的记忆却历久难忘！

2013年

常怀激情 永不言倦

——许实同志留下的宝贵启迪

今年春节，我和羊城晚报几位老同志一起，登门给许实同志拜年。那天，他身着唐装，头戴“噫帽”，精神不错，同大家谈笑风生，还一起照了相（想不到，这竟是他同我们最后一次合影）。道别之前，他提出要请我们吃饭，我们婉言辞谢，并且相约：等天气暖和后，一起去饮茶。

五月初，天气早已转暖，我们又与许实同志见面——他已经躺在病榻上。虽然由于疾病缠身，肢体活动不很灵便，口齿也不太清楚，但他神志清醒，认得出面前每一个人，并且简短交谈，只是不时抬腕看看手表。他随侍在旁的女儿告诉我们：“爸爸是怕耽搁大家太多时间！”我们也就在衷心祝愿他早日康复之后告退。

这个衷心祝愿，终究未能实现！我们面临的现实，是怀着沉痛的心情，向安卧在鲜花丛中的许实同志最后告别……

此时此刻，当年情景又浮现眼前——

1980年2月，羊城晚报劫后重生，许实同志任副总编辑（后任总编辑）。从那时起，除担负繁重的领导工作外，写“街谈巷议”便成了他的一项日常要务。编辑部那张供开编前会、画版样等用的“多功能”乒乓球台，就是他写“街谈巷议”的“阵地”。有时，他既要负责出报值班，签发当天见报大样，又要挤时间赶写版面急需配发的“街谈巷议”。虽然忙得不可开交，他都能够从容应付。一轮紧张之后，连个正经的休息地方都没有，只能“窝”在当时报社唯一一辆陈旧的小汽车里小憩片刻，醒来后还要投入接下来的其他工作。

退居二线和离休之后，写“街谈巷议”更成了许实同志的专门“功课”（有时也写一些其他新闻作品或文章），动笔更勤，触及面更广，思考问题更深。

许实同志的“街谈巷议”深受读者的欢迎和好评，在社会上产生广泛的影响，发挥了难能可贵的舆论监督作用，就在于它有着鲜明的针对性、迫切性和普遍性，有的放矢不尚空谈，针砭时弊棱角分明。许实同志胸怀社会，心牵百姓，有是非分明的爱憎，扶正祛邪的勇气，敢做敢当的胆魄。这一切，都来自时刻充满在他心中的激情！正如他自己说的那样：“要使评论做到同群众心心相印，写文章也得有点感情，就是通常说的要有革命激情。”正是由于有感而发，有情可书，使他文思源源不断，下笔挥洒自如，真正做到了“笔锋常带感情”。这种激情，来自一个老共产党员、资深新闻工作者的责任感和使命感，十分清晰，毫不含糊，而且持之以恒，贯彻始终。

许实同志的“街谈巷议”写得快，写得多，有“笔走龙蛇，倚马可待”之誉。大量的文章，是他日复一日，年复一年，坚持不懈，辛勤劳作的成果。什么叫做“笔耕不辍”？许实同志写下的数千篇“街谈巷议”和其他文章，就是最真实、最生动的诠释。在“街谈巷议”这块阵地上，许实同志就是这样不倦地耕耘着，顽强地战斗着，从花甲到古稀，直至耄耋之年。

许实同志把满腔革命激情与永不言倦的写作实践很好地结合起来，为我们做出了榜样。如何做人，怎样为文，他给我们留下了宝贵的启迪。对此进行认真思考和学习，在“为文”和其他工作中，努力做到学以致用，是对许实同志最好的纪念。

2004年

短暂，却又长久

——悼念赵超构前辈

面前，放着几张彩色照片。照片上那位老人，满头银发，一袭灰衫，戴眼镜，拄拐杖，或笑容可掬，与人握手；或全神贯注，倾听发言；或昂首凝眸，眺望风光……然而，就是这位老人——中国晚报工作者协会会长、新民晚报社社长赵超构，已经永远离我们而去。这些留下了赵老不久前南粤之行形象神采的照片，他再也不能见到了。

2月13日晚上，当我从电话里得知赵老逝世的消息时，一下子愣住了，心里像压上了一块大石头，沉痛中掺杂着歉疚。

就在噩耗传来的前两天，我刚刚给赵老寄去一封信，除表示新春的问候，还寄上一沓照片（内容就是开头说的那些）。照邮程计算，赵老在生前收到信和照片的可能性微乎其微。我埋怨自己：为什么没有抓紧冲印照片，早一些寄出……

赵老的大名，久已仰慕；“林放”的文章，常有诵读。但当面拜识，还只是三年前的事。

1989年春天，我赴遵义参加中国晚报工作者协会组织的一次活动。在那里，首次见到了“晚协”会长赵老。平易近人，朴实谦逊，是这位著名老报人、晚报界前辈给我留下的“第一印象”。遗憾的是，可能由于水土不服，赵老到达遵义后不久便感到身体不适，随即被送往医院治疗。当我们结束在遵义地区的活动后来到贵阳时，赵老已经基本痊愈，也在那里。我们去看望他，他很高兴，同大家合影留念。

和赵老再次相见，是两年多之后在广州。去年10月，“晚协”在广州召开评委会议。听说赵老要来参加，我和同事们都为能有机会接待这位晚报界的“老行尊”而感到高兴。

赵老此次南行，逗留了一个星期。除了开会，我还陪同他及与会诸同行到一些地方参观访问，有了较多的接触机会。赵老尽管年事已高，但兴致勃勃，情绪颇好。尤其是在珠江三角洲，那里改革开放以来出现的巨大变化和繁荣景象，使他欣慰，令他感奋。在一些地方或企业负责人介绍情况时，他凝神端坐，听得认真；到生产现场参观时，他扶杖而行，看得仔细，几乎大家走到哪里，他也来到哪里……

更令人难忘的，是赵老在参观访问过程中的一次“演出”。那是在一家工厂职工俱乐部举行的卡拉OK晚会上，赵老欣然登台，手持麦克风，高歌一曲《大红公鸡》。这个出人意表的精彩节目，打动了所有在场的人，掌声越鼓越响。一位生平极少登台演唱的八旬老人，在珠江三角洲一家乡镇企业的晚会上，手舞足蹈地唱起自己近半个世纪前访问延安时学会的、歌颂“大生产运动”的陕北民歌。此事本身，不就给人们以无穷的回味么！

在这次活动中，赵老应同行们之请，就晚报在移风易俗、建设社会主义精神文明方面的作用，晚报新闻报道如何形成特色等问题，谈了自己的见解，要言不烦，切中肯綮，体现了感情上的鲜明爱憎与理智上的缜密思考，不愧是在晚报园地耕耘了半个多世纪的老前辈。

返沪之后，赵老给我寄来一封信，其中写道：“此次南游……得以从容观花。所到之处，一片繁忙，民丰物阜，意气风发，足见改革开放之硕果。老年目睹，倍感欢畅。”字里行间，跃动着一颗与时代脉搏同步的赤子之心。信末，他不仅问候广州的老朋友和同行，连曾陪同他一道活动的几个初次见面的年轻工作人员，也逐一列名致意。这除了说明老人思路清晰、记忆力好之外，更可以看出他对人（包括晚辈）的一片热忱。

10月底，在上海举行的华东九报协作会议上，我又一次同赵老见面——也是最后一次。赵老在会上即席讲话，着重谈到人才问题。他说，报纸的特色，说到底取决于人才的建设。只有发现人才，培养人才，才能拥有一支拉得出去、各自为战的新闻队伍，才能办出报纸的真正特色。话虽不多，却很有分量。

赵老抵达会场时，我曾趋前问候。交谈中，他愉快地回忆起广东之行的印象。我对他说："随时欢迎您再度光临羊城！"他颔首微笑，连声说："好，好。"我一直期待着赵老再访南粤的一天。如今，这个愿望再也无法实现了！

有幸拜识赵老，迄今不过3年——这在他83年的生命长河里，只是短暂的一段。然而，就在这短暂时间里的有限接触中，他那高尚的品格、渊博的学识和为新闻事业鞠躬尽瘁的精神，给我的教益和启迪却深留心中，历久常在。

赵老千古！

1992年

毕竟人间要直声

——追思杨家文同志

家文同志去了，尽管是在久病之后，带来的依然是无尽哀思。

初识家文同志，是在45年前的1959年。当时，他任羊城晚报编委兼副刊部主任，我是新来的年轻记者，彼此不熟。印象中，他工作勤奋，言语不多。

1960年春，广东省召开文教科技群英会，我参加采写与会的先进人物通讯。大家的见报稿件都登在晚报二版，由家文同志负责审定安排。报道结束后，开会小结。家文同志对稿件逐一点评，肯定成绩，指出不足，话虽精短，却很实在，令人颇受启发。

1961年年初，我调到羊城晚报副刊部“花地”组任编辑，在家文同志的直接领导下，一干五年多，直到“文化大革命”爆发。开初，我对新的工作感到陌生，信心不足，有些苦闷。家文同志并没有讲多少大道理，而是从帮助我熟悉“花地”的基本业务入手，耐心修改我处理过的稿件，指出取舍的依据。他还要求我走出编辑部，接触实际，联系作者，扩大视野，创造条件做好工作。在家文同志引领下，我才逐步摸到一些做副刊编辑的门路。除了开会、出差或联系作者，家文同志总是坐镇“花地”编辑部，看办公桌上那些永远看不完的稿件、小样和大样。还常和编辑们一起议论工作，动手画版样，跑排字房……

在当时并不那么宽松、后来更日益收紧的客观环境里，家文同志努力按照“双百”方针办事，广泛地联系各方作家、作者，尽可能多地把各种题材、体裁、风格、流派的文艺作品，通过“花地”展现在读者面前，使这个文艺副刊在全国独树一帜。

但家文同志绝不是一个只坐编辑部的人。他很注重安排时间，带领编辑轮流走出去，进工厂，跑农村，下部队……采写和组织稿件，进行“现场编报”，使“花地”能够及时反映现实生活，增添时代色彩。1965年8月，为采写反映解放军海军歼蒋帮军舰的“八·六海战”稿件，家文同志带领我和其他几位同事，连夜驱车赶赴汕头。到达之后，立即深入军港、舰艇和有关单位，在掌握大量材料的基础上，分工合作，迅速写出长约两万字的报告文学《怒剑出鞘》，由家文同志负责文字统成和定稿，在“花地”用两个整版的篇幅刊出。家文同志这种对反映生活的认真态度，对待群众（包括作者）的满腔热情，以及雷厉风行的工作作风，至今仍然可供借鉴。

十年内乱，羊城晚报首当其冲。家文同志受到冲击、迫害，下放干校。对于林彪、“四人帮”一伙的倒行逆施，他看在眼里，怒在心头，切齿痛恨，虽身处逆境，仍然坚信人妖颠倒的日子终究会再颠倒过来。他在“文化大革命”开始时，就写下这样的诗句：“长庚耿耿星河淡，待听前村报晓鸡”。

村鸡终于报晓，羊城晚报复刊。家文同志担任晚报党委常委、副总编辑。正像自己在诗中表达的：“风光满眼来潮疾，还我青春再放歌”，他意气风发，积极投入，全心全意支持吴有恒同志（晚报复刊后首任党委书记、总编辑），认真贯彻“反映生活，干预生活，引导生活，丰富生活”十六字方针，克服重重困难，开拓晚报的新局面。除分管每天出版（意味着每天必须审阅两张大样）的“花地”“晚会”两个副刊外，他还参加费心劳神的出报值班，并负责其他一些工作。在他的领导和大家共同努力下，劫后重生的“花地”和“晚会”以新的面貌呈现在读者面前。

家文同志是老报人，为新闻工作尤其是晚报事业倾注了毕生心血。上世纪80年代初，他代表羊城晚报，与赵超构先生（时任新民晚报社长）等一起，牵头组建中国晚报工作者协会，先后担任副会长、顾问、学术委员，积极参加各项活动，为促进全国晚报事业的发展尽心尽力。家文同志高度近视，晚年视力更衰。但在参加“中国晚报新闻奖”等评审工作时，仍然克服视力困难，逐篇逐句审稿，认真发表意见，一丝不苟，令人感动。1997年春天，家文同志和我一起去北京，参加全国晚报协会的一个会议，孰料归来不久就住进医院。从此，他再也没有参加晚报协会的活动，但依然把晚报事业和晚报界的朋友们记挂心中。

我珍藏着一张家文同志书赠的条幅，写的是他的一首诗："无端横议久消沉，毕竟人间要直声，风流最是记者笔，一片寻常百姓心。"（《毕竟人间要直声·为羊城晚报三十五周年作》五首之四）。据家文同志自注：其中后两句用他人联句原意。他认为："这其实也是对所有新闻工作者，所有报人的期望。"在追思家文同志之际，重读此诗，细品其意，更加引人深思。

2004年

长萦此心间

——忆萧荻同志

10月15日，90岁的萧荻（施载宣）同志久病之后走了。

《羊城晚报》创刊不久，萧荻从北京调到报社当编辑，直到1960年10月。其间，我和他共事约有一年。由于不同部门，我又是个新兵，彼此不熟。与他接触较多，始于1961年。那时，他已调到广东粤剧院担任艺术室副主任、艺委会副主席。我是“花地”编辑，不时向他约稿和请教。作为行家里手，笔头又快，他写报纸文章可谓驾轻就熟，尤擅剧评。常常是晚上看完戏，连夜动笔，次日上午交稿，下午见报。

《羊城晚报》复刊后，萧荻归队，任副刊部副主任，和我一起成为编“花地”副刊的搭档。当时他已年届花甲，刚动过喉部手术，讲话声音嘶哑，但精神饱满，每天骑一辆旧单车，从西关长寿路穿过半个广州城，来报社上班。挂在车把上的提包，经常是胀鼓鼓的，那是他白天看不完、晚上带回家处理的稿件，次晨又带回编辑部。他全身心投入工作，除了参加必要的活动，从早到晚都坐在编辑部，由于近视，头低得鼻尖几乎碰到纸面，逐字逐句改稿或校阅“花地”大样。尤足称道的是，作为资深报人、戏剧专家，萧荻与许多新闻界和文艺知名人士都有交往，有些还是老同事、老朋友。

他不仅利用这种关系，积极为“花地”拉稿，还热心牵线搭桥，帮助其他编辑与文艺界人士建立联系，使“花地”的组稿工作线更多，面更广。我认识远在天津的著名作家孙犁，并建立了作者与编者的良好关系，就是经萧荻介绍的。

离休以后，萧荻的“晚报情结”并未淡薄，反而愈加浓重，始终心系《羊城晚报》。正如他自己所言，对《羊城晚报》的感情极为深厚，一直以"我是羊城晚报人"而自豪，并且表示："若有可尽力处，我还是不甘自命为老的。"作为一位离休老人，关心、爱护《羊城晚报》，他确实尽心尽力了。

他关心《羊城晚报》的质量，从新闻版到副刊，从内容到版面。都在他的视野之内。无论对文字或标题的斟酌，对文章内容的商榷，乃至对某个版面编辑方针或某项报道策划安排的看法，他常是有感即发，直抒己见。对有的问题还一再强调，反复提出。

他关心办报的主体——人，认为要办好《羊城晚报》，"关键在于有那么一批爱报如家的人"。他呼吁要对编辑记者（尤其是青年一代）加强敬业乐业教育，抓好新闻基本功的锻炼。他认为，从编辑记者到印刷工人的培养，都应当有未雨绸缪的长远眼光光。

他还关心《羊城晚报》更新印报设备、实行电脑照排的进程，不仅提出自己的见解，还通过朋友关系，了解有关设备的研制情况，提供报社参考。

他对办好《羊城晚报》提出的意见和建议，不仅有口头的，还有书面的，一写数页，密密麻麻……

萧荻离休后，依然自觉保持组织纪律性。有一段时间，他在北京参与编写西南联大校史，仍不忘写信给报社离休干部党支部与老干科，汇报思想和工作情况。我离休后，与萧荻同在一个党支部过组织生活。他虽已耄耋，健康欠佳，但只要人在广州，身体情况允许，都不缺席，行走不便，就打的前来。讨论发言时，他谈得较多的还是对《羊城晚报》的关切与期望。嘶哑的声音中，袒露出来的是"我是羊城晚报人"的胸怀。

公私分明，严于律己，是萧荻品格上的一个亮点。有件小事可以佐证：报社房管科有一次调整（提高）职工宿舍房租（当时尚未房改），萧荻收到通知后发现，按照有关标准计算，报社可能少收了他的房租，便立即写信请房管科复查补交。

萧荻已去，他那个性鲜明的"倔老头"形象，令人难忘。更难忘的是，他留下的对工作和事业的一腔执着、满怀热忱！

2007年

分量
——片断忆孙犁

我保存着十多枚邮政明信片，寄出者是著名作家孙犁先生。

孙犁之名，早已仰慕。他的《荷花淀》《风云初记》等著作，20世纪50年代之初就读过。是我最早接触的来自老解放区作家的作品之一。得以谋面。则是三十年之后。

1982年春，作为羊城晚报“花地”副刊编辑，我带着孙犁的老同事、“花地”老编辑萧荻的手书，到天津拜访孙犁。卷帙琳琅的书房里．孙犁坐在一张旧藤椅上，与我及同行的任兴（“花地”美术编辑）娓娓而谈。他年近古稀，面容清癯，精神不错，围绕文艺创作、副刊编辑等方面，都有精辟见解。对于“花地”的约稿之请，他欣然表示，在力所能及的情况下给以支持。此后一段时间，孙犁主要在以“芸斋书简”和“芸斋小说”为名的专栏，或以其他单篇形式，陆续给“花地”写了不少文章。上述那些明信片（还有一些便条），便是孙犁在稿件来往中写给我的。又过去三十年，再睹手迹，尽管每一枚明信片上只是寥寥数语。却可以掂量出不一般的分量。

一是认真。孙犁晚年，多作短文，给“花地”写的便是此类文章。虽每篇字数有限，却以小见大，言之有物，或记事，或写人，或抒怀，针砭时弊，直言爱憎。文字质朴简练。对于自己的稿子，从选题到行文，孙犁都十分认真。按他的话说，就是“用实事求是的精神写文章”，体现出一位有主见、有个性、坚持独立人格和文格的作家的真诚与担当。在稿件来往中，孙犁也是一丝不苟。他寄稿时，常另附明信片或便条加以必要说明，提示编辑关注；或指明某日寄出某稿，请编辑留意查收。

二是严谨。孙犁寄来的文章，内容经得起推敲。逻辑上严丝合缝。原稿则是一手流畅的行书，潇洒而不失规整，稿纸上的每个字都很少出格。看得出，他对每篇稿都是字斟句酌，毫不含糊的。文章在“花地”刊出后。因编校之疏，偶有差错，也逃不过孙犁的目光，及时指出。有一篇文章中，“不逞之徒想因缘林（彪）、四（人帮）政策上台”一句，见报时误为“不逞之徒想因绿林政策上台”。孙犁发现后立即寄来明信片，指出“有重要误排，请更正”。有时为了一个字的准确辨析，他也专门寄明信片来加以说明。

三是谦逊。孙犁是著名作家，又是办报（尤其是副刊）的行家。但在与“花地”的交往中，他虚怀若谷，毫无架子。每次于稿件前后寄出的明信片中，常写下这样的叮嘱：“如有碍难之处，就不必发表了”，“如不适用于副刊，即希掷还，千万不要客气”，等等。《人民文学》1982年10月号，曾刊登孙犁的《关于编辑工作的通信》一文，其中一段写道：“在所接触的编辑中，广州一家报纸的副刊，给我的印象最深刻。稿件寄去，发表后，立即寄我一份报纸，并附一信。每稿如此，校对尤其负责。我是愿意给这样的编辑寄稿的。”这里的“副刊”，指的就是羊城晚报的“花地”。像稿件见报后即寄报纸并附一信这种“编辑工作的例行末节”（孙犁语），他也郑重其事地给予肯定，反映出一位作家的谦逊和对编辑工作的尊重。1984年，“花地”举办佳作评奖，孙犁是获奖者之一，但因身体原因。没有到会。为此，他来函致歉。收到报社托人送去的获奖纪念品后，又寄来明信片，表示感谢。对于“花地”经常同他联系的编辑，虽属后辈，孙犁平等相待，鼓励有加。在信函中，“请教”“感谢”等词不时出现。在寄给我的明信片中，他写下了这样的话：“我们这一段合作，你的工作热情和负责精神，使我非常感动。今后，我还是愿意在贵刊发表作品的。”读后，“非常感动”的首先是我。

1986年，“花地”邀请国内一些知名作家来广州聚会，孙犁在内。遗憾的是，他又一次因病未能成行，专门写信给我，表示：“此次贵处举行盛会闻之鼓舞，本来是很想去看看一些老朋友。但仍碍于现状，只能心向往之……借此机会问候参加会议的老朋友们。并诚挚地向大会祝贺，希望取得重大成功！”字里行间，洋溢着他对“花地”，对作家朋友们的一片深情（此信收入孙犁“耕堂劫后十种”之八《无为集》，1999年出版）。

2015年

附　录

关国栋新闻出版年表简编

（1932—2013）

1932年（出生）

6月，出生于河北省临榆县山海关（今秦皇岛市山海关区）。祖籍广东南海。

1949年（17岁）

3月，参加工作，在河北省山海关市（区）人民政府税务局任税务专管员等职。此前，在山海关县立中学读书（高中一年级肄业）。

10月，参加中国新民主主义青年团（共青团）。

1954年（22岁）

9月，考入北京大学中文系新闻专业学习（调干生）。（期间，曾在沈阳日报和中国青年报实习）。

1958年（26岁）

9月，于北京大学中文系新闻专业毕业，分配到广州中山大学中文系新闻专业任助教。

1959年（27岁）

9月，中山大学中文系新闻专业停办，调入羊城晚报社，先后任记者、副刊“花地”编辑。

1968年（36岁）

8月，调入南方日报社，先后任夜班编辑、总编室副主任、业务编委。

1973年（41岁）

4月，加入中国共产党。

1980年（48岁）

1月，调回羊城晚报社，先后任编辑、副刊部主任。

1981年（49岁）

10月，任羊城晚报社党委常委，参加出报值班。

1983年（51岁）

8月，任羊城晚报副总编辑。

9月，在中央党校新闻干部进修班学习。

1984年（52岁）

9月，与时任羊城晚报副总编辑司徒坚一行赴香港访问，先后拜访时任新华社香港分社秘书长杨奇，与香港大公报、文汇报、新晚报负责人及有关人士座谈。

10月，参加中国新闻代表团访问菲律宾。期间，发回菲律宾总统会见中国新闻代表团的报道，刊于《羊城晚报》。返国后，撰写《访菲见闻》一组及散文发表。

1985年（53岁）

11月，与时任羊城晚报总编辑许实一行赴澳门参加羊城晚报藏画展（澳门）开幕式，并与澳门新闻界人士交流。

1986年（54岁）

2月，任羊城晚报总编辑。

5月，当选广东省新闻工作者协会副主席（至1995年换届）。

8月，参加全国省报总编辑座谈会，在会上作题为《要把报纸搞活心中须有读者》的发言。

10月，出席英女王伊丽莎白二世在广州举行的结束访华招待会。在记者不能参加、现场不能动笔和拍照的情况下，用心“捕捉”和记下几个“镜头”（包括本人与英女王围绕《羊城晚报》话题的简短交流），连夜写出新闻特写《在皇家游艇上作客》，在次日《羊城晚报》一版独家刊出。

1987年（55岁）

8月，参加第五次全国晚报经验交流会，在会上作题为《姓党、姓晚又姓羊，三者缺一不可》的发言。同年12月，在中南地区报纸座谈会上，以同一题目作书面发言。《中国报刊报》第239期摘要刊登。

10月，当选中共十三大代表。在参加会议的同时，“兼职”采写大会及有关新闻报道（含消息、通讯、特写、专访等）共8篇，及时从北京发回广州，使《羊城晚报》的十三大新闻报道在刊登新华社主干稿的同时，增加了“人无我有”的内容。

1988年（56岁）

4月，评论（“街谈巷议”）《愿教花城常姓“花”》获广东省好新闻奖。

5月，评定新闻专业职称：高级编辑。

1989年（57岁）

1月，带领编委会成员，组织报社各部门，经过精心策划，细致准备，实行报纸扩版。从1989年1月1日起，《羊城晚报》每逢周五由四个版扩大为八个版，这是《羊城晚报》有史以来首次。此后，在个人任期内，1992年、1993年《羊城晚报》继续两次扩版。1993年1月1日起，每天出八个版。

11月，参加广东省新闻代表团访问日本。返国后，撰写《访日见闻》一组及散文发表。

1990年（58岁）

11月，由于重视和支持新闻摄影工作，注意发挥新闻摄影在《羊城晚报》的作用，获中国晚报摄影学会颁发的“总编辑慧眼奖”。

12月，撰写的“羊城晚报”条目载入《中国大百科全书·新闻出版卷》。

同月，参加广东省新闻代表团访问泰国。返国后，撰写《访泰见闻》一组及散文发表。

1991年（59岁）

1月，参加中华全国新闻工作者协会第四届会议，当选理事（至换届）。

1992年（60岁）

5月，赴美国考察报纸印刷设备，访问芝加哥新闻社等。返国后，撰写《访美见闻》一组发表。

6月，当选广东省新闻学会会长（至1996年换届）。任期内，除主持会务外，参与《岭南新闻探索》杂志（双月刊）的编审工作。

10月，获国务院颁发政府特殊津贴。

1993年（61岁）

2月，当选广东省第八届人大常委会委员，被任命为教科文卫委员会副主任（至1998年2月换届）。任职期间，参与的和新闻有关的工作包括：① 参加《广东省新闻记者暂行条例》和《广东省广播电视管理条例》的立法调研工作。②参加“广东省人大好新闻”评选（共三届）、人大宣传工作会议及人大新闻宣传研讨会。③为省人大《人民之声》杂志及《南粤法制报》通讯员学习班作有关新闻写作的辅导讲座。

9月，个人文集《杂拌集》由花城出版社出版。

11月，当选中国晚报工作者协会副会长；1996年起任中国晚协学术委员会委员（至卸任）；1998年中国晚协换届后，被聘为顾问。在中国晚协任职期间，多次参加评选“晚报好新闻”及编写《中国晚报学》等工作。

同月，赴英国考察报纸印刷设备，访问伦敦金融时报、兰开夏郡晚邮报等。返国后，撰写《访英见闻》一组发表。

1994年（62岁）

1月，参加广东省新闻代表团访问泰国。返国后撰写《访泰见闻》发表。

3月，因到龄不再担任羊城晚报总编辑。

8月，参加编写《羊城晚报社史》，担任编写组成员，参与总体策划、内容编排工作，并负责全书汇总与文字统稿。该书于羊城晚报创刊40周年（1997年10月）之际内部出版。

1995年（63岁）

5月，建议并经羊城晚报社委会批准，编印纪念文集《梅骨玉魂——怀念吴有恒同志》，负责具体编务。

8月，新闻作品《此事不可等闲视之》等五篇，被收入《当代南粤记者》第一卷（广东人民出版社出版）。

1996年（64岁）

2月，当选羊城晚报老新闻记者协会第一届会长（至2003年换届）。任期内，除主持会务外，参与羊城晚报老新闻记者协会会员自选作品文集《老记文存》组稿和编辑工作等。卸任后，继续参与羊城晚报老新闻记者协会与关心下一代工作委员会编辑《与时代同行》（纪念《羊城晚报》创刊50周年文集）等工作。

10月，参加由广东省新闻学会主办的“新闻媒介的岭南特色”研讨会，作题为《勿忘“短、平、快”——关于岭南新闻特色的一点思考》的发言。

11月，参加广东省人大考察团赴澳大利亚、新西兰访问。返国后，撰写人物通讯等三篇发表。

1998年（66岁）

1月，论文《加强力度　求深搞活——关于人大新闻报道的浅见》获第二届岭南优秀新闻学术论文奖。

5月，在羊城晚报社离休。

6月，被羊城晚报社返聘担任评报员（一年）。其后，与报社部分离退休编辑、记者组成评报组，定期评报，并写成《评报纪要》，送报社领导参阅（时间约四年）。

12月，撰写的纪念改革开放20周年报道：《我们与改革开放同行——十一届三中全会掀开羊城晚报新篇章》在羊城晚报一版刊出。

同月，当选广东省老新闻记者协会第六届副会长（至2008年换届）。任期内，除参与会务工作外，参加编辑广东省老记协成立20周年纪念特刊《传故启新葆青春》及会员文集《新世纪抒怀》等工作。

2001年（69岁）

5月，个人文集《缺一不可》由羊城晚报出版社出版。

9月，撰写的《一次不能用笔和拍照的采访》被收入《我的记者生涯》第五辑（南方日报出版社出版）。

2004年（72岁）

1月，担任中共广东省委主办的《南方》杂志特约评论员（至2011年）。

2007年（75岁）

9月，《为“评功摆好”正名——任仲夷同志一席谈》被收入《1997—2007羊城晚报新闻作品精选》。

2009年（77岁）

4月，获中国晚报工作者协会颁发的“中国晚报杰出贡献奖”。

6月，回忆文章《此生庸碌做嫁衣》被收入北京大学中文系新闻专业1954级同学入学50周年纪念文集《走出燕园五十年》（祖国出版社出版）。

2011年（79岁）

7月，撰写的文章《严冬过尽绽新葩——〈羊城晚报〉复刊前后》，在《中国报业》2011年第7期，作为该刊“纪念中国共产党成立90周年征文”首篇刊出。

2012年（80岁）

4月，获广东省首届新闻终身荣誉奖。

2013年（81岁）

9月，撰写的文章《当之无愧的羊城晚报人——纪念吴有恒同志诞辰100周年》，刊登于《羊城晚报》，又在吴有恒诞辰100周年纪念座谈会上宣读并收入纪念文集。